부모가 묻고 교사가 답하는 초등 교육 50

교사의 눈으로 본 우리 아이

부모가 묻고 교사가 답하는
초등 교육 50

김여울·문한솔·손주연 지음

행;북

| 프롤로그 |

교사의 눈에만 보이는 아이들의 이야기

뭘 모르는 어른들

언젠가 '우리 반 학생이 되어 하루를 살아보면 어떨까?'를 상상한 적이 있다. 아침에 일어나 정신없이 학교에 오고, 학교에 와서도 수업을 듣다가 돌아가는 생활이 생각만큼 쉽지 않을 것 같았다. 학교가 끝나면 방과 후 수업을 듣고 학원에도 가야 한다. 그 와중에 친구들도 챙겨야 하고 스마트폰도 만지작거려야 하며, 어려운 수학 문제를 풀기 위해 머리도 쥐어짜야 하니 얼마나 바쁜가?

예전에 3학년 담임을 맡았을 때다. 한 아이가 대뜸 "선생님은 맨날 노니까 좋을 것 같아요"라고 말한 적이 있다. 귀엽기도 하고 어이가 없어서 왜 그렇게 생각하느냐고 물어보니, "선생님은 공부 안 해도 되고 늘 컴퓨터로 다른 선생님들이랑 이야기하면서 노는 것 같아서요"라고 말했다. 아이 눈에는 수업 준비와 업무 진행을 위해 교사들끼리 메신저를 주고받는 모습이 노는 것으로 보였던 듯하다. 그때는 속으로 '네가 어려서 뭘 모르지'라고 생각하며 씩 웃고 말았다. 그런데 아이들의 삶을 쉽게만 보아 왔던 나를 돌아보니 어른이면서도 아이들의 고단한 삶을 보지 못한 내가 더 뭘 모른다는 반성을 하게 된다.

나만 그러는지 모르겠지만, 상대가 누구든 간에 가까이 있어도 서로의 입장이 되어 보지 않으면 이해하기 쉽지 않다. 학교에서만 봐도 교사와 학생, 학부모와 학생, 학생과 학생, 교사와 학부모 등의 관계가 그렇다. 우리 교육 공동체 안에 소통이 더욱 필요한 이유가 이 때문 아닐까?

이런 고민에서 시작해 이 책을 기획하게 되었다. 현직 교사들이 직접 경험한 아이들의 사회생활과 속마음, 학부모들의 고민, 그리고 가정과 학교와 지역사회 가운데 '더불어 함께하는 교육'을 나누고자 한다. 또 학부모들이 잘 모르는 교실 속 아이들의 모습과 학교 속 숨은 이야기를 포함해 초등학생들의 교육과 관련해 자주 듣는 질문들을 생각해 보고자 한다.

매년 다른 아이들, 매년 같은 어른들의 고민

사실 교사도 학생들을 잘 기르고 싶다. 물론 부모도 아니고 단지 월요일부터 금요일까지 학교에서만 만나는 아이들이지만 잘 기르고 싶고, 또 잘 가르치고 싶다. 일 년을 그저 아무 문제 없이 지내다가 다음 학년으로 올려보내고 마는 것이 아니라 아이가 성장할 수 있도록, 무엇보다 행복할 수 있도록 돕고 싶다.

교직 첫해에는 교과서 진도를 나가고 학교 폭력이 발생하지 않도록 애쓰느라 정신이 없었다. 두 해째에는 교과서를 다듬어 가르치게 되었고, 아이들의 생활에 조금씩 관심을 가지게 되었다. 3년 차가 되어서야 교실과 교실을 넘어 인성, 학습, 진로 등 다방면으로 어떻게 교육해야 할지 조금씩 고민하고 실천하게 되었다. 그렇게 한 해 한 해가 조금씩 쌓이고 보니 아직도 경험이 부족한 교사들이지만 어느새 듣고 싶은 이야기가 많아졌고 하고 싶은 이야기도 많아졌다.

우리는 매년 다른 아이들과 다른 학부모들을 학교 현장에서 만난다. 그런데 참 신기하게도 비슷한 모습을 발견할 때가 많다. 초등학생들의 학습, 친구 관계, 인성, 진로, 가정에서부터 뻗어 나온 아이들의 학교생활과 무엇보다 학부모들의 고민까지…. 그래서 어른들이 한 번쯤 고민했을 법한 아이들과 학교에 관한 이야기와 더불어 교사들이 몸으로 배운 사례와 해결책을 정리해 보았다. 현직 교사들이 현장에서 직접 경험한 사례로 풀어낸 이야기라 누구나 공감할 수 있고, 초등 학부모와 신규 교사를 비롯해 교육에 관심 있는 사람들에게 도움이 될 만한 이야기를 담기 위해 노력했다. 다만 책을 쓰면서 후회되는 기억들이 더 많이 머릿속을 맴돌다 보니 실패담도 늘어났다. 거짓말을 할 순 없어서 최대한 솔직하게 적었으니 부족해 보일지라도 이해해 주시면 감사하겠다.

우리는 아이들의 교육을 위해 애쓰느라 지치고 상처받은 어른들에게 위로와 희망이 담긴 이야기를 전하고 싶었다. 그래서 이 책을 읽는 모든 사람이 교육 공동체 안에서 진심으로 행복하길 바란다.

2021년 늦은 가을에

김여울·문한솔·손주연

| 차례 |

| 1장 |

부모가 알고 싶은 우리 아이 이야기

사춘기, 원래 이런 건가요?

사 례

아이의 갑작스런 신경질이 당황스러울 때

김 교사는 6학년 담임교사다. 오늘은 아침부터 졸업식 예행 연습이 있는 날이다. 200여 명이나 되는 학생들을 데리고 아침부터 계속 반복해서 연습하다 보니 학생들과 선생님들 모두 진이 빠졌다. 그래도 20년 가까이 6학년을 책임져 온 부장선생님의 진두지휘 아래 예행 연습은 끝이 보였다. 그런데 갑자기 문제가 터졌다.

김 교사네 반 아이들이 단상에서 교장선생님께 상을 받고 뒤돌아서서 내빈들에게 인사하는 연습을 할 차례였다. 담이의 차례를 호명하는 부장선생님의 목소리에 담이가 인사는커녕 인상을 한껏 찌푸렸다. 게다가 마치 들으라는 듯 신경질적인 혼잣말을 하는 게 아닌가?

"아이씨, 짜증 나!"

순간 강당은 정적에 휩싸였다. 강당의 분위기는 담이와 부장선생님의 기 싸움으로 바뀌었다. 강당에 있던 사람들은 두 사람을 번갈아 쳐다보면서 숨을 죽였다. 과연 부장선생님이 얼마나 무서운 모습으로 담이에게 화낼지를 가늠하는 듯했다. 담이도 어디 한번 해보라는 듯 당당한 태도로 쿵쿵거리며 단상을 가로질러 내려갔다. 김 교사는 중간에서 어쩔 줄을 몰라 하면서 빨개진 얼굴로 담이에게 달려갔다. 그때 부장선생님이 온화한 미소를 지으며 부드러운 말투로 담이에게 말했다.

"힘들지? 거의 끝나가니 조금만 참으렴. 빨리 끝낼 수 있게 인사하는 연습을 도와주겠니?"

모두의 걱정과 달리 부장선생님은 담이를 어르면서 오히려 담이에게 도움을 요청했다. 그러자 장내에는 담이의 버릇없는 행동을 나무라는 듯한 분위기가 감돌았다. 자신을 바라보는 여러 사람의 눈빛에 스며든 비난을 읽었는지 담이의 볼은 새빨갛게 물들었다. 담이는 다시 제자리로 돌아와서 내빈들을 향해 인사하는 시늉을 한 뒤, 서둘러 단상을 내려갔다.

생각해 볼까요?

사춘기, 외면하면 해결될까?

담이가 원래부터 버릇없었던 건 아니다. 중학교 진학을 앞두고 사춘기가 시작되자 마치 다른 사람처럼 변해갔다. 담이 부모님도 아이가 사춘기인 건 이해하지만, 버릇없는 말과 행동 때문에 하루에도 몇 번씩 울화통이 터진다고 말씀하셨다. 이처럼 내 손바닥 안에 있다고 믿었던 아이가 사춘기로 인해 다른 사람이 되었다면 부모는 어떤 생각을 하게 될까? 가장 먼저 당황스럽고 아이의 말과 행동에 화가 날 것이다. 그러다가 마음을 가라앉히고 이해해야지 하다가도 또다시 아이의 반항을 마주하게 되면 속이 상하지 않을까? 이처럼 사춘기 아이의 부모들은 당황-분노 이해-수용의 단계를 사이클처럼 무한 반복하기 일쑤다.

학교에서의 상황도 크게 다르지 않다. 치켜뜬 눈, 톡 쏘는 말, 거침없고 무례한 행동을 보고 있노라면 교사들도 가끔은 아이들이 무서우면서도 분노가 치밀어 오른다. 그래도 학교는 사회적 관계를 이루는 공간이라 사춘기로 인한 아이들의 반항이나 무례함이 가정보다는 대체로 나은 편이다. 사례 속 담이처럼 순간적으로 신경질을 내다가도 교사의 너그러운 태도나 주변 사람들의 시선 때문에라도 사춘기로 인한 반항이나 무례함이 일정 선을 넘지 않는다.

그러나 가정은 다르다. 가족은 내적 친밀감을 가장 강하게 느끼는 곳이어서 그런지 사춘기로 인한 반항이나 무례함의 정도가 학교보다 훨씬 심하다. 즉 역설적으로 가장 친밀해야 할 관계가 사춘기로 인해 오히려 치열한 갈등을 겪는다. 아이는 아이대로, 부모는 부모대로 고통스러운 나날을 보내는 것이다. 이 사실을 잘 알기에 눈물 바람으로 아이의 사춘기와 힘겹게 전쟁 중인 학부모들의 하소연을 들을 때마다 마음이 아프다. 그럴 때마다 아이의 사춘기를 모른 척 외면하라고 조언하고 싶은 충동에 휩싸인다.

그러나 사람은 누구나 사춘기를 겪는다. 따라서 아이에서 어른으로 성장하는 통과의례인 사춘기를 매번 무시하고 외면하기가 쉽지 않다. 게다가 아이의 특성에 따라 사춘기의 양상이 반항, 우울과 무기력, 대화 거부 등 모두 제각각이라 특정 교육법을 매뉴얼처럼 일괄 적용할 수도 없다. 무엇보다 어른의 무시와 외면은 아이를 더욱 엇나가게 하는 촉진제일 뿐이다.

사춘기는 폭력과 용인으로 지도할 수 없다

지금의 부모들이 학생이던 시절에는 사춘기 여부와 상관없이 어른의 말에 무조건적 복종을 강요받았다. 아이가 사춘기랍시고 어른의 뜻을 거역하면 언어적·신체적 폭력을 통해 다스리는 교육법이 만연했다. 사회적으로도 그것이 아이를 위한 올바른 교육이라는 논리를 내세우며 폭력을 동반한 교육을 묵인했다.

이제는 그렇지 않으며, 그렇게 해서도 안 된다. 시대 변화에 맞춰 아동 인권이 신장되었고, 옛날처럼 그저 일방적인 복종을 강요하는 건 엄연한 학대다. 그래서 요즘은 과거와 달리 아이의 사춘기를 중2병으로 신격화하여 아무도 건드릴 수 없는 이 사회의 신적 존재로 떠받들고 있다. 그러다 보니 사춘기 아이들은 이 사회의 피라미드 꼭대기에 군림하면서 옳고 그름에 대한 잣대와 판단에서 유일하게 제외된 집단이 되었다.

"아무도 나를 건들지 마! 난 중2병을 탑재했어! 모두 나를 받들어 모시란 말이야!"

하지만 이것은 과거 아이들의 사춘기를 폭력으로 다스리던 것만큼 잘못된 교육 방법이다. 사춘기라는 이름 아래 아이의 모든 것을 용인해 주는 교육은 방임이라는 또 다른 학대다. 이 사실을 부모들도 모르는 건 아니다. 오히려 방임을 선택하도록 강요받고 있다. 신장된 인식을 교육법이 따라가지 못해서 생긴 일이기 때문이다.

그렇다면 사춘기라는 파도를 따라 거세게 요동치는 아이들을 어떻게 지도해야 할까? 사실 사춘기처럼 예민한 사안일수록 아이의 개별 특성을 고려한 맞춤형 교육이 가장 적합하다. 이때 다음과 같은 교육 원칙을 지킨다면 적어도 아이의 사춘기로 인해 돌이킬 수 없는 갈등과 상처를 겪지는 않을 것이다.

솔루션

사춘기 아이, 어떻게 지도할까?

아이가 태어나서 어른으로 성장하기까지 부모의 양육 태도는 사춘기를 기점으로 크게 달라져야 한다. 사춘기가 시작되기 전에는 아이와 끈끈한 관계를 유지하고, 사춘기가 시작될 무렵부터 점차 아이와 멀지도 가깝지도 않은 적당한 거리를 유지해야 한다. 그러면서 차츰 아이를 독립된 한 인간으로 대하기 위한 준비와 연습을 해야 한다.

사춘기가 시작되기 전에 대화하라

아이의 사춘기를 별 탈 없이 보내기 위해서는 사전 작업이 중요하다. 사전 작업은 크게 세 가지로 나뉜다. 첫째, 아이와 돈독한 유대 관계 쌓기다. 이를 위해 부모는 사춘기가 시작되기 전에 아이와 대화를 많이 나눠야 한다. 대화를 통해 아이와 돈독한 유대 관계를 쌓는 것이야말로 훗날 사춘기를 대비할 수 있는 가장 든든한 방공호이기 때문이다.

만약 가정 상황으로 인해 아이와 대화를 많이 나눌 수 없다면 대화의 질을 높여야 한다. 사랑, 인정, 지지, 칭찬, 격려와 같은 긍정적인 대화를 나누도록 끊임없이 노력해야 한다. 이때 부모가 아이에게 지시, 명령, 강요, 당부, 전달 같은 일방적이고 수직적인 커뮤니케이션만 해서는 안 된다. 이는 대화가 아니다. 대화란 대화의 참여자가 서로 얼굴을 맞대고 비언어적 표현몸짓, 손짓, 표정, 시선, 자세 등으로 의사 전달하기, 반언어적 표현성조, 억양, 강세, 리듬, 음장 등으로 의사 전달하기, 언어적 표현말의 내용으로 의사 전달하기으로 서로의 감정과 생각을 진솔하게 주고받는 행위로, 대화 참여자가 상호 존중하며 수평적인 관계를 이루는 커뮤니케이션이다.

그러나 어른과 아이는 태생부터 수평적인 관계를 이루기가 쉽지 않으므로 아이에게 먼저 말하기보다 아이의 감정과 생각을 경청부터 하려는 어른의 의도적인 노력이 필요하다. 경청 외에도 아이의 반응을 감정, 생각, 행동으로 구분해서 판단한다면 가족 간에 수평적인 관계를 이루며 존중의 대화를 나누는 데 도움이 된다. 이에 대해서는 육아 코칭 프로그램 금쪽 같은 내 새끼 에 출연하는 정신 건강 의학전문의 오은영 박사도 동일하게 조언한다.

아이와 자주 스킨십을 하는 것도 라포rapport, 신뢰와 친밀감으로 이루어진 인간관계를 형성하는 데 매우 유용하다. 스킨십뿐만 아니라 부모의 표정이나 행동으로 아이에게 끊임없이 사랑을 표현하는 것도 도움이 된다. 아이를 낳았다고 해서, 또는 핏줄로 연결되었다고 해서 아이와 라포가 자연스럽게 형성되지 않는다는 걸 잊지 말아야 한다.

둘째, 사전에 아이의 사춘기에 대해 마음의 준비를 하는 것이다. 아이들은 빠르면 중학년, 대체로는 고학년, 늦으면 중학교 때부터 본격적으로 자기표현을 하기 시작한다. 이는 사고 발달로 인해 논리력이 상승하면서 동시에 점차 자아정체성을 인식하기 때문이다. 그런데 부모가 여전히 어린애 취급하면서 부모의 손바닥 안에만 있기를 바란다면 아이는 건강하게 발달할 수 없다. 따라서 말대꾸나 반항이라며 분노하기보다 '아, 이제 사춘기가 시작되려나 보다' 라는 생각으로 마음의 준비를 하며 아이의 논리에 대한 합당성을 인정해 줘야 한다. 단, 바르지 못한 말, 행동, 태도는 단호하게 '옳지 않다'라고 가르치는 것도 필요하다.

셋째, 사춘기에 대해 교육하는 것이 중요하다. 안타깝게도 대부분 아이들은 어른들에게 사춘기에 대해 정식으로 배우지 못한 가운데 사춘기를 맞이한다. 기껏해야 미디어, 인터넷, SNS, 또래 친구, 아는 형이나 언니에게 그저 막연하게 접할 뿐이다. 문제는 주워들어 알게 된 사춘기에 대한 지식이 옳다고 생각해서 그대로 행동한다는 것이다. 오은영 박사도 아이가 사춘기를 맞이하기 전에 아이에게 사춘기를 뭐라고 생각하느냐고 질문할 것을 권유한다. 아이는 사춘기에 대해 자신이 생각하는 대로 행동할 확률이 매우 높기 때문이다. 실제로 반 아이들에게 사춘기를 뭐라고 생각하냐고 묻자 중2병, 까칠, 반항, 예민, 분노와 같은 대답이 주를 이뤘다.

이때 사춘기에 대한 아이의 생각을 묻는 데서 끝나면 안 된다. 아이의 대답을 바탕으로 사춘기에 대한 오해를 바로잡고, 사춘기가 무엇인지 제대로 이해시켜 주어야 한다. 핵심은 사춘기에 일어난 몸의 변화가 뇌와 마음의 변화까지 이끌어 감정이 생각과 행동을 지배하기 쉬운 시기라는 것을 이해시키는 것이다. 그러면 사춘기 때의 호르몬 변화로 인해 감정 조절이 어려운 이유를 아이들이 이해할 수 있다.

무엇보다 사춘기라고 해서 타인에게 피해나 상처를 주는 행위가 무조건 허용되지 않는다는 점을 잘 인식시켜 주어야 한다. 또 아이에게 "사춘기냐?"라는 말은 하지 않는 게 좋다. "사춘기냐?"라는 말에는 '사춘기엔 반항하거나 무례해도 괜찮다'라는 인식이 깔려 있어서 이 말에 자주 노출된 아이는 자신의 잘못된 태도를 사춘기로 합리화하기 쉽다. 따라서 "사춘기냐?"라는 말로 아이가 자신의 반항이나 무례함에 정당성을 부여할 기회를 주어선 안 된다. 이 사전 작업만 잘 거쳐도 아이의 사춘기가 중2병으로 발현되는 것을 어느 정도 막을 수 있을 것이다.

아이의 사춘기를 대하는 5가지 태도

아이와 돈독한 유대 관계를 쌓고 사춘기에 대해 교육했음에도 아이의 사춘기로 온 가족이 힘들어질 수 있다. 괜히 사춘기라고 하겠는가? 그때마다 어른은 감정의 격동 한복판에 있는 아이에게 든든한 울타리가 되어줘야 한다. 마치 온갖 풍파에도 흔들리지 않고 굳건하게 제자리를 지키는 뿌리 깊은 나무처럼 말이다. 그러기 위해 다음과 같은 태도가 필요하다.

첫째, 감정 조절하기다. 무례한 담이에게 화를 내며 분노하기보다 온화한 미소와 부드러운 말투로 대응한 부장선생님처럼 해야 한다. 내 감정대로 행동하는 건 너무나도 쉽다. 아이도 이를 잘 알고 있다. 그래서 어른으로서 위엄을 보일 수 있는 부분이 감정 조절이다. 즉 호르몬의 변화로 감정 조절에 미숙해서 충동적인 아이와 똑같이 감정 싸움해서는 안 된다.

사실 사춘기 아이를 대할 때 감정 조절이 필수라는 건 모두가 알지만 말처럼 쉽지 않다. 그래서 어른부터 감정을 조절하는 연습이 필요하다. 먼저 내 감정을 마주 보며 현재 자신의 마음 상태를 알아채야 한다. 그리고 감정을 표현하기 전 심사숙고해야 감정을 조절할 수 있다. 실제로 고학년 아이들을 가르치면서 버릇없는 말과 행동에 화가 나면 '아, 내가 지금 화가 났구나. 왜 화가 났을까?'를 머릿속에 먼저 떠올리려고 노력한다. 그런 다음에 아이의 말, 행동, 태도, 생각, 감정 등을 분리한 뒤 정확히 아이의 어떤 면 때문에 화가 났는지 분석한다. 이 분석을 바탕으로 옳은 건 인정하고, 옳지 않은 건 논리로 반박한다. 이 과정을 통해 아이는 아이대로 정당성을 인정받고, 나는 나대로 정당성을 인정받게 된다. 그러면 합당하지 않은 분노로 인해 아이와 관계가 나빠질 일이 적어진다.

하지만 어른도 인간이기에 이와 같은 방법을 활용해도 아이의 무례한 태도에 매번 평정심을 유지하기란 쉽지 않다. 아무리 마인드 컨트롤을 해도 순간의 분노로 인해 감정을 조절하기 매우 어려울 땐 차라리 아이와 함께 있는 자리를 피함으로써 대화를 유보하자. 감정 정리가 된 후에 차분히 이야기를 나눠도 늦지 않다.

둘째, 헤아리기다. 옳고 그름을 판단하기 전에 아이의 심정을 헤아려야 한다. 사람은 누구나 갈등을 겪는 사람에게 가장 방어적이기 마련이다. 하물며 어른과 대치 중인 사춘기 아이의 방어성은 두말할 필요 없다. 대치 중일 때 아이의 높디높은 방어망을 뚫는 방법이 공감, 이해, 인정과 같이 아이의 심정 헤아리기다. 부장선생님도 담이에게 감정적 언어 표현을 배제한 채 '힘들지?'라는 말로 담이의 심정에 공감을 표현했다. 공감에는 담이의 짜증을 이해한다는 속뜻도 포함되어 있다. 이를 통해 부장선생님은 담이의 심리적 방어벽을 조금이나마 뚫을 수 있었다.

셋째, 단호하기다. 여기서 의미하는 단호함은 엄격함이라기보다 옳고 그름에 대해 객관적으로 제시하라는 것이다. 단호함이 주는 효과는 크게 두 가지다. 첫째는 아이가 옳고 그름에 대한 판단력을 키우고 반성의 기회를 갖게 한다. 둘째는 이를 통해 어른의 권위를 세우는 것이다. 그러므로 어른은 아이에게 올바름을 제시하고 깨달음을 주어야 할 의무가 있다.

다만 아이의 잘못은 단호하게 객관적으로 딱 한 번만 짚어줘야 한다. '객관적'이란 감정적 언어 표현은 최대한 자제하고 사실적 언어 표현으로 아이의 잘못을 언급하라는 의미다. 이때, "네 잘못이야!"라고 단정하는 것보다 아이가 스스로 생각하고 판단할 여지를 주는 언어적 표현이 효과적이다. 또 말은 자원과 같아서 적을수록 희소성이 있다. 같은 말을 반복함으로써 어른 스스로 자신의 말이 가지고 있는 영향력을 줄이지 말아야 한다.

넷째, 너그럽게 대하기다. 너그러움을 베푸는 방법은 다양하다. 부장 선생님처럼 담이의 거친 감정 표현을 부탁이나 도움 요청으로 응수하는 것도 어른의 너그러움을 보여주는 한 형태다. 사춘기 아이들도 판단력이 있기에 누구보다 자신의 잘못을 잘 알고 있다. 그저 감정에 휩싸여 인정하기 싫은 것뿐이다. 그런 아이에게 잘못을 인정하라고 사과를 강요해 봤자 진정한 반성을 이끌어 내기 어렵다. 감정적 충동으로 저지른 아이의 잘못에 너그러움으로 응수하는 게 효과적이다.

다섯째, 존중하기다. 사춘기는 부모의 품을 벗어나 사회인으로 독립하는 과정이다. 곧 사춘기 아이에게는 가족보다 사회적 관계가 더 중요할 수 있으며, 부모도 이를 존중해야 한다. 사춘기에 접어든 아이를 마냥 어릴 적 아이로만 여겨서 일일이 간섭하거나 참견해서는 안 되며, 아이의 선택을 대신 결정해서도 안 된다. 사춘기 아이를 위한 부모의 역할은 인생의 선배로서 아이의 고충에 조언이나 도움을 주고 보다 지혜로운 선택을 할 수 있도록 이끄는 것이다.

그러나 아이를 존중해야 한다는 사실을 머리로는 알지만 몸소 실천하는 게 어렵다. 한국 부모들은 아이를 자신과 동일시하는 경향이 강하기 때문이다. 이를 잘 알기 때문에 고학년을 맡을 때마다 학부모들에게 차라리 사춘기부터 아이를 나이 어린 어른으로 대하라고 자주 조언한다. 물론 이 조언을 달갑게 받아들이는 부모는 많지 않다. 심지어 "그래 봤자 지가 애죠"라는 말로 아이를 무시하는 부모의 태도에 안타까운 마음을 홀로 삼켜야 했다.

정리하면 사춘기 아이는 감정 조절, 헤아리기, 단호, 너그러움, 존중의 태도로 대함으로써 어른의 포용성을 보여줘야 한다. 동시에 이런 태도는 아이와 부모가 서로의 정당성을 인정하는 과정이 포함되어 있다. 이로써 어른의 권위는 자연스레 세워지고 아이는 어른을 존경하게 된다. 권위와 존경심이 없는 사람이 하는 말은 그저 한낱 소음이며, 반발심과 거부감만 더욱 키울 뿐임을 기억하기 바란다.

감정 조절 + 헤아리기 + 단호 + 너그러움 + 존중 =
어른의 권위

심각한 아이의 사춘기

정도를 넘어서는 심각한 수준의 사춘기는 대개 가정에서 사춘기 사전 작업에 공을 들이지 못했을 확률이 높다. 아이의 격정적인 사춘기를 마주하고 나서야 비로소 후회한다. 시간을 되돌릴 수 있다면 좋겠지만, 아쉽게도 우리에게 그런 능력은 없다. 그렇다고 해서 늦었다는 생각으로 포기하는 것은 바람직하지 않다. 지나간 시간보다 앞으로 아이와 함께 살아갈 시간이 더 많기 때문이다. 그러므로 아동기에 못다 한 사랑을 청소년기에 몇 배로 준다는 생각으로 노력해야 한다.

이때 솔직함은 부모의 무기가 된다. 사실 아이만 잘못을 저지르지 않는다. 인간이기에 부모도 잘못할 수 있다. 또 사춘기 아이일수록 솔직함에 민감하다. 다시 말해 아이를 한 인간으로 존중하면서 매사에 솔직하게 대해야 관계 회복에 도움이 된다.

주의할 점은 절대 아이에게 격한 감정을 드러내면 안 된다는 것이다. 담담한 어조로 진정성 있게 아이의 사춘기로 인한 부모의 솔직한 심정을 말해야 한다. 또 사춘기로 인해 아이가 엇나갈까 봐 두렵고 불안한 부모의 감정을 아이에게 오롯이 표현하는 경우가 있다. 이는 되려 아이의 불안감을 상승시키고 입을 닫게 만든다. 아이에게 부모는 등대와 같아서 어려움이 있을 때마다 의지할 수 있는 존재다. 그런 존재가 자신보다 더 감정에 흔들린다고 생각하면 아이는 부모에게 더 이상 자신의 고충을 털어놓거나 도움을 요청하지 않는다.

가장 중요한 것은, 아이의 사춘기 양상을 정확하게 파악하여 양상 너머에 있는 문제의 원인을 해결하는 것이다. 아이마다 사춘기 양상이 천차만별인데, 담이처럼 말과 행동으로 표현하는 것은 비교적 양호한 편이다. 그 표현이 다소 거칠고 반항적일지라도 아이의 표현에서 해결의 실마리를 찾을 수 있기 때문이다.

더 큰 문제는 법에 저촉되는 행위를 아무렇지도 않게 저지르는 아이, 우울감에 시달리면서 무기력한 아이, 대화를 거부하는 아이이다. 이럴 경우 부모 혼자 아이의 사춘기를 모두 감당하기는 힘들다. 학교나 교육청을 비롯한 주변 사람들의 도움이 절실히 필요하다.

요즘은 학교마다 있는 '위(Wee) 센터wee.go.kr'를 활용하는 것도 방법이다. Wee 센터는 교육청 산하 기관으로 아이의 건강한 성장을 위해 아동 전문상담가나 임상심리사 등 풍부한 인력을 보유하고 있다. 또 의료기관과 연계하여 필요한 경우 가족 구성원의 심리 검사나 정신과 상담을 지원해 주고 있다. 전문가의 도움을 제공하는 좋은 제도가 있는 만큼 가정에서도 적극 활용해 보길 바란다.

Tip_ 사춘기 아이를 대하는 법

- 대화, 스킨십 등으로 애정을 표현함으로써 긍정적인 상호 작용하기
- 아이의 반응을 감정, 생각, 행동으로 구분하여 판단하기
- 부모는 마음속으로 아이의 사춘기를 맞이할 준비하기
- 사춘기에 대해 교육하기
- "사춘기냐?"라는 말을 하지 않기
- 감정 조절하기: 내 감정을 알아채고 심사숙고하기
- 헤아리기: 공감, 이해, 인정을 먼저 표현하기
- 단호하기: 올바름을 객관적으로 제시하기
- 너그럽기: 잘못 인정이나 사과하기를 강요하지 않기
- 존중하기: 아이의 사회적 관계 존중하기
- 인내하기: 관계 회복을 포기하지 않기
- 솔직하기: 부모의 생각이나 감정을 담백하고 솔직하게 말하기
- 아이의 사춘기 양상 파악하기
- 도움이 필요할 때 상담 기관(Wee 센터) 활용하기

또래보다 어린 것 같아 걱정입니다

사 례

선생님을 무서워하는 아이

김 교사는 올해 3학년 담임교사다. 시골 학교라 반에는 여학생 일곱 명밖에 없었다. 그런데 새 학기가 시작된 지 얼마 안 돼 현아가 아침마다 울면서 교실에 들어왔다. 왜 그러냐고 묻자 엄마가 보고 싶어서 운다고 말하는 게 아닌가?

김 교사는 현아의 대답에 황당했다. 유치원생도 아니고 열 살이나 된 아이가 엄마가 보고 싶어서 아침마다 울면서 등교한다는 게 이해되지 않았다. 처음에는 달래 주기도 했지만, 시간이 갈수록 모른 척했다.

며칠 후 현아 어머니한테 연락이 왔을 때 김 교사는 엄마가 보고 싶어 운다는 현아의 말을 전했다. 그런데 현아 어머니가 전한 말은 의외였다.

"선생님, 사실 현아가 운 건 자신을 반갑게 맞아 주지 않는 친구들과 선생님 때문이라더군요. 그래서 아침마다 교실에 들어가기 싫다고 하면서 저랑 있겠다고 떼쓰고 울어요. 게다가 선생님이 자신을 예뻐하지 않는 것 같아서 선생님이 무섭다고 하네요."

생각해 볼까요?

교사와 부모의 잣대로 보지 마라

현아 어머니의 이야기는 마치 교사 때문에 아이가 아침마다 울면서 등교를 거부한다는 식으로 들렸다. 평소 아이들에 대한 나의 마음이 부정당한 것 같아서 교사로서 자존심이 상했다. 어떻게든 내 탓이 아니라는 말을 해야겠다는 생각뿐이었다. 그래서 다소 격앙된 목소리로 현아가 또래보다 어린 것 같다는 말을 에둘러 표현했다. 그랬더니 어머니는 힘없는 목소리로 대답했다.

"저도 우리 현아가 또래보다 어린 거 잘 압니다. 그래서 너무 속상해요. 그렇지만 현아가 더 이상 울면서 등교하지 않게 현아에게 좀 더 사랑과 관심을 주시면 안 될까요? 선생님도 힘들고 바쁘실 텐데 이런 부탁을 드려 죄송합니다."

수화기 너머 들려오는 현아 어머니의 흐느끼는 소리에 알겠다고 대답하고 서둘러 전화를 끊었다. 곧이어 후회와 미안함이 밀려왔다. 어머니의 부탁이 머릿속에 계속 맴돌면서 그제야 내 말이 치사한 변명에 불과했음을 깨달았다. 어머니 나름대로 많은 고민 끝에 내게 도움을 요청한 걸 텐데, 나는 그런 속상한 마음은 몰라주고 책임이 없다는 듯 방어적이기만 했다.

사실 현아 어머니의 부탁에 방어적인 태도로 치사한 변명만을 늘어놓은 데에는 당시 내가 안고 있던 고민도 한몫했다. 내 예상보다 3학년 아이들이 너무 어리다는 점이었다. 그래서 애써 준비한 수업의 결과들이 생각보다 좋지 않아 어떻게 해야 할지 고민이 많았다. 그렇다면 아이들이 여타 3학년 학생들보다 평균적으로 학습 능력이 낮은 편인가? 그것도 아니었다. 아이마다 약간씩의 수준차는 있었지만, 3학년의 평균적인 발달 수준이었다.

사건 1 | 프로젝트 수업

나는 창의·융합 사고 역량 향상을 위해 프로젝트 수업을 자주 활용한다. 당연히 3학년 아이들과도 프로젝트 수업에 도전했다. 물론 프로젝트 수업이 뭔지, 어떻게 하는 건지, 왜 하는 건지, 결과물은 어떻게 만드는 건지 등에 대해 아이들에게 차근차근 설명하고 시범도 보여주었다.

그러나 아이들은 수업 방향에 대해 갈피를 못 잡고 힘들어했다. 심지어 현아는 이해가 안 되고 어렵다며 울기까지 했다. 내가 할 수 있는 건 아이들이 어리다는 탓뿐이었다. 그래서 짐짓 엄한 목소리로 더 노력하라며 아이들을 다그쳤다.

"3학년이라면 이 정도는 충분히 할 수 있어. 이해하기 어렵다고 울지 말고 더 잘하려고 노력해야지."

이제 와서 생각해 보니 나는 아이들에게 요샛말로 '노오력'을 강요했던 것이다.

사건 2 | 디즈니 공주

한번은 디즈니 공주 캐릭터에 대해 아이들끼리 신나게 얘기 나누는 걸 들었다. 그런데 공주 이야기에 열을 올리면서 좋아하는 그 모습이 나로서는 왠지 불편했다. 그때 머릿속에 아이디어 하나가 번뜩 떠올랐다. 바로 동화를 바탕으로 한 비판적 사고력 기르기 수업!

"신데렐라가 왕자와 결혼해서 과연 행복하게 잘 살기만 했을까요? 인어공주처럼 오로지 사랑만을 위해 자신을 헌신하고 희생하는 게 맞을까요? 자신을 구해 줄 백마 탄 왕자님만 애타게 기다리는 공주의 태도가 옳을까요?"

정말이지, 나 혼자 신나게 공주 이야기의 문제점을 읊어 댔다. 그리고 아이들에게 뒷이야기를 상상해서 써오라는 숙제를 내주었다. 더불어 앞으로는 공주 이야기를 다룬 동화책보다 다른 동화책을 읽어 보라는 권유 아닌 권유까지 했다.

다음날 내가 의도했던 대로 뒷이야기를 써온 아이는 겨우 한두 명이었고, 나머지는 자신이 원하는 대로 뒷이야기를 써왔다. 그중 한 아이가 공책에 삐뚤삐뚤한 글씨체로 큼지막하게 쓴 글은 아직도 선명하다.

나는 공주 이야기가 참 좋다. 신데렐라는 계모랑 언니들한테 구박받았으니 왕자랑 결혼해서 잘 살았을 거 같다. 그리고 예쁘니까 모두가 좋아했을 거 같다.

이때만 해도 질 높은 교육의 의도를 알아채지 못한 아이들의 어리숙함을 탓했다. 그런데 아이들이 점점 내 눈치를 보기 시작했다. 자신이 읽고 싶은 책이 아닌 선생님이 좋아할 만한 책을 골라서 평소에는 묻지도 않던 질문까지 했다.

"선생님, 이 책은 읽어도 돼요?"

아이들은 읽어도 된다는 허락을 듣고 자리에 앉아 읽기 시작했지만 한

장도 못 넘기고 멍하기 일쑤였다. 또 한 번은 미술 시간에 밑그림이 그려진 캔버스에 유화 물감을 색칠하는 활동을 하기로 했다. 디즈니 공주 캐릭터를 포함하여 다양한 밑그림을 보여 주면서 아이들에게 캔버스 선택권을 주었다. 그러나 아이들은 공주 캐릭터가 그려진 캠퍼스를 손으로 만지작거리면서 내 눈치를 몇 번 보더니 결국 다른 것을 선택했다. 이런 모습을 보면서 뭔가 잘못됐다는 생각이 들었다. 나는 아이들이 비판적 사고력을 갖기 원했던 것이지, 동심과 생기를 잃기 바랐던 게 아니었다. 그래서 고민 끝에 아이들에게 텔레비전으로 디즈니 공주 캐릭터를 보여주며 말했다.

"선생님은 어릴 때 벨을 좋아했어. 노란 원피스를 입은 벨이 가장 예뻤거든. 너희는 누가 제일 좋니?"

그제야 해맑게 웃으며 자신이 가장 좋아하는 캐릭터를 말하는 아이들을 보고서야 한시름을 놓았다. 낭만과 환상에 갇혀 있었던 건 아이들이 아니라 바로 나였다. 또한 어른이 생각하는 이상적인 교육보다 아이의 눈높이에 맞춘 교육이 훨씬 더 가치 있는 교육임을 깨닫게 되었다.

사건 3 | 과정 중심 평가

평소 평가에 대한 내 교육 철칙은 정확성과 객관성에 초점이 맞춰져 있었다. 정확하고 객관적인 피드백을 아이와 학부모에게 제공하는 것이 과정 중심 평가의 목적이자 교사로서 해야 할 올바른 책무라 생각했다. 그래야 아이가 경각심을 갖고 더 열심히 공부하게 되리라 믿었다.

이번에도 여지없이 엄격한 기준을 바탕으로 아이들의 학습 수준을 평가했고, 이를 과정 중심 평가 통지표에 그대로 작성한 뒤 나눠주있다. 다음 날 현아가 다시 제출한 통지표를 보고 나는 말문이 막혔다. 과정 중심 평가 통지표 속 학생의 의견을 쓰는 칸에는 다음과 같이 적혀 있었다.

수행 평가 보고 쫌 더 노력해야 한다는 생각이 든다. 특히 듣기, 말하기, 곱셈과 나눗셈을 더 열심히 해야겠다. 근데 곱셈과 나눗셈, 내가 생각하기앤 잘하는 것 같은데 이상하다.

◆ **종합의견**

특기 사항	[redacted]는 전반적으로 학업성취도가 굉장히 좋습니다. 학습에 대한 의욕도 많아서 가르치는 보람을 느끼게 해 주는 아이입니다. 그러나 곱셈과 나눗셈에 대한 기초학습 능력이 다소 부족하므로 이에 대한 꾸준한 학습이 좀 더 필요합니다. 사람이 모든 것을 다 잘할 수는 없습니다. 모든 것을 잘 하지 않아도 이미 충분히 [redacted]이는 사랑스럽고 훌륭합니다. 잘하든 못하든 늘 주변 사람들에게 사랑받고 있는 자신을 스스로 더욱 사랑해주기를 바랍니다.
학생 의견	수행 평가 보고 쫌 더 노력해야 한다는 생각이 든다. 특히 듣기 말하기, 곱셈과 나눗셈을 더 열심히 해야겠다 근데 곱셈과 나눗셈 내가 생각하기 앤 잘하는것 같은데 이상하다
학부모 의견	[redacted]에게 결과보다는 과정의 가치를 설명해 주었습니다. 참으로 사랑스럽습니다. 감사합니다.

나는 소리 내어 한참을 웃다가 그제야 아이들에게 더 필요한 것은 채찍이 아니라 당근임을 깨달았다. 교사도 수많은 시행착오를 통해 아이들을 위한 적절한 교육 방법을 하나둘씩 터득해 나간다. 그럼 무엇이 문제였나? 바로 어른의 기준과 잣대로 아이들을 대해 왔던 내가 문제였다.

솔루션

아이의 이야기를 들으면 아이의 눈높이가 보인다

나는 현아가 즐겁게 등교할 방법에 대해 궁리했다. 그리고 교실 속 나의 문제를 해결하기 위해 고민해 보고 다음과 같이 실천했다.

첫째, 현아를 그 누구보다 반갑게 맞이해 주었다. "어머! 이게 누구야! 우리 현아 학교에 왔어? 어서 와. 현아가 언제 오나 선생님이 무척 기다렸어"라며 과하다 싶을 정도로 호들갑을 떨었다.

둘째, 별의별 칭찬 거리를 찾아서 현아를 격려했다. 그러자 다른 아이들도 칭찬받고 싶어서 현아 뒤로 나란히 줄을 섰다. 이게 몇 번 반복되다 보니 이제는 아이마다 특화된 칭찬 어휘를 준비하고 연구하는 게 내 일과가 되었다. 그럼에도 내 칭찬 한마디에 환하게 웃는 아이들의 얼굴을 보면 정말 뿌듯했다.

셋째, 3학년 아이들의 눈높이에 맞는 수업을 진행하려고 노력했다. 그러나 아이들 눈높이에 맞는 수업이 뭔지 도저히 알 수 없었다. 그때 탁동철 선생님의 달려라, 탁샘 이라는 책에 소개된 '아만교 활동'이 생각났다. 아만교 활동은 교사 혼자가 아닌 '아이들과 함께 만들어가는 교육 활동'을 의미하며, 활동 방법은 다음과 같다. 먼저 아이들에게 1년 동안 하

고 싶은 활동을 묻고 이를 따로 메모해 둔 뒤, 교실 한쪽 잘 보이는 곳에 붙여놓는다. 그리고 교육과정을 재구성해 메모에 적힌 활동들을 아이들과 함께 학기 중 수시로 진행하는 것이다.

나는 곧바로 탁 선생님의 아만교 활동을 활용했다. 아이들은 신이 나서 저마다 하고 싶은 활동을 발표했다. 아이디어가 부족할 땐 몇 가지 활동들을 내가 추가로 제시하기도 했지만, 최종적으로 아이들이 회의를 통해 활동들을 직접 선정했다. 이런 과정들을 통해 아이들과 함께 만들어가는 교육 활동을 계획하고 하나씩 실천해 나갔다.

또 아이들이 좋아하는 활동 위주로 프로젝트 수업을 계획하고 함께 도전했다. 여전히 우여곡절은 많았지만, 전처럼 어려워하지 않는 아이들의 모습에 나도 수업에 대한 자신감을 얻을 수 있었다. 그리고 이제는 알아서 프로젝트 과제를 뚝딱 해내는 아이들을 볼 때면 프로젝트 수업을 포기하지 않길 잘했다는 생각이 든다.

이런 노력이 헛수고가 아니었는지 어느 순간부터 현아는 울면서 등교하지 않았다. 역시 해답은 나의 변화에 있었다. 또 칭찬, 격려, 지지와 같은 사랑은 넘치도록 주는 게 맞았다.

입학 초에는 일곱 살처럼, 학기 중에는 여덟 살처럼, 학기 말에는 아홉 살처럼 1학년을 대하라는 교사들 사이의 이야기가 있다. 즉 다양한 아이들을 넓은 스펙트럼 속에 놓고 대하라는 말이다. 그만큼 아이들은 같은 나이라 해도 발달 단계와 속도가 천차만별로 다르기 때문이다.

4학년이 된 아이들은 이제 디즈니 공주 이야기는 쳐다도 보지 않는다. 요즘은 아이돌에 온통 관심이 쏠려 있다. 1년 만에 관심사가 완전히 달라진 아이들을 보면서 나도 그랬던 경험이 떠올랐다. 이처럼 아이들의 성장 과정에는 아이들만의 세계가 있다. 그 과정을 겪으면서 아이들은 자연스럽게 한 어른으로 성장한다. 따라서 아이가 어리고 느리다는 고민은 나중에 돌아봤을 때 어른들의 부질없는 걱정인 경우가 더 많다. 그러므로 아이의 생각이나 행동이 발달상 큰 문제가 되지 않는다면 어리다고 타박하기보다 아이가 긍정적인 자아상을 갖고 성장할 수 있도록 칭찬과 격려로 지지하는 게 어떨까? 어른이 되어서 돌이켜 보니 힘들 때마다 나를 다시 일으켜 세워 준 건 주변 사람들이 했던 모진 말들이 아니라 따뜻한 위로와 진심 어린 칭찬들이었다.

마지막으로 가장 중요한 점은 아이에게 직접 생각을 물어보는 것이다. 무얼 좋아하고 무얼 싫어하는지, 무얼 원하고 무얼 원하지 않는지 같은 아이의 이야기를 주의 깊게 듣고 아이의 행동을 자세히 관찰하다 보면 아이의 눈높이가 보이고 어른의 눈높이가 달라지게 된다. 그러니 더는 어른의 눈으로 아이를 바라보지 말자. 어른의 눈으로 본다면 아이는 어리지만, 아이의 눈으로 자신을 바라보면 결코 어리지 않다. 아이들도 어른과 마찬가지로 자신을 그저 똑같은 한 사람으로 바라볼 뿐이다.

Tip_ 아이의 눈높이에서 아이를 바라보는 법

- 아이만의 세계를 존중하기
- 아이가 긍정적인 자아상을 갖고 성장할 수 있도록 칭찬과 격려로 지지하기
- 아이의 생각과 감정 등을 먼저 물어보고 경청하기

말대답을 자꾸 해서 선생님들이 싫어하는 것 같아요

사 례

모든 선생님들에게 폭탄으로 찍혔어요

진석이 부모님은 걱정이 많다. 하나뿐인 아들이 좀 '밉상'이기 때문이다. 단 한 번도 "네" 혹은 "그래"라고 말한 적이 없다. 상대가 누구든 자기 기분에 거슬리면 한숨을 쉬며 어이없다는 표정으로 빈정댄다. 그럴 때마다 속이 부글부글 끓어오를 때가 많았지만, 한편으론 '가족들이 편하니까 그러겠지. 학교 가면 괜찮겠지?' 하며 애써 위안했다. 그런데 더 큰 문제는 학교에 들어간 뒤부터였다.

해마다 만나는 선생님들은 모두 진석이를 좋아하지 않았다. 3학년 때 선생님은 아이들 앞에서 드러내 놓고 진석이를 미워했다. 속이 상해 항의하고 싶었지만, 오죽하면 그러겠나 싶어 말하지는 못했다. 5학년 때 선생님은 공공연하게 "나를 가장 힘들게 하는 사람은 박진석"이라고 말했다. 진석이에게 직접 이 말을 들었을 땐 억장이 무너지는 것만 같았다.

그렇게 진석이는 모든 선생님에게 '폭탄'으로 찍힌 채 6학년에 진급했고, 가장 두려운 학부모 상담 날이 되었다.

"실은 진석이가 어릴 때부터 미운 행동을 많이 했어요. 유치원 때도 그랬고, 학교 들어가고 나서부터는 선생님들이 상담 때마다 진석이의 말하는 방식을 지적하시더라고요. 집에서도 그것 때문에 가족들이랑 부딪힐 때가 많아요. 진석이가 학교에서 선생님 말씀이나 수업에 자꾸 딴지를 걸어서 선생님들이 힘드셨던 것 같아요. …죄송합니다."

"진석이 어머님, 상담은 2주 뒤에 다시 하는 게 어떨까요? 제가 진석이를 더 관찰해 보고 전화 드릴게요."

생각해 볼까요?

말대답에는 아이 나름의 논리가 있다

사건 1 | 3월 첫날부터 말대답을?

진석이와의 만남은 처음부터 평범하지 않았다. 3월 첫날, 교실 맨 앞자리에 뚱한 얼굴로 앉아 있던 진석이의 얼굴은 지금도 생생하다. 새 학기라 아이들에게 이런저런 안내를 하던 중 진석이는 무언가 마음에 들지 않았는지 '허, 그럼 어떻게 하라고'라며 다 들리게 혼잣말을 했다. 아무리 자기주장이 강한 아이라도 새 학년 첫날부터 선생님에게 드러내 놓고 반감을 표현하는 경우는 드물다. 대부분의 아이들은 새로운 환경과 낯선 분위기로 인해 본모습을 보이기 전에 탐색하며 적응의 시간을 갖기 때문이다. 나는 진석이의 반응이 꽤 신선했고, 나도 모르게 웃음이 나왔다. 그러자 진석이는 내 웃음을 굉장히 불쾌해하며 말했다.

"선생님, 사람이 말하는데 왜 웃으세요?"

"네가 혼잣말하는 모습이 재미있어서 웃음이 나왔어. 기분이 나빴니?"

"사람이 말할 때 그렇게 웃으면 기분 나쁘죠."

"네 기분이 상한 건 선생님이 웃었기 때문이니? 아니면 선생님이 네 말을 무시하는 것 같아서니?"

"무시하는 것 같아서요."

"그랬구나. 그런데 선생님도 처음 네 말에 무시당했다고 느껴서 기분이 나쁘던데."

"그냥 저 혼자 말한 건데요?"

"나도 그냥 혼자 웃은 건데?"

"근데 다 들렸잖아요?"

"네 말도 다 들렸는 걸?"

"……"

아이들은 '또 시작이네'라는 표정으로 내 눈치를 살폈고, 교실 분위기는 순식간에 어색해졌다. 나는 반 아이들의 이런 태도를 통해 진석이가 평소 어른에게 말대답하는 예의 없는 아이로 낙인찍혔음을 눈치챘다.

사건 2 | 왜 수업을 선생님 마음대로 바꿔요?

한번은 진석이가 쉬는 시간에 찾아와 대뜸 이렇게 말했다.

"선생님, 수요일은 수학 시간이 있는데 왜 아침에 국어로 바꾸세요?"

"학교 행사 때문에 이번 주에 시간표 조정이 많지? 그리고 우리 반은 수학 진도가 빠르고 국어 진도가 느려서 국어 수업을 좀 더 해야 할 것 같아서 바꿨단다."

"왜 맨날 수업 시간을 선생님 마음대로 바꿔요?"

"선생님이 수업 시간을 갑자기 바꿔서 네가 불편한 점이 있니? 아니면 기분이 나쁘니?"

"갑자기 준비할 게 달라져서 불편한데요. 그리고 선생님 마음대로 시간표를 바꿔서 기분 나빠요."

"일주일 시간표를 정했어도 학교 상황에 따라 달라질 때도 있어. 그리고 평소 너희의 의견을 존중하지만 수업을 결정하는 건 선생님의 권한이야. 너희가 체육을 하고 싶다고 해도 일주일 내내 체육을 하지는 않잖아."

"그럼 우리한테 미리 말해 줘야죠."

"그러는 너는 수업 시간에 가끔 늦게 들어오면서 선생님한테 왜 미리 말을 안 하니?"

더 이상 할 말이 없어진 진석이는 뚱한 표정으로 돌아갔다. 진석이의 뒷 모습을 바라보면서 나는 화난 마음을 애써 가라앉혀야 했다. 진석이의 질문으로 시작한 대화가 점차 서로의 말 꼬투리 잡기로 변질되었기 때문이다.

예의 범절은 우리 사회의 중요 덕목 중 하나다. 그래서 아이가 어른에게 말대답하는 것을 용납하지 않는다. 학교에서 아이들이 자주 지적받는 것은 '선생님 말씀 도중 끼어들기 않기'다. 그러나 아이들은 선생님의 설명을 듣다가 궁금한 게 생기면 바로 물어봐야 하고, 선생님의 말이 잘못되었다면 꼭 짚고 넘어가야 한다. 아이들의 눈높이에서는 잘못된 말은 바르게 고치는 것이 당연하기 때문이다. 이게 바로 아이들의 논리다. 어른은 그 상황에서 진짜 중요한 점을 파악하지 못한다고 여길지 몰라도 아이들의 세계에서는 아이들의 말 한마디마다 다 나름의 이유가 존재한다.

내가 겪은 진석이는 자신의 논리가 분명하고 상황을 깊이 있게 관찰하는 능력이 탁월한 아이였다. 국어 시간에 아이들끼리 토론할 때 친구들의 의견을 듣고 비판적으로 논리 있게 반론을 제기하는 모습이 인상 깊었다. 진석이의 이런 특성은 충분히 장점이 될 수 있지만, 다양한 인간 군상이 있는 학교에서는 마냥 장점으로만 볼 수는 없다. 진석이는 친구들의 말을 그냥 넘기지 못해서 친구들과 갈등이 많았고, 나는 많은 아이들을 가르치면서 매번 진석이의 말마다 논리를 들어 토론할 시간이 없었다. 무엇보다 진석이가 타인과 소통하는 방식에는 큰 문제점이 있었다. 바로 자신의 생각을 표현하는 말투가 다듬어지지 않았기 때문에 진석이의 의도와 달리 말대답이나 하는 예의 없는 아이로 비춰지기 일쑤였다.

솔루션

말대답하는 이유를 들여다보면 아이가 보인다

어른들은 흔히 자기 의견을 적극적으로 표현하는 아이를 두고 버릇없이 말대꾸한다고 오해한다. 그러나 말대꾸에 초점을 맞출 게 아니라 왜 그런 말을 하는지, 이유가 무엇인지 먼저 들여다보아야 한다. 어른들이 감정적으로 반응하느라 놓친 보석 같은 말들이 분명 숨어 있을 수 있다.

말대답을 왜 하는지 파악하려면 말의 내용과 표현 방법을 분리하여 관찰해야 한다. 즉 말대답하는 내용이 단순히 상대방의 말에 반감을 갖고 일부러 대꾸하여 말 꼬투리를 잡으려는 것인지, 아니면 비판적으로 논리 있게 의견을 제시하는 것인지 판단해 봐야 한다.

말의 내용

아이가 말하는 내용을 자세히 관찰하면 대부분 지적 사고력이 있으나 문장 그대로가 맞다고 생각하는 것일 수 있다. 즉 종합적으로 상황을 판단하는 다면적 사고력이 부족한 경우다. 친구를 때린 아이들을 지도할 때 "친구를 절대 발로 차면 안 된다. 화가 나더라도 대화로 해결해야 한다"고 말하면 "발로는 안 찼는데요"라고 대답하는 아이들이 가끔 있다. 선생님이 말하는 의도는 친구를 때리지 말고 말로 해결하자는 것이지만, 전체적인 의도는 생각하지 않고 문장의 오류만 반박하여 선생님을 답답하게 만든다. 진석이의 경우도 비슷하다. 전체적인 상황과 분위기를 파악한 후 자신의 생각을 있는 그대로 말했을 때 상대방의 입장이 되어 그의 기분을 파악할 수 있도록 지도해야 한다.

이때 중요한 것은 아이의 말이 편협하게 느껴지더라도 우선 귀 기울여 들어주는 어른의 태도다. 아이의 말에 바로 반박하지 말고 우선 다 들어주고 충분히 공감해 주는 시간을 갖는 것만으로도 아이는 자신의 말을 인정받았다는 느낌에 흥분한 감정을 수그러뜨린다. 그러고 나서 어른의 눈높이에서 설명해 주면 아이도 어른의 방식을 이해하고 받아들인다.

또한 아이 나이에 맞는 논리가 있음을 인정하는 것도 중요하다. 어른의 입장에서 아이의 말을 들으면 허점이 보일 수밖에 없다. 이때 말의 옳고 그름만 따지면 아이도 힘들고 어른도 힘들다. 어찌 보면 아이에게 어른처럼 행동하길 바라는 꼰대의 행동인 셈이다. 아이들은 진석이가 시간표가 자꾸 바뀐다며 선생님에게 따지러 갔다고 여겼지만, 나는 진석이가 충분히 의문을 가질 수 있는 일이라고 생각했다. 그래서 진석이에게 수업 시간이 바뀌게 되는 여러 가지 경우를 예를 들어서 알려 주었고, 반례도 들어 설명해 주었다. 아이의 말이 맞고 틀렸다는 입장이 아니라 아이와 토론을 한다는 입장으로 접근해야 아이가 어른의 말도 충분히 논리가 있다고 이해할 수 있다.

말의 표현 방법

그러나 아무리 논리적이라고 해도 말투에 날이 서 있으면 듣는 입장에서 거부감이 들고 기분이 나쁠 수 있다. 그리고 훗날 아이의 원만한 사회생활을 위해서도 말투는 꼭 교정해야 한다. 그래서 내가 교실에서 중점적으로 지도한 언어 교정 방법을 소개하려고 한다.

첫째, 말대답을 할 때 상대방의 기분을 생각하는 연습을 꾸준히 해야 한다. 진석이처럼 자신의 모든 생각을 내뱉게 되면 어른들은 충분히 말대꾸로 느낄 수 있다. 내가 어른의 입장이라면 어떤 기분일시, 어른도 똑같이 기분이 나쁠 수 있다는 것을 입장 바꿔 생각해 보는 것이 필요하다. 진석이에게 내가 자주 했던 방법은, "네가 그 말을 했을 때 선생님인 나도 기분이 나빴다"고 내 기분을 아이의 눈높이로 솔직하게, 그리고 계속해서 이야기해 주는 것이었다. 그래서 자신의 모든 생각을 입 밖으로 내뱉는 게 좋은 방법이 아님을 느낄 수 있도록 해 주었다. 상대의 기분을 고려하여 불필요한 말은 마음속으로만 생각하도록 유도해 준다면 친구들과의 관계 개선에도 큰 도움이 될 것이다.

둘째, 자신의 의견을 정확하면서도 부드럽게 말할 수 있도록 말투를 교정해야 한다. '아닌데요' 나 '싫은데요' 처럼 '~데요' 를 자주 쓰는 아이는 따지는 듯한 느낌을 줄 수 있다. 듣는 사람으로 하여금 오해를 불러일으킬 수 있다는 점을 알려 주고, '아니오' '싫어요' 같은 말로 수정하는 게 좋다. 사실 아이들의 말투는 가정에서 부모끼리의 대화나 아이와 부모의 대화 방식에 따라 결정된다. 아이의 말투를 고치고 싶다면 평소 부모의 말투와 닮은 점은 없는지 되돌아보면 좋겠다. 아이의 말투를 교정할 때는 부모도 아이 앞에서 사용하는 말투를 함께 교정하면 더욱 효과적이다.

셋째, 어른들이 흔히 말하는 말대답의 방법을 권유형이나 질문형 대답으로 바꾸는 것도 좋은 방법이다. 예를 들어 '나-표현법I-message' 을 사용하는 것이다. 만약 진석이가 "제가 말할 때 웃으니까 기분이 나빴어요. 그러지 않으셨으면 좋겠어요" 처럼 나-표현법을 사용했다면 훨씬 부드럽게 자신의 감정을 표현할 수 있었을 것이다. 물론 아이가 나-표현법을 사용해서 말한다면 당연히 부모도 그 방법으로 대답해 주어야 한다. '나-표현법'을 연습하는 게 처음엔 어색하더라도 부드러운 의사소통을 위해 꾸준히 연습하려는 마음가짐이 필요하다.

특히 언어 표현이 정착된 고학년 시기에 아이의 말투를 온전히 바꾸는 것은 쉽지 않다. 그러므로 아이가 자신의 말투를 어른들이 어떻게 느끼는지, 나의 말투가 친구 관계에 어떤 영향을 끼치는지 스스로 깨닫게 하는 것이 가장 중요하다. 아이가 고치려는 의지를 보인다면 부모는 많은 칭찬과 격려를 보내 주길 바란다.

Tip_ 말대답 지도 방법

• 말의 내용와 표현 방법을 분리하여 관찰하기

말의 내용	– 아이의 논리에 충분히 공감하기 – 아이와 어른의 의견을 비교하는 토론의 입장으로 접근하기
말의 표현 방법	– '~데요' ➡ '~했어요'와 같은 말투로 교정하기 – '나 표현법' 연습하기

머리 꼭대기에 올라가려는 아이,
제가 만만한 걸까요?

사 례

우리 반 선생님 진짜 어리다

김 교사는 스물네 살에 교사로 사회생활을 시작했다. 또래 친구들이 대학을 다니며 취업을 위한 스펙 쌓기에 한창일 때 학교에서 아이들을 가르쳐야 했다. 김 교사도 그런 자신의 모습에 스스로도 얼떨떨하고 어색하다고 생각했다.

발령 받고 2주 정도 근무했을 때였다. 방과 후라 교실에는 김 교사와 정아 둘만 남아 있었다. 정아는 평소 조용하고 얌전한 여자아이였다. 그때 갑자기 교실 문이 열렸고, 누가 봐도 베테랑처럼 억척스러워 보이는 신용카드 설계사 아주머니가 당당하게 교실 안으로 들어왔다. 김 교사는 면전에 대고 거절하는 것이 어려웠고, 땀을 삘삘 흘리며 겨우 아주머니를 교실 밖으로 내보냈다. 그런데 교실 문밖으로 나서던 아주머니는 뒤돌아서서 김 교사의 얼굴을 유심히 살피더니 대뜸 몇 살이냐고 물었다. 스물네 살이라고 대꾸하자 아주머니는 다음과 같이 응수하며 유유히 교실을 떠났다.

"아이고~, 애가 선생님을 하네."

아주머니의 혼잣말과 함께 교실에 남겨진 김 교사는 알 수 없는 감정들이 뒤섞여 얼이 빠졌다. 김 교사는 나이로만 판단하는 아주머니의 태도에 적잖이 기분이 상했다. 더 큰 문제는 다음 날 일어났다.

아침에 출근해서 교실에 들어선 김 교사는 삼삼오오 모여 있는 아이들을 발견했다. 무슨 이야기를 하고 있나 궁금해서 살펴봤다. 그런데 어제 교실에 남아 있던 정아가 김 교사와 카드 설계사가 나눴던 대화를 아이들에게 전달하고 있는 게 아닌가?

"우리 반 선생님 진짜 어리다. 스물네 살이래. 우리랑 열네 살밖에 차이 안 나."

김 교사는 정아의 말에 당황했고, 아이들은 저마다 그게 사실이냐고 질문했다.

"선생님, 진짜 스물네 살이에요?"

"응. 왜?"

"우와! 선생님, 우리 사촌 언니도 스물네 살이에요."

"사촌 언니가 선생님이랑 나이가 똑같네."

"신기하다. 우리 사촌 형은 스무 살이에요."

김 교사는 자기 나이를 신기해하는 아이들의 관심을 다른 것으로 환기한 뒤에야 겨우 수업을 진행할 수 있었다. 수업이 끝나고 청소 시간이 되었다. 다들 열심히 교실을 청소하는데, 정아만 자리에 앉아 그림을 그리고 있었다.

"정아야, 청소해야지."

대답이 없었다. 몇 번을 불러도 못 들은 척했다. 심지어 자신을 애타게 부르는 김 교사를 뒤로한 채 보란 듯이 흥얼거렸다. 정아의 표정도 묘했다. 김 교사는 그제야 눈치를 챘다.

'재가 일부러 저러는구나!'

김 교사는 마지막으로 정아를 불렀다.

"임정아, 앞으로 나와!"

끝까지 대답이 없던 정아는 마지못해 교탁으로 다가왔다.

"임정아! 너 선생님이 청소하라는 말 분명히 들었잖아? 그런데 왜 대답을 안 해?"

정아는 교탁 앞에 나와서도 끝끝내 입을 꾹 다물고 새초롬히 서 있기만 했다. 그런 정아의 태도에 김 교사는 점점 화가 났고, 언성도 높아졌다. 분위기가 딱 그랬다. 지금 너와 나의 자존심 대결?

"왜 대답을 안 하냐고! 청소 시간인 거 몰라? 청소하라는 이야기 못 들었어?"

"청소하려고 했는데요?"

"그게 청소하려는 모습이야? 앉아서 그림 그리고 있었잖아? 내 말 못 들은 척했잖아?"

"하려고 했는데요?"

정아는 한껏 반항적인 표정으로 대꾸했다. 그 순간 김 교사는 화를 참지 못하고 정아에게 맞대응했다.

"뭘 하려고 해? 계속 그림만 그리고 있었잖아? 스물네 살이면 선생님이 아니야? 어? 너 열 살이지? 네 나이 곱하기 둘 해 봐! 그래도 스무 살이지? 내가 그래도 네 살이나 더 많아!"

씩씩대는 김 교사의 머릿속으로는 복잡한 생각이 오갔다.

'아, 이게 아닌데…. 나… 왜 애랑 싸우고 있지?'

생각해 볼까요?

아이가 어른을 떠보며 밀당하는 태도가 부정적인 것만은 아니다

우리 가족은 고양이 한 마리를 키운다. 이름은 몽식이다. 칠 년 넘게 함께 살다 보니 이젠 고양이라기보다 그냥 막냇동생 같다. 몽식이는 덩치가 크지만 순하고 착한 데다 사람을 좋아해 잘 따른다. 그런데 그 순한 몽식이도 체구가 작은 사람을 만나면 한 번씩 서열 정리하듯 위협을 가하거나 '하악질'을 한다. 아무리 작은 사람이어도 저보다는 훨씬 큰데 말이다. 몽식이의 이런 태도에 사람들이 움찔하면 녀석은 기세등등해지고, 반대로 사람들이 으름장을 놓으면 녀석은 깨갱하고 만다. 이처럼 몽식이는 평생 주변 사람들을 떠보며 혼자만의 서열 싸움을 한다.

낯선 존재를 떠보며 서열 싸움하는 행위는 동물만의 고유 특성은 아니다. 사람도 마찬가지다. 나이가 들수록 사회 경험치가 쌓이면서 서열 싸움의 기술에 세련과 노련미가 더해져 태가 잘 나지 않는 것뿐이다.

몽식이처럼 정아도 나를 떠봄으로써 정아만의 서열 싸움을 한 것이다. 정아 눈에는 자기 부모님보다 훨씬 어린 스물네 살 선생님이 제 또래로 보였을 수도 있다. '애가 선생님'을 하니까. 그런데 나는 애초에 존재하지도 않았던 교사의 권위를 되찾기 위해 정아에게 열심히 맞대응했다. 이게 오히려 정아가 나를 어른이 아닌 아이로 여기게 만드는 행동인지 몰랐다. 만약 지금 다시 정아와 같은 아이를 만난다면 여유 있게 대처할 텐데, 그때는 그게 어려웠다. 신규 교사의 경험 부족 탓이리라.

사실 아이는 어른을 떠보는 행위를 통해 협상의 기술을 배우고 사회성이 발달해 간다. 이때 애초에 협상이 통하지 않는 어른에게는 시도조차 하지 않는다. 아이가 자꾸 나를 떠보는 건 그만큼 아이와의 관계가 유하고 좋다는 반증이다. 따라서 아이가 나를 만만하게 여긴다고 걱정하거나 분노하면서 맞대응할 필요가 없다.

문제는 아이가 적정선을 잘 모르면 협상이 아닌 기어오르는 행동이 될 수 있다는 것이다. 실제로 정아의 행동은 이미 인간관계를 서열 관계로 인식하며 나를 떠보는 행위를 넘어 무시하는 행동이기에 그저 귀여워하며 웃음으로 넘기는 것은 옳지 않다.따라서 어른을 떠보며 밀당하는 행위로 협상의 기술을 배워가는 아이에게는 어른이 끊임없이 적정선을 가르쳐 줘야 한다.

그러나 어른들도 매번 아이들을 대하는 직업이 아니라면 자신을 떠보며 밀당하는 아이의 행위가 기어오르는 행동인지, 아니면 적절한 협상 기술인지를 판단하는 기준과 적정선을 잘 알지 못한다. 그렇다면 어떻게 지도해야 할까?

솔루션

원인을 알아야 교육 원칙을 세울 수 있다

먼저 아이가 어른을 떠보는 원인을 파악해야 한다. 아이는 아무 이유 없이 떠보지 않는다. 반드시 원인이 있고, 이에 따라 솔루션이 달라진다.

어른을 떠보는 원인에 따른 솔루션

첫째, 상황 판단력이 떨어지는 아이, 즉 눈치가 없는 아이이다. 어른을 떠보면서 밀당을 '시전' 하면 안 되는 분위기라는 걸 파악 못하고 당당하게 협상하려는 아이가 이에 속한다. 그래서 아이의 태도가 어른에겐 자칫 기어오르는 행동으로 느껴질 수 있다. 그러나 이는 아이의 순진함에 기인하는 것이므로 눈치가 없다고 타박하면서 기죽이기보다 분위기 파악하는 방법을 자세히 가르쳐 줘야 한다. 상황의 흐름에 따라 상대방의 표정, 말투, 몸짓 등을 파악하는 방법을 구체적으로 제시하면 아이의 메타 인지 metacognition, 자신의 인지 과정에 대하여 한 차원 높은 시각에서 관찰 · 발견 · 통제하는 정신 작용를 자극하여 조금씩 상황 판단력이 길러지게 된다.

둘째, 인간관계를 서열 관계로 보는 아이, 즉 어른들끼리 서로 떠보며 기 싸움하는 장면에 자주 노출되어 점차 인간관계를 서열 관계로 인식하게 된 아이이다. 정아가 이에 해당한다. 자기 속마음을 고스란히 드러내는 정아는 표현에 있어서 순진하다. 그러나 어른이 대화하는 찰나의 순간에 서열을 계산하고 어른을 무시하면서 기어오르는 태도 자체는 영악하다. 이를 즉시 교정하지 않으면 성장할수록 표현까지 영악해져서 교묘하게 타인을 무시할 수 있다. 이는 훗날 인간관계에 대한 계산적인 사고방식을 바탕으로 이상한 손익 싸움만 하는 어른이 될 위험마저 있다.

그래서 아이가 사람을 나이, 겉모습, 직업, 성별 등으로 판단하고 서열화하는 태도를 바로잡아야 한다. 무엇보다도 아이 앞에서 늘 조심하면서 어른부터 사람을 갑을 관계로 나누고 서열화하지 않아야 한다. 아직 어리기 때문에 모를 것이라는 생각은 오산이다. 아이들은 어른의 생각보다 부정적인 분위기를 감지하는 감각이 본능적으로 타고났기 때문이다.

셋째, 떠보는 행위가 습관으로 굳어진 아이이다. 이들은 자신의 태도가 어른을 떠보는 행동이라는 인식이 없다. 그저 본능적으로 어른에 따라 허용 범위가 다르다는 점을 또래보다 일찍 깨달은 것이다. 이런 습관은 보통 가정에서 조건이 있는 거래를 협상으로 둔갑하여 아이를 양육할 때 형성된다.

"한 시간 공부하면 게임 현질하게 해 줄게."
"채소 먹으면 과자 사 줄게."
"방 청소하면 장난감 사 줄게."

이런 양육 태도로 인해 아이는 매사에 어른과 조건이 있는 거래를 하려고 한다. 이는 교실에서도 마찬가지다. 수업 도중에 밖에 나가 놀고 싶다며 말로 선생님을 구슬리려는 아이, 수업 시간에 소곤소곤 떠들다가 혼나지 않으면 다음엔 좀 더 시끄럽게 떠들면서 선생님의 눈치를 살피는 아이, 채소가 먹기 싫어 식판을 들고 왔다 갔다 하면서 얼마나 먹으면 선생님이 통과시켜 주려나 살피는 아이가 그렇다.

성장 과정에서 교정이 없으면 어른을 떠보는 재주는 점차 교묘해지고 날로 일취월장하게 된다. 눈치가 좋은 건 맞지만, 이는 바람직한 능력이 아니며 심지어 영악하다. 여기에 언어적 표현 능력까지 좋을 경우 말 몇 마디로 상황을 제어하고 통제할 수 있다고 인식하면서 교만해질 수 있다. 즉 현란한 말재주와 뛰어난 눈치로 끊임없이 사람을 떠보면서 원하는 것을 쉽게 얻으려고 하거나 인간관계에서 우위를 점하려고만 할 수 있다.

따라서 사춘기 이전의 기초생활 습관을 형성하는 시기에는 조건과 거래가 아니라 단호하고 일관된 교육법으로 아이를 대해야 한다. 조건과 거래에 길들어진 아이는 기초생활 습관이 형성된 것이 아니라 어른 떠보기 습관이 형성된 것이다. 조건과 거래가 없으면 아이는 행동의 동기를 잃은 것이기에 스스로 기초생활 습관을 실천하지 않는다. 그러므로 조건과 거래를 양육의 기술로 활용하는 것은 바람직하지 않다. 이미 조건과 거래에 길들어진 아이일지라도 어른이 단호하고 일관성 있는 양육 태도를 견지하면 얼마든지 교정할 수 있다.

넷째, 사춘기에 들어선 아이다. 사춘기가 시작되면 아이의 사고가 급격하게 발달하면서 상황 판단력과 논리력이 급상승한다. 그래서 사춘기인 아이와 논리로 협상이 가능하다. 이때부터는 어른을 떠보면서 밀당하는 태도로 협상을 걸어오는 아이에게 기꺼이 응해 주면서 논리로 맞서야 한다. 만약 아이 논리에 대해 합당성을 인정해 주지 않으면 아이는 훗날 어른이 되었을 때 건강하게 사회적 관계를 맺기 어렵다. 어쩌면 타인과 바람직하게 협상하는 방법을 몰라 아집과 독선이 가득한 독불장군이 되거나 반대로 무조건 예스만 하는 호구가 될 수도 있다. 극단적이긴 하지만, 참으로 끔찍한 가정이 아닐 수 없다. 따라서 사춘기에 들어선 아이가 걸어오는 밀당을 협상 기술로 바라보면서 기꺼이 협상 테이블에 앉아 주자. 이로써 아이는 바람직한 협상의 기술을 터득하고, 사고력과 사회성도 발달시키면서 점차 성숙한 어른으로 자라날 것이다.

바람직한 협상이 되기 위한 교육의 대원칙

아이가 어른을 떠보며 밀당하는 태도를 단지 협상 기술을 터득하는 과정으로만 여기고 마냥 귀여워하는 건 아이에게도 좋지 못한 영향을 미칠 뿐 아니라 향후 아이 지도에도 어려움을 준다. 따라서 아이가 어른을 떠보는 원인을 파악하고 어른으로서 너그러움을 보일 때인지, 아니면 단호함을 보일 때인지 잘 판단해서 대처해야 한다. 가장 중요한 점은 아이가 어른을 떠보는 원인과 관계없이 반드시 가르쳐야 할 교육의 대원칙이 있다. 바로 협상의 대상을 구별해야 한다는 것이다. 즉 안전, 기초생활 습관, 도덕적 규범, 역할에 따른 책임 등은 협상의 대상이 아니며, 조건과 거래의 대상도 아니다. 이는 반드시 지켜야 할 생활 규칙이자 사회적 약속이며, 협상의 적정선을 판단하는 기준이다.

나의 권리를 지키면서 타인의 권리를 존중하려면 바르고 건전한 협상 능력이 필요하다. 그래서 언젠가 우리 아이들이 사회에 나갔을 때 타인의 권리를 존중하면서 자신의 권리는 정당하고 유연하게 쟁취하고 부당함은 능숙하게 떨쳐낼 수 있는 어른이 되길 바란다.

Tip_ 바르게 협상하는 아이로 길러내는 법

- 아이가 어른을 떠보며 밀당하는 건 무조건 버릇없는 행동이다? 아니다! 협상 기술을 배우는 과정이다!
- 아이가 어른을 떠보는 원인에 따라 솔루션이 달라진다.
  - 상황판단력이 부족한 아이: 상황판단력을 기르는 방법 알려 주기
  - 인간관계를 서열 관계로 보는 아이: 어른부터 인간관계를 서열로 나누지 말기
  - 떠보는 행위가 습관으로 굳어진 아이: 조건과 거래를 협상으로 착각하여 양육하지 않기
  - 사춘기에 들어선 아이: 밀당으로 협상하는 아이의 논리에 논리로 대응하기
- 바른 성장을 위한 교육의 대원칙
  - 안전, 기초생활 습관, 도덕적 규범, 역할에 따른 책임 등은 조건, 거래, 협상의 대상이 아니라 반드시 지켜야 할 규칙이다

아이가 너무 별나서 평범했으면 좋겠어요

사 례

네가 별난 게 문제야!

5학년 첫날, 김 교사는 아이들의 자기소개서를 보고 깜짝 놀랐다. 가희가 장래 희망란에 '평범한 사람'이라고 썼기 때문이다. 김 교사는 가희를 따로 불러 이유를 물었는데, 시무룩한 표정과 기죽은 말투로 대답했다.

"왜냐하면 평범하게 사는 게 세상에서 가장 어려운 일이니까요. 저는 이루기 힘든 꿈이에요."

이제 겨우 12살인 아이가 주변 사람들로부터 얼마나 '평범함'을 강요받았으면 저렇게 말할까 싶어 김 교사는 가희가 안쓰러웠다. 아니나 다를까, 가희 부모님과의 상담에서도 가희가 평범하기만을 바랐다.

"선생님, 주변 사람들 말로는 가희가 수업 중에 헛소리와 별난 행동을 많이 해서 수업을 방해하고 친구들에게 피해를 준다고 하던데 사실인가요? 우리 가희는 왜 이렇게 유별난지 모르겠어요. 다른 아이들처럼 평범하게 자랐으면 좋겠습니다."

생각해 볼까요?

모난 돌이 정 맞는다?

어렸을 때 부모님과 내가 정답게 나눈 등교 인사말은 "잘 다녀와라"가 아닌 "모난 돌이 정 맞으니 학교에서 조용히 말하고 사뿐사뿐 걸어 다녀라"였다. 그 시절 나는 '모난 돌이 정 맞는다'는 말이 무슨 뜻인지 몰라 그저 해맑게 웃으면서 그 누구보다 신나게 등교했다. 물론 부모님 말씀대로 조용히 말하고 사뿐사뿐 걸어 다니려고 나름 노력했다. 그러나 다른 사람보다 몇 배 큰 목소리와 우렁찬 발걸음을 타고난 덕에 '조용히'와 '사뿐사뿐'은커녕 동에 번쩍 서에 번쩍하면서 별의별 사건들을 일으키면서 자랐다. 하고 싶은 말과 행동은 해야 직성이 풀리는 성미도 한몫했다. 그랬던 내가 어쩌다 보니 초등 교사가 되어 마치 어릴 적 내 모습으로 둔갑한 듯한 아이들을 만나 가르치게 되었다. 가희도 그중 하나였다.

가희는 저만의 개성이 뚜렷해 반짝반짝 빛나는 아이였다. 좋아하는 것도 싫어하는 것도 확실했고, 생각하는 게 남달라 가희와 담소를 나누면 그렇게 유쾌할 수 없었다. 그러나 가희 부모님, 주변 친구과 선생님들, 심지어 가희 본인까지 모두가 가희의 개성을 별나고 튀는 그 어떤 것으로 치부하며 반기지 않았다. 가희는 점점 의기소침해졌다.

이처럼 우리 사회는 평범을 강요한다. 어린 시절에 모난 돌이 정 맞으니 튀는 말과 행동을 하지 말라시던 부모님의 말씀은 여전히 우리 사회 곳곳에 살아남아 아이 저마다의 개성 없애기 프로젝트에 앞장서고 있다. 그래서 아이가 조금이라도 튀는 말과 행동을 하면 눈치 없는 아이로 낙인찍으며 기죽이기 일쑤다.

가희는 특히 물고기를 굉장히 좋아했는데 마침 학교에 큰 연못이 있었다. 그래서 가희는 쉬는 시간이면 물고기를 관찰하러 연못으로 달려갔다. 그러다 한번은 연못을 관리하시던 교장선생님과 가희가 도란도란 얘기하는 장면을 목격했다. 무슨 대화를 나누길래 교장선생님과 가희 모두 환하게 웃는 건지 내심 궁금했다. 다음 날 가희는 한껏 들뜬 모습으로 내게 다가와 어제 있었던 일을 말했다.

"선생님, 교장선생님이 교장실에 있는 어항이랑 물고기를 저보고 관리하라고 하셨어요!"

가희는 교장실의 어항과 물고기를 관리할 생각에 신나 보였다. 물고기와 관련된 것이라면 전문가 못지않게 해박한 아이라 교장실의 어항 관리를 잘해 내리라 믿었다.

그런데 며칠 후 출근하자마자 한 선배 교사로부터 혹시 어항을 관리한답시고 방과 후마다 교장실에 찾아가는 아이가 선생님네 반 아이냐고 묻는 메시지를 받았다. 그렇다고 회신했더니 되돌아온 선배 교사의 메시지에는 아이가 더는 교장실에 찾아가지 않도록 단속하라는 내용이 담겨 있었다.

선배 교사의 메시지에 적잖이 황당했지만, 혹시나 가희가 교장선생님을 방해한 건 아닐까 걱정했다. 평소 가희의 성품을 봐서는 그럴 것 같진 않았다. 그럼 도대체 무엇이 문제인 건지 궁금한 마음에 선배 교사를 찾아가 물었다. 그러자 선배 교사는 대뜸 짜증을 내며 말했다.

"교장선생님이 어항을 관리하라고 하셨다고 해서 진짜로 교장실을 찾아가면 어떻게 해요? 눈치 없게…. 아무튼 그 별난 아이, 더는 교장실 못 가게 해 주세요."

선배 교사의 말을 들은 나는 그제야 상황을 제대로 파악할 수 있었다. 교장선생님의 말씀을 곧이곧대로 들은 가희와 그런 가희를 말리지 않은 내가 눈치 없었던 것이다. 즉 어렸을 때부터 모난 돌이었던 담임교사와 평범과 거리가 먼 독특하고 별난 가희가 만나서 생긴 문제였다.

결국, 가희에게 에둘러 말할 거리를 찾아 고민했다. 그런데 문득 교장선생님도 가희가 교장실에 오는 게 정말 싫었을까 하는 의문이 들었다. 교장선생님을 직접 찾아뵙고 의중을 여쭤 볼까 했지만, 혹시나 그걸 말로 해야 아느냐는 식의 대답을 듣게 될까 봐 두려웠다.

고민 끝에 내가 눈치 없는 교사가 되기로 했다. 평범과는 거리가 먼 별난 아이라는 타박을 수없이 들어서 기죽은 가희에게 '네가 별난 게 문제'라는 소리를 또다시 듣게 할 순 없었다. 이후로 가희가 어항을 관리하러 교장실에 드나드는 것을 끝까지 모른 척했다. 가희는 5학년이 끝날 때까지 하루도 안 빠지고 방과 후에 교장실에 들러 꾸준히 어항을 관리하고 물고기들을 보살펴 주었다.

5학년이 끝날 무렵, 가희는 부모님을 따라 프랑스로 유학을 떠났다. 떠나는 마지막 날에 교장선생님을 찾아뵙고 어항 관리를 맡겨 주셔서 감사하다고 밝게 인사했다. 교장선생님은 가희의 인사에 흐뭇해 하셨다. 그 모습을 보면서 교장선생님도 가희가 교장실의 어항을 관리했던 일을 좋아하셨을 거라고 굳게 믿기로 했다.

솔루션

넌 별난 게 아냐, 스페셜한 거지!

유별난 아이는 곧 스페셜한 아이다

어른은 아이에게 솔직하게 말하라고 가르치면서 정작 자신은 체면이

나 관계 때문에 솔직하지 못할 때가 많다. 마찬가지로 타인의 말과 행동도 넘겨짚을 때가 많다. 어른은 말의 겉면과 이면이 같은 솔직함보다 다른 게 더 익숙하다. 그러나 아직 순수한 아이들은 어른과 다르게 솔직하다. 그래서 어른들의 말에 담긴 속뜻을 미처 헤아리지 못하고 곧이곧대로 받아들여 눈치 없다는 타박을 받기 일쑤다. 그러면 정말 잘못한 사람은 누구일까? 말의 속뜻을 알아차리지 못할 만큼 눈치가 없는 아이일까, 아니면 말과 행동이 다른 위선적인 어른일까? 정작 반성이 필요한 사람은 눈치가 없다는 핑계로 아이에게 잘못을 떠넘기는 어른일 것이다.

가희는 교장선생님의 부탁으로 누구보다 열심히 어항을 관리하고 물고기를 보살폈다. 게다가 가희는 교장실을 방문할 때마다 교장실 문을 노크하며 들어가도 되냐고 늘 교장선생님의 허락을 구했다. 이것만 봐도 가희는 눈치가 없는 아이가 아니라 충분히 책임감이 강하고 예의 바른 아이였다.

이 외에도 가희는 배움에 대한 열정이 넘쳐나서 아는 것도, 궁금한 것도 많았다. 그래서 수업 도중 앞으로 나와 친구들에게 부연 설명을 해 주거나 선생님에게 궁금한 것들을 불쑥 질문하는 일도 있었다. 가희의 설명이나 질문에는 다른 친구들이 미처 생각하지 못한 기발하고 창의적인 내용이 많았다. 남다른 관점을 가진 가희 덕분에 다른 친구들까지 생각의 저변을 넓히는 기회를 얻을 수 있었다. 이처럼 가희는 헛소리와 별난 행동으로 수업을 방해하고 친구들에게 피해를 주는 게 아니라 배움에 열정적이고 창의적인 아이였다.

가희 부모님에게도 가희가 자신만의 개성과 창의성을 비롯한 특별함이 있기에 앞으로도 가희 인생은 재미와 행복을 느끼면서 찬란하게 빛날 것이라고 말했다. 그랬더니 가희 부모님은 불안한 마음이 한껏 드러난 목소리로 되물었다.

"선생님이 말씀하시는 가희의 개성은 별나다는 의미가 아닌 영어로 스페셜special을 의미하는 거 맞나요?"

그렇다는 내 말에 가희 부모님은 그제야 안심했다. 그러나 나는 우리말 '별나다'에는 아이의 개성을 긍정적으로 바라보는 시선이 없는 것만 같아서 참 안타까웠다.

평범을 강요하지 마라

아이가 평범하기를 바라는 부모의 마음을 이해하지 못하는 것 아니다. 나조차도 평범함을 떠올리면 편안하고 안정된 느낌이 들지만, 반대로 색다름을 떠올리면 굴곡과 위기가 느껴져서 불안하다. 하지만 불안을 핑계로 아이가 가지고 있는 특별함을 평범함으로 바꾸려고 하면 어떤 일이 벌어질까? 반대로 자신의 정체성을 부정당하며 평범을 강요받은 아이는 어떻게 될까? 아마 자신의 진면모를 마음껏 펼치지 못하고 본모습을 꽁꽁 숨기면서 사느라 삶이 불행할지도 모른다. 실제로 인간은 진짜 자아내가 원하는 내 모습와 가짜 자아남이 원하는 내 모습 사이의 괴리감이 클수록, 진짜 자아에 대한 부정적인 피드백을 받을수록, 가짜 자아에 대한 강요를 많이 받을수록 우울이나 무기력과 같은 부정적인 감정을 자주 느낀다고 한다. 그래서 부모는 아이를 위한답시고 평범을 강요했던 일이 뒤늦게야 오히려 아이를 불행하게 만들었음을 깨닫고 후회 속에서 살아가게 될 수도 있다.

한번은 다른 반 친구 두 명이 연못에서 물고기를 관찰하는 가희 뒤를 졸졸 따라다니면서 가희의 행동을 흉내 내고 위협했던 적이 있었다. 가희는 그 괴롭힘에 어떠한 항의도 하지 못하고 그저 울면서 말했다.

"선생님, 제가 남들과 다르고 별난 게 잘못된 일이니까 친구들이 저를 괴롭히는 것 같아요."

이처럼 개성을 존중받지 못한 아이는 자신을 보호하기 위해 용기를 내야 하는 순간에 오히려 자기 부정을 하면서 무기력한 모습으로 무너지기 쉽다. 따라서 평범함에 대한 강요는 매우 위험하다.

아이만의 개성은 오히려 그만의 장점이다. 차라리 스페셜한 생각을 하는 아이에게 좋아하는 분야를 특별하게 발전시킬 수 있도록 올바른 방향을 제시하는 게 어떨까? 아이는 자신을 믿어 주는 부모의 긍정적인 시선만 있다면 자기만의 개성을 잘 키워내 뿌리 깊은 나무로 성장할 수 있을 것이다.

Tip_ 아이의 개성이 더욱 빛나도록 키우는 법

- 유별난 아이는 문제 아이? No! 스페셜한 아이다!
- 아이에게 평범함을 강요하지 않고 긍정적인 시선으로 아이를 바라보기
- 아이만의 특별한 개성이 더욱 빛날 수 있도록 올바른 방향 제시하기

사랑에 목마른 아이는 왜 위험한가요?

사 례

인정받고 싶은 욕구가 강한 아이

선화네 세 자매는 부모님이 양육하기 어려운 상황이라 어릴 때부터 할머니 손에서 자랐다. 선화네 할머니는 아들, 며느리, 손녀 셋을 거두고 하루 종일 농사짓느라 삶이 늘 고단했다. 그 와중에 며느리가 아들 하나 못 낳은 게 미웠고, 애써 농사지어 벌어 놓은 돈을 아들이 다 써 버릴까 걱정이 이만저만했다. 게다가 손자도 아닌 계집애 셋이나 키워야 하는 게 더더욱 갑갑했다.

자연스레 할머니는 쌓인 스트레스를 고스란히 손녀들에게 풀었다. 그중에서도 둘째 선화에게 유독 심하게 대했다. 선화는 언니나 동생보다 주의가 산만하고 실수를 자주 하기 때문이다. 또 성격이 강한 언니와 동생 사이에 끼어서 위아래로 치이는 상황이 많았다. 그러다 보니 선화는 늘 주눅이 들어 있고 인정받고 싶어 하는 욕구가 강했다. 이런 모습은 학교에서도 고스란히 나타났다.

소풍날에는 김에 대충 싼 맨밥이 부끄러워 도시락 뚜껑을 열지 못했다. 영어 쪽지 시험 때는 선생님에게 칭찬을 받고 싶어서 몰래 커닝을 하다가 들통나기도 했다. 운동장에서 친구들이랑 놀기보다 6학년 오빠들만 졸졸 따라다녔고, 유독 남자 어른들 곁을 떠날 줄 몰랐다.

어느 날 행정실 선생님이 김 교사를 찾아와 조심스럽게 말했다.

"선생님, 제가 선화와 같은 교회를 다니는데, 선화가 교회 버스 기사 무릎에 앉아 기사 아저씨 어깨에 팔을 두르고 있을 때가 많아요. 그러지 말라고 말했는데도 자꾸 그러니 걱정이 되어 말씀드려요."

김 교사는 선화에게 어떻게 이야기를 해야 하나 고민이 되었다.

생각해 볼까요?

사랑이 목마른 아이

새 학년 첫날, 다른 학생들 사이에서 남루한 차림으로 서 있던 선화는 단연 눈에 띄었다. 열악한 환경에서 자랐고 가난한 집안의 자신과 친구들을 비교하면서 늘 주눅이 들어 있었다. 하지만 가난보다 더 안타까웠던 것은 사랑에 목마른 선화의 행동들이었다.

선화는 가정에서 채워지지 않은 애정에 대한 갈망을 선생님의 칭찬이나 본인보다 나이가 많은 사람들의 관심으로 메꾸려고 했다. 쪽지 시험에서 커닝을 하거나 6학년 오빠들을 유독 따라다녔던 것도 그런 이유였다. 선화가 아직 어리지만 사춘기가 찾아오고 몸이 자라면 그에 비해 자라지 못한 애정을 잘못된 방법으로 채울까 걱정이 되었다. 최악의 경우, 선화의 행동이 주변 남성들로부터 성범죄의 희생양이 될 수 있다는 것이다. 사실 범죄의 손길은 멀리 있지 않다. 교회 버스 기사의 무릎에 앉아 어리광을 피우는 선화처럼 애정을 원하는 아이들을 귀신같이 알고 찾아온다. 사랑에 목마른 아이일수록 애정을 빌미로 움켜쥘 수 있는 빈틈이 많기 때문이다.

행정실 선생님이 다녀간 날, 이걸 선화네 집에 알려야 할지 말아야 할지부터 고민했다. 만약 알린다면 어떻게 설명해야 할지도 막막했다. 아무리 잘 설명한들 할머니는 선화를 무작정 다그치기만 할 것 같았다. 고민 끝에 가정에는 알리지 않기로 했다. 대신 다음 날 학교가 끝나고 선화를 따로 불러 남자 어른 무릎 위에는 앉지 말라고 이야기했다.

"세상에는 좋은 어른들도 많지만, 나쁜 어른들도 많단다. 네가 어른들을 좋아하고 따르는 걸 나쁘게 이용하는 사람들도 분명히 있어. 그러니 그런 행동을 하면 안 돼."

대충 이런 말이었다. 선화를 걱정하는 마음으로 말했지만 슬쩍 선화의 행동을 탓했고, 선화는 당연히 내 말을 이해하지 못했다.

그 당시에는 할머니가 선화를 다그칠까 걱정했지만, 정작 선화를 다그친 사람은 바로 나였다. 지금 돌이켜 보면 먼저 선화를 보듬어 줬어야 했다. 집에서 사랑받지 못하는 선화를 충분히 감싸 주고, 선화의 이야기를 충분히 들어 주고 차분히 타일렀어야 했다. 그런데 그때는 왠지 사랑에 목말라 조심성없이 사람에게 무작정 매달리는 선화에게 화가 났었다. 그렇게 선화는 지금도 여전히 내 기억 속 아픈 손가락으로 남아 있다. 다시 만난다면 선화에게 더 많은 사랑을 줄 수 있을 텐데 후회가 많이 남는다.

솔루션

그럼에도 불구하고 사랑의 손길을 먼저 내미는 어른이 되는 법

아이들은 어른들의 칭찬을 먹고 자란다는 말이 있듯이 어른의 따뜻한 말 한마디에 행동이 쉽게 바뀐다. 교실에서도 수업 시간에 바른 자세로 앉아 있는 아이를 칭찬해 주면 아이들은 너도나도 할 것 없이 바른 자세를 하면서 선생님을 초롱초롱한 눈망울로 바라본다. 자신도 칭찬해 주길 바라면서…. 순수하고 기특한 모습이 아닐 수 없다.

그러니 아이가 관심과 사랑을 받고자 잘못을 저질렀더라도 잘잘못을 가리기보다 먼저 따스하게 감싸줘야 한다. 애정이 부족한 아이에게 우선적으로 필요한 것은 조건 없는 무한한 애정이다. 아이를 충분히 보듬어 주고 안아 준 뒤에 잘못한 점을 일러 주어도 늦지 않다.

아이가 바라는 관심은 훈육과 잔소리가 아니다. 아이를 향한 따뜻한 눈빛과 칭찬과 격려다. 옷이나 머리가 예쁘다는 외적인 것에서부터 사소한 행동에 대한 것까지 무엇이든 좋다. 아이를 칭찬하려면 우리는 그 아이의 행동을 자세히 관찰하게 되는데, 아이들은 이러한 어른의 눈길을 금방 알아챈다. 특히 부모가 늘 관심의 눈길로 지켜본다는 사실을 알고 있는 아이라면 심리적 안정에 많은 도움이 된다.

부모로부터 애정이 충족되지 않은 아이들은 학교에 와서 선생님과 친구들에게 많은 신호를 보낸다. 말로 하지 않아도 표정, 눈빛, 행동으로 관심을 가져달라고 표현한다. 우리는 이런 아이들에게 "귀찮게 하지 말라, 가만히 좀 있어라"라고 핀잔을 주면서 시큰둥하게 넘어갈 때가 있다. 나만 해도 그렇다. 쉬는 시간마다 찾아와서 어제 있었던 일을 종알종알 떠드는 아이를 선생님이 바쁘니까 가라고 보낸 적이 많았다. 아이들이 하는 말의 대부분은 큰 의미가 없다. 그저 선생님의 따뜻한 대답과 관심을 원하는 것이다. 바쁘더라도 아이 한 명 한 명 더 관심을 갖고, 아이들이 하는 말을 그냥 흘려듣지 않아야겠다고 오늘도 다짐한다.

가장 중요한 점은 아이에게 어른들로부터 나의 몸을 안전하게 지키는 방법을 반드시 가르치는 것이다. 아이는 학교 외에도 학원 선생님, 이모, 삼촌 등 심리적으로 가깝게 느끼는 어른들에게 관심을 갖는다. 문제는 세상 모든 어른이 아이에게 안전한 존재가 아니라는 것과 아이가 아직 어려서 선악에 대한 판단력이 온전치 않다는 것이다. 잘못될 경우 성적인 위험에 노출될 수도 있으므로 아무리 좋아하는 어른이어도 경계심을 갖고 자신을 보호하기 위한 최소한의 안전망을 확보하도록 가르쳐야 한다.

아이가 학교를 무서워하고 싫어해요

사 례

엄마 곁을 떠나지 못하는 아이

현성이네 집은 아침마다 전쟁이다. 현성이가 학교에 가지 않겠다고 떼를 쓰고, 겨우 교실에 와서도 울면서 엄마를 따라가기 때문이다. 현성이 엄마는 현성이네 학교 바로 옆에 있는 유치원 선생님인데, 거의 매일 교실을 뛰쳐나온 현성이가 엄마를 찾아가는 바람에 곤란할 때가 한두 번이 아니다. 학기 초에는 선생님이 무섭다는 이유로 며칠이나 결석한 적도 있다.

하지만 김 교사의 고충도 만만치 않다. 1학년 아이들 스물여덟 명을 한 교실에 데리고 있으면서 수업 시간과 쉬는 시간 가릴 것 없이 도망가는 현성이 때문에 미칠 노릇이다. 도망가는 현성이를 내버려 뒀다가 사고라도 나면 어쩌나 걱정되다가도 현성이를 찾으러 갔다가 교실에 남은 아이들에게 사고라도 생기면 그 또한 선생님 책임이기에 김 교사는 이러지도 저러지도 못하는 상황이다. 물론 김 교사도 현성이가 학교에 적응할 수 있도록 노력하고 있지만, 조금만 심사가 뒤틀리면 악을 쓰고 울어버리거나 바닥에 누워 꿈쩍도 안 하는 현성이를 지도하는 게 쉽지가 않다. 그리고 조금만 혼을 내도 교실을 뛰쳐나가니 어느 순간부터는 내버려 두게 됐다.

그렇게 1학기가 지나고 여름방학이 되어 방학 중 자유 체험학습을 하는 날이었다. 참가 학생이 미리 정해진 것은 아니었고, 시간에 맞춰 학교에 온 학생들만 데리고 진행하는 체험 활동이었다. 물론 그날도 현성이는 학교에 오지 않았다. 담임선생님은 오늘도 현성이가 학교에 오지 않았구나 생각했고, 학생들을 지도하느라 정신이 없었다. 그런데 그날 저녁, 현성이 어머니에게서 전화가 왔다.

"선생님, 어떻게 아이를 찾아보지도 않으세요?"

알고 보니 어머니는 현성이를 학교에 보냈지만, 학교에 가기 싫어서 중간에 이탈해 버린 것이다. 나중에 이 사실을 알게 된 어머니는 잔뜩 화가 나서 교무실까지 찾아갔던 모양이다. 김 교사는 사전에 안내한 것처럼 자유 체험학습이었고, 확인 전화를 했으나 전화를 받지 않아 불참인 걸로 이해했다고 해명했다. 그럼에도 계속해서 선생님 책임이라고 따지는 현성이 어머니에게 김 교사는 결국 죄송하다고 사과했다. 현성이 어머니는 김 교사에게 "같은 교직에 있고 나중에 직장에서 만날 수 있으니 서로 마음 풀자"라며 통화를 마무리했다.

생각해 볼까요?

아이의 분리불안은 엄마도 불안하게 만든다

학교에 처음 입학하는 1학년 아이들은 학교라는 공간이 낯설어 무섭고 불안해한다. 학교에 입학하여 분리불안을 경험하는 아이들은 생각보다 꽤 많다. 선생님에게 화장실 간다고 이야기하고 쉬는 시간마다 화장실에서 엄마에게 몰래 전화하는 아이도 있고, 별 이유 없이 교실과 복도를 방황하는 아이도 있다. 심한 경우 교실에서 오줌을 싸는 아이도 있다. 아이들은 나름의 적응 시기를 거치고 대부분 한 달 정도가 지나면 학교에 잘 적응하여 부모와의 분리불안이 많이 사라진다. 매일 엄마에게 전화하던 아이들도 몇 달만 지나면 친구들과 노느라 전화하고 싶은 생각조차 잊어 버리게 된다.

안타깝게도 현성이는 그 과정을 극복하지 못했다. 그로 인해 학교를 무서워하고 엄마와 떨어지는 것을 두려워했다. 현성이는 학교에 적응하기 어려웠던 긴장감을 악을 쓰고 우는 것으로 해소했고, 불안감을 이기지 못해 끊임없이 엄마를 찾아갔다. 엄마는 아들에게 화가 나긴 했지만 가여운 마음도 들어서 찾아오는 아들을 모른 체할 수 없었다. 그러다 보니 현성이도 엄마가 자기를 안아 주는 순간을 기대하면서 자꾸 교실을 뛰쳐나갔다. 현성이 엄마도 아이가 평소 분리불안이 심하다는 것을 잘 알고 있었는데, 체험학습 날 그렇게까지 잔뜩 화가 난 이유가 무엇이었을까?

시도 때도 없이 교실을 뛰쳐나와 엄마의 일터로 찾아가는 현성의 행동이 반복되면서 엄마는 이미 속상함이 꽤 쌓였고 체험학습 날 터져 버린 것이다. 학교에 간 줄 알았던 아이가 혼자 바깥으로 돌아다녔을 생각을 하니 안전에 대한 걱정스러운 마음이 담임선생님에 대한 서운함으로 번지게 된 건 아닐까? 대개 학부모들은 자녀의 학교생활이 원만치 않을 때 아이를 둘러싼 환경에서 그 원인을 찾는다. 주로 학교, 선생님, 자녀의 친구가 원망의 대상이 된다. 학교에 민원을 넣고 선생님에게 전화를 걸어 책임을 묻던 현성이 엄마의 마음속에는 아들에 대한 불안과 걱정으로 꽉

차 있었을 것이다. 그 당시, 내 입장에서는 억울한 마음에 화가 났지만, 지금 생각해 보면 오죽하면 그랬을까 싶다.

솔루션

학교에 마음 기댈 것을 찾는다면

아이는 부모의 걱정보다 용감하다. 아침에 학교 가기 싫어서 울고 떼쓰는 것은 불안한 마음 때문이다. 아이가 학교에 가기 싫다고 드러누워도 학교는 꼭 가야 한다는 부모의 단호한 태도가 필요하다. 떼쓰는 것을 혼내는 것이 아니라 아이의 두려운 마음에 용기를 가득 실어 주고, 하루 동안 용감하게 학교생활을 한 아이를 따뜻하게 안아 주면서 격려해 주자는 것이다. 이렇게 하루하루 부모의 응원을 받고 학교에 가는 아이들은 어느덧 스스로 즐겁게 학교생활을 하고 있을 것이다. 부모는 한 발자국 물러서서 아이가 학교에 대한 두려움을 이겨낼 수 있는 충분한 시간을 기다려 주는 인내심이 필요하다.

하지만 현성이처럼 분리불안이 개선되지 않는다면 특별한 원인이 있을 수 있다. 내가 만났던 분리불안이 심한 아이들은 대개 부모의 직장이 멀어서 매일 집에 오지 못한다든가, 갑작스러운 부모의 이혼과 같은 특별한 사유가 있는 경우였다. 또는 선생님이 지나치게 무섭다거나 친구들과 쉽게 친해지지 못하는 성향을 가진 아이들도 있었다. 분리불안의 원인을 여러 방향으로 살펴보고 원인을 해소하는 방법을 고민해 볼 필요가 있다.

아이가 부모와 떨어지는 것을 불안해하는 원인은 찾았지만, 원인을 해결할 수 없는 상황들도 있다. 앞서 언급한 것처럼 부모의 직장이나 이혼 등 외적인 환경은 바꿀 수 없다. 이런 경우에는 아이가 부모 외에 기댈 수 있는 다른 즐거운 대상이나 장소를 만들어 주는 것도 방법이다. 예를 들어 아이가 관심을 보이는 방과 후 수업을 신청하여 재미있는 활동을 통해 학교의 즐거움을 알아가게 해 주는 것이다. 아니면 학교 놀이터에서 마음껏 놀 수 있는 시간을 주는 것도 좋다. 즉 아이가 학교를 즐거운 공간으로 느낄 수 있도록 도와주어야 한다. 아이가 학교에 대해 안정감을 느끼게 되면 점차 수업을 즐거워하며 친구들과도 잘 지내게 된다.

그리고 부모가 아이에게 꼭 일러주어야 할 점은 안전이다. 현성이처럼 학교 밖을 뛰쳐나가는 경우 반드시 학교 밖을 나가는 것이 왜 잘못된 행동인지 깨닫게 해 주어야 한다. 학교 바깥으로 나와서 엄마를 찾아가는 도중에 생길 수 있는 위험한 상황을 아이와 충분히 대화하면서 인식시켜 주어야 한다. 나아가 아이가 불안한 마음을 느끼는 것처럼 부모와 선생님도 똑같이 불안한 마음을 느낀다는 것도 이해시켜 주면 좋겠다. 담임교사도 아이가 교실 밖을 나가면 말을 듣지 않아 화가 나는 것보다 아이가 위험해질까 걱정되는 마음이 더욱 크다.

이처럼 학교에서 아이의 분리불안 해소를 도와줄 수 있는 가장 가까운 조력자는 담임선생님이다. 그러므로 담임선생님과 협력 관계를 맺어야 가정뿐만 아니라 학교에서 아이의 행동도 파악하기 쉽다. 마찬가지로 교사도 가정에서의 아이 행동을 파악할 수 있다면 학교에서 불안해하는 아이의 마음을 더욱 보듬어 줄 수 있다. 선생님도 한 아이의 엄마이자 아빠다. 부모의 따지는 듯한 말에 선생님도 마음 상하는 평범한 사람이다.

Tip_ 아이의 분리불안을 대하는 자세

- 한 발자국 물러서서 아이가 스스로 적응할 수 있도록 단호해지기
- 학교를 뛰쳐나오는 것이 왜 위험한 일인지 안전 지도 강조하기
- 아이가 학교에 의지할 수 있는 대상 만들어 주기
- 선생님과 협력하여 아이의 분리불안 해결하기

우리 아이가 도둑질을 했다고요?

사 례

필통 도난 사건

언젠가부터 교실에서 물건을 분실하는 아이들이 많아졌다. 처음에는 몽당연필과 지우개 조각이 사라졌다. 그 정도야 워낙 작고 흔하니까 아이들도 신경 쓰지 않았다. 그러다가 점점 주머니에 있던 천 원, 가방에 달린 고리 인형, 펜 세트처럼 값어치 있는 물건들이 사라졌다. 아이들 사이에서 반에 도둑이 있다는 의심이 생기기 시작했나.

한번은 비싼 학용품이 잔뜩 들어 있는 고급 필통이 통째로 사라졌다. 필통 주인인 민희가 울었고, 반 모두가 필통을 찾아 헤맸다. 1분 전까지만 해도 민희의 책상에 놓인 필통을 짝꿍과 뒷자리 친구까지 분명히 보았다. 고로 민희의 필통이 교실 안에 있는 건 분명했다. 하지만 그 어디에서도 민희의 필통은 보이지 않았다. 그러자 모두의 책가방을 살펴야 한다는 여론이 점차 거세졌다. 흥분한 아이들을 진정시키며 상황을 정리하려는 그 순간, 지혜가 분실된 필통을 들고 교탁 앞으로 주섬주섬 나왔다. 그러더니 곧 이유는 알 수 없지만 자기 가방에서 이 필통이 있었다고 말했다. 아무도 지혜의 말을 믿지 않았다.

김 교사는 이 사실을 지혜의 가정에 알렸지만, 지혜의 가족들은 김 교사의 말에 당황해하며 믿지 못하는 듯했다.

생각해 볼까요?

도둑질은 본능적 욕구다?

도둑질을 해서는 안 된다. 양심의 문제나 도덕적 규범, 타인의 재산 침해 등 다양한 이유가 있지만, 무엇보다 도둑질 금지는 법적으로 정해진 사회적 합의의 산물이기 때문이다. 그러나 대부분 어린 시절을 돌아보면 그리 떳떳하지 못한 기억 하나쯤은 있을 것이다. 나도 마찬가지다.

나는 중학교 때 문구점에서 학용품을 훔쳤다. 어린 시절의 철없는 행동은 오래도록 나를 괴롭혔다. 부끄러운 기억을 떨쳐내고 싶은 마음에 고등학교 때 용돈을 다 털어 문구점에서 학용품을 몽땅 샀다. 하지만 이후로도 여전히 그 문구점 앞을 지나치지 못하고 있다. 사실 진즉에 문구점 사장님께 사과드리고 용서를 구해야 했는데, 용기가 없었다. 이 기억들은 20년이 지난 지금까지도 마음에 남아서 내가 아이들을 지도할 자격이 있나 하는 자괴감이 나를 괴롭힌다.

사실 도둑질은 인간의 소유욕에서 비롯된 본능적인 욕구다. 실제로도 빠르면 유아기, 늦어도 청소년기에 단순한 호기심이나 물욕에 대한 충동성 등의 이유로 한 번씩은 도둑질을 경험한다. 오죽하면 도둑질은 거짓말과 함께 초등 저학년이나 중학년 아동의 발달 특성이라고 설명하는 자료들이 있을 정도다. 실제로 초등학생들을 가르치다 보면 도둑질로 인해 골

머리를 앓을 일이 생각보다 많다. 그럴 때마다 아이가 도둑질하는 원인을 정확히 파악해서 알맞은 교육법을 실천해야 도둑질이 습관이 되는 걸 막을 수 있다.

솔루션

관용이 진정한 변화를 가져온다

발달 특성상 단순 충동으로 도둑질할 경우

대부분 아이들이 저지르는 도둑질은 여기에 속한다. 그러니 도둑질하는 아이를 경악의 시선으로 바라보며 충격에 빠질 필요가 없다. 오히려 도둑질한 아이를 극악범죄자로 다루며 어떻게 그럴 수 있냐고 매섭게 몰아붙이는 건 되려 아이에게 기억에 남을 정도로 큰 상처를 줄 뿐이다. 반대로 도둑질을 인간의 본능과 아동 발달 특성으로만 치부하면서 내버려 둬서도 안 된다. 자칫하면 도둑질을 해서는 안 된다는 사실을 아는 것과 별개로 도둑질이 습관이 될 수 있기 때문이다. 이 경우, 아이가 도둑질을 하게 된 상황과 원인을 파악하고 관용과 단호한 태도로 대해야 한다.

한번은 4학년 아이들을 가르칠 때였다. 우서가 모두가 보는 앞에서 자신의 미니어처를 훔쳐 간 수범이를 혼내 달라고 했다. 우서의 이야기를 가만히 듣고 있다가 수범이를 불렀다. 수범이는 혼나는 게 무서웠던 건지, 아니면 친구들이 자신을 도둑으로 바라볼까 봐 겁이 났던 건지 두 눈에 눈물이 가득한 채 내게로 다가왔다. 수범이를 바라보며 우서의 말이 사실이냐고 물었다. 덧붙여 선생님도 어릴 때 친구의 물건을 훔친 적 있고, 누구나 그런 경험을 하면서 성장하니까 괜찮다고 말했다. 그러자 수범이는 서럽게 울면서 갖고 싶은 마음에 순간적으로 우서의 미니어처를 가져갔다고 털어놓으며 용서를 구했다. 나는 수범이를 달래 주었고, 괜찮다는 말과 함께 앞으로는 도둑질을 하지 않으면 된다고 말해 주었다. 이후로 수범이는 두 번 다시 도둑질하지 않았다.

이처럼 발달 특성상 충동적으로 도둑질할 경우 성장할수록 도둑질 횟수가 줄어들면서 마침내 전혀 도둑질을 하지 않게 된다. 저절로 교정되는 경우가 부지기수이므로 도둑질한 아이의 행동으로 인해 걱정과 충격에 휩싸일 필요는 없다. 어른의 격한 감정 표현은 아이의 심리적 불안감을 가중시킬 뿐, 교육엔 아무런 도움이 되지 못한다. 무엇보다 평범한 아이라면 도둑질한 스스로를 가장 용서하기 힘들어한다. 그래서 누구보다 아이가 제일 괴롭다. 아이의 그런 마음을 읽어 주며 너그러이 대하는 어른을 통해 아이는 자신을 용서하고 도둑질 금지를 내면화한다. 하지만 이를 위해선 반드시 도둑질해서는 안 된다고 아이에게 단호하게 말하는 것도 필요하다.

심리적 문제로 도둑질할 경우

지혜의 이야기가 이에 해당한다. 사실 지혜의 도둑질은 소유욕이 아닌 결핍 때문이었다. 지혜는 아주 어릴 때 부모님이 이혼하고 얼마 뒤 아버지가 재혼하면서 이복동생이 생겼다. 어른의 손길이 필요한 나이에 별 관심을 받지 못하고 자란 것이다. 게다가 커가면서 새엄마와 계속 부딪혔고, 결국 가족을 떠나 고모와 함께 살게 되었다. 그러나 고모는 일하느라 바빴고, 지혜의 정서적 결핍을 채워주지 못했다.

정서적 결핍은 지혜를 끊임없이 불안하게 만들었다. 급기야 지혜는 친구들의 물건을 훔치면서 불안감을 해소하고 정서적 결핍을 메꾸려 했다. 물론 도둑질은 용납할 수 없는 행동이지만, 지혜에게는 도둑질이 생존 전략 같은 것이라 마음 아프고 안쓰러웠다. 무엇보다 지혜가 아이들 사이에서 도둑으로 낙인 찍힐까 걱정되었다. 이미 학급 대부분이 지혜를 의심하고 있었고, 그날 가방 검사를 해야 한다는 여론도 모두 지혜를 염두에 둔 의견이었다.

교사도 이런 순간이 가장 곤란하다. 공정성만 생각한다면 도둑질한 지혜를 훈육하고 피해를 본 민희에게 사과와 배상을 해 주는 게 맞다. 그러나 학교는 재판장이 아니다. 범인을 색출하여 벌주고 피해 보상을 하는데 교육 목적이 있지 않다. 학교는 바른 인성을 함양하고 타인과 더불어 살아가는 인간을 길러내는 곳이기에 잘못과 실수에 대한 관용이 있어야 하고, 인간에 대한 이해와 애정이 있어야 한다. 무엇보다 아이들 저마다의 특성, 처한 환경, 느끼는 감정이나 생각 등이 서로 다른데, 어떻게 결과적 공정성만 들이밀면서 교육할 수 있을까? 아이의 모든 것에 대한 정확한 이해 없이 결과적 공정성만을 교육 기준으로 삼는 건 아이 성장에 바른 변화를 일으킬 수 없다.

또 결과적 공정성을 위한답시고 범인을 만천하에 공표하는 것은 안 그래도 가정에서 설 자리가 없어 정서적 결핍과 불안에 시달리는 지혜를 학교에서마저 벼랑 끝으로 내모는 것과 같다. 모든 아이들의 마지막 울타리가 되어 주어야 할 학교가 공동체 구성원으로 남아 있지 못하게 아이를 쫓아내는 주체가 된다면 학교의 존립 이유가 있을까? 따라서 결과적 공정성은 진정한 공정성이 아니거니와 아이들 교육에 최선도 아니다.

지혜와 같은 상황을 맞닥뜨릴 때 부모나 교사가 해야 할 최선의 교육법은 다음과 같다.

첫째, 비싼 물건을 학교에 가져오지 못하게 해야 한다. 또 가정에서는 비싼 물건을 학교에 가져가지 않도록 해야 한다. 도둑질에는 사전 예방이 가장 중요하기 때문이다. 견물생심이라고 누구나 비싸고 좋은 물건을 보면 갖고 싶어진다. 즉 물건을 훔치는 아이를 탓하기 전에 학기 초부터 비싼 물건은 학교에 가져오지 않도록 학급 규칙을 세우는 게 현명하다.

둘째, 도둑으로 의심부터 하는 태도를 바로잡아야 한다. 도둑질도 바르지는 않지만 증거도 없이 의심부터 하는 것도 바른 행동은 아니다. 아무리 전적이 있다 해도 현재 일어난 도둑질의 범인이 지혜라는 증거는 어디에도 없다. 의심은 의심을 낳는다. 서로에 대한 불신이 팽배한 학급에선 관용, 이해, 애정 따윈 싹틀 수 없다. 무엇보다 바른 인성 함양이라는 교육 목적에도 대척된다. 그래서 다짜고짜 의심부터 하는 아이들의 태도를 엄중하게 꾸짖어야 한다. 이는 도둑이라는 낙인이 찍힌 지혜가 다시 아이들 속에 당당히 설 자리를 만드는 기회이기도 하다.

셋째, 공개적으로 소지품이나 가방을 검사해서는 안 된다. 모두 가방 검사에 동의했다 하더라도 말이다. 가방과 소지품 검사는 엄연한 인권침해다. 아이들은 아직 삶에 대한 경험이 부족하기에 어떤 행동의 결과가 가져올 다양한 측면을 예측하지 못한다. 따라서 가방 검사를 하자는 아이들의 여론에 현혹되지 말고 교사는 중심을 잘 잡아야 한다. 가방 검사 자체가 인권 침해이며, 설사 검사 도중에 범인이 나왔다 해도 그건 그것대로 큰 문제다. 범인에 대한 낙인으로 2차 가해가 시작될 수 있기 때문이다. 결국 가방 검사가 불러올 결과는 어느 것이든 교육적이지 않다. 그러므로 범인 잡기에 혈안이 되기보다 도둑질이 불러본 비교육적 행태를 바르게 분석하고 매 순간 교육적으로 대처해야 한다.

셋째, 은밀하게 범인을 찾아야 한다. 피해 학생에게 그저 참으라고만

하는 것은 적절치 않다. 억울한 피해를 적극적으로 타진하려는 노력도 아이들에겐 필요한 교육이다. 그런 의미에서 범인과 피해 물건을 찾았다는 결과보다 범인과 피해 물건을 찾으려고 열심히 노력하는 과정이 교육적 측면에선 더 중요하다.

먼저 범인을 특정 지을 수 없도록 아이를 한 명씩 따로 불러 상담한다. 그래도 범인을 찾을 수 없다면 단체를 대상으로 도둑질한 벌을 묻지 않겠으니 아무도 몰래 제자리에 갖다 놓으라는 말을 해야 한다. 또 피해 학생을 따로 불러 억울하고 속상한 마음을 달래 주어야 한다. 그 후에도 여전히 범인을 찾을 수 없고 피해에 대한 복구가 없다면 교사가 먼저 피해 학생의 부모님께 연락해 상황을 설명하는 게 좋다. 부모가 아이보다 교사에게 먼저 전해 들었을 때 불안감을 낮추고 안정감을 유지한 채 교사를 신뢰할 수 있기 때문이다.

넷째, 도둑질의 원인이 되는 심리적 문제를 찾아 해결해야 한다. 이를 해결하지 않으면 아이의 도둑질을 막을 수 없다. 교정 시기를 놓치면 아이의 도둑질 횟수가 점점 늘어나고 정도도 더욱 심해진다. 단순 도둑질이 도벽이 되어 아이의 삶 전체를 망가뜨릴 수 있다. 마치 바늘 도둑이 소 도둑 되는 것처럼.

심리적 문제는 아이 혼자만의 문제에서 비롯되지 않는다. 보통 가정과 관련된 경우가 많다. 지혜도 마찬가지다. 그래서 지혜의 도둑질에 대해 지혜뿐만 아니라 고모와도 깊은 상담을 했다. 지혜의 도둑질은 아이 내면에 자리 잡은 정서적 결핍에 기인한다고 말씀드렸고, 고모는 그제야 지혜에게 정말로 필요한 것이 무엇인지 이해하셨다. 또 지혜는 민희에게 진심으로 사과했고, 민희는 지혜의 사과를 기꺼이 받아 주었다. 고모의 관심과 주변 모든 친구들이 베푼 관용이 지혜를 변하게 했고, 이후 학급에서는 두 번 다시 분실 사건 따윈 일어나지 않았다. 이처럼 엄벌보다 관용이 진정한 변화를 가져온다는 사실을 잊어선 안 된다.

Tip_ 아이 도둑질을 현명하게 대처하는 법

• 발달 특성상 단순 충동으로 도둑질하는 경우
  - 대부분 아이들이 여기에 해당하니 경악의 시선으로 아이를 바라보지 말자!
  - 관용과 단호한 태도로 대처하기

• 심리적인 문제로 인해 도둑질하는 경우
  - 교사: 도둑질한 아이가 학급 구성원으로 당당히 설 수 있게 관용 베풀기
  - 부모: 도둑질이 습관이 되지 않도록 심리적인 문제를 반드시 해결하기

아이들에게도 체면이 있습니다

사 례

아이가 계속 토해요

지호 어머니는 요즘 정신이 하나도 없다. 지호가 일주일 내내 학교에서 토했기 때문이다. 곧장 병원으로 데리고 갔지만 별 이상은 없었다. 그럼에도 구토를 멈추지 않았다. 왠지 몸이 아파서 토한다기보다 일부러 그러는 것 같았다. 지호에게 무슨 일이 있었냐고 여러 번 물어보았지만 아이는 시종일관 묵묵부답이었다. 생각해 보니 집에서는 멀쩡한데 학교에서만 자꾸 토한다는 게 아무리 생각해도 이상했다. 그래서 담임선생님에게 상담을 요청했다.

"선생님, 혹시 지호가 학교에서 무슨 일 있었나요? 학교에만 가면 토하는 게 좀 이상해서요…."

생각해 볼까요?

선생님이 원망스러워요

지호는 일주일 내내 학교에 오기만 하면 토했다. 어쩔 수 없이 지호를 집으로 돌려보내야 했다. 그런데 어느 날 나와 마주친 지호의 두 눈동자는 마치 나를 원망하는 듯했다. 지호가 자꾸 토하는 원인이 가족이나 친구가 아닌 바로 담임교사인 나 때문임을 직감으로 깨달았다. 지호가 나를 원망할 만한 일이 뭘까 하고 찬찬히 더듬어 보았다. 짚이는 게 하나 있었다.

일주일 전 학급 회의를 했는데, 그날의 주제는 더 나은 학교를 만들기 위해 우리가 할 수 있는 일을 찾는 것이었다. 당시 끝까지 의견을 내지 못하던 지호네 모둠은 종료 1분 전 종이에 글을 휘갈기더니 다음과 같이 발표했다.

1반 선생님은 무섭고, 2반 선생님은 아이들에게 관심이 없습니다. 3반 선생님은 …. 따라서 선생님들이 문제점을 고쳐야 합니다.

주변 아이들이 내 눈치를 살피는 게 느껴졌다. 나는 발표 내용을 듣자마자 황당을 넘어 화가 났다. 이것은 교사의 권위를 짓밟는 버릇없고 못된 행동이라고 생각했고, 모른 척 넘어갈 문제가 아니라고 판단했다. 그래서 아이들이 진행하는 학급 회의에 "잠시만!"을 외치고 거침없이 끼어들었다.

"선생님들이 문제점을 고치면 더 나은 학교가 된다는 말이야? 이건 회의 주제에 벗어난 얘기를 하는 것도 모자라서 너희들을 위해 열심히 가르치는 선생님들을 모독하는 버릇없는 행동이야!"

마치 사자후처럼 짖는 내가 무서웠던지, 지호네 부서원들은 눈물을 보였다. 나는 반성하는 의미로 5학년 선생님들께 사과 편지를 써오라고 지시했다. 아이들은 모두 사과 편지를 써왔고, 이 정도면 아이들이 반성했겠지 싶었다. 내 딴에는 마무리가 되었다고 생각한 것이다.

일주일 전에 일어난 학급 회의 사건을 떠올리면서 설마설마했다. 겨우 이런 일로 일주일 내내 학교에 오기만 하면 토했을까 싶었다. 그러나 확인해 볼 필요가 있었다. 지호를 데리고 상담실로 갔다.

"지호야, 혹시 일주일 전 학급 회의 시간 때 선생님에게 크게 혼났던 일 때문에 토하는 거니?"

지호는 내 물음에 아무런 반응이 없었다. 나는 그저 지호를 물끄러미 바라보기만 했다. 그러자 지호는 고개를 푹 숙이더니 고개를 좌우로 힘없이 흔들었다. 하지만 힘없는 도리질에 더욱더 나 때문임을 확신했다. 그래서 곧바로 지호에게 사과했다.

이후 지호는 더 이상 토하지 않았지만, 집요하다 싶을 정도로 내 주변을 맴돌면서 내 얼굴을 살폈다. 그런 지호의 모습에서 담임선생님이 자신을 미워하고 싫어하는 것은 아닌가 하는 불안한 마음을 읽을 수 있었다. 지호가 혹시라도 선생님이 자신을 조금이라도 미워한다고 생각해 또다시 토할까 봐 겁이 났다. 지호와 일부러 자주 눈을 맞추면서 방긋방긋 웃어 주었다.

'선생님은 너를 미워하지 않아. 여전히 너를 좋아한단다.'

솔루션

긍정적인 경험을 전하는 교육

친구들 앞에서 아이에게 면박과 창피를 주면 아이가 곧바로 바르게 변할까? 절대 아니다. 그걸 알면서도 나는 왜 그렇게 마녀사냥 하듯 아이를 대했을까? 스스로에게 던진 이 질문을 통해 비로소 나의 행동 깊숙한 곳에 숨겨진 불안이 보였다.

일 년간 내가 책임져야 할 아이들이 서른 명 정도로 너무 많았고, 감당하기 어려운 문제들이 터져 나올까 늘 노심초사했다. 그래서 혹여 교실 질서를 해친다거나 다른 아이들에게 부정적인 영향을 끼친다고 판단되면 아이의 체면 따윈 생각하지 않고 본보기로 모두가 지켜보는 앞에서 가차 없이 혼냈다. 대의를 위해서는 아이의 인격 따윈 희생해도 괜찮다는 듯이 말이다.

하지만 더는 아이들에게 상처를 주고 싶지 않았다. 그래서 불안한 마음을 뒤로하고 남들이 보는 앞에서 아이들을 혼내는 일 따위는 하지 않기로 결심했고, 실제로도 그렇게 했다. 그 후 어떤 일이 벌어졌을까? 아무 일도 일어나지 않았다. 늘 그랬던 것처럼 아이들과 함께하는 일상은 평온했다. 물론 여전히 아이들은 실수와 잘못을 많이 했다. 하지만 내가 가장 걱정하고 두려워했던 질서나 규칙이 무너진 교실은 일어나지 않았고, 잘못된 행동을 따라 하는 아이들도 없었다.

오히려 가장 긍정적으로 변한 건 나였다. 아이들에게 더 이상 상처를 주지 않는다는 그 자체만으로도 뿌듯했고, 교사로서의 자존감도 향상되었다.

김소영 작가의 『어린이라는 세계』에는 학원에 온 학생의 겉옷을 선생님이 직접 벗겨 주고 옷걸이에 걸어 준다는 내용이 있다. 아이가 어릴 때부터 한 인간으로서 극진한 대우와 존중을 경험한다면 훗날 어른이 되어 자신이 받은 대우와 존중을 타인에게 그대로 되돌려 줄 것이라는 믿음으로 실천하는 작가만의 교육법이다. 그런데 작가의 교육법이 아이를 이기적이고 거만한 사람으로 키울 가능성이 있다는 이유로 공감보다 우려를 표하는 목소리도 있었다. 이들의 마음도 나처럼 불안해서 그럴 것이다. 하지만 어디까지나 실체 없는 불안일 뿐이다. 불안한 마음을 걷어내고 아이들을 한 인간으로 대우하고 존중한다면 아이들은 우리가 바라는 이상적인 모습대로 잘 자라서 성숙한 어른이 되어 있지 않을까?

또 어린아이라고 해서 자존심과 체면이 없는 건 아니다. 아이도 어른과 똑같은 인간이기에 자존심이 있고 체면도 중요하다. 다만 이 당연한 사실을 김소영 작가처럼 진정으로 이해하고 몸소 실천하고 있는지 스스로 점검해 봐야 한다. 또 나의 행동이 아이의 인격에 상처를 주지 않았는지 끊임없이 돌아봐야 한다. 특히 아이를 대하는 일이 많은 어른일수록 말이다.

물론 지호가 유달리 자존심이 센 아이일 수도 있다. 그러나 아이의 성향에 따라 상처받은 자존심과 체면을 드러내는 방식에 조금씩 차이가 있을지언정 자존심과 체면은 성향과 전혀 관계가 없다. 중요한 것은 아이가 상처받은 마음을 드러내는 방식이 아니라 상처받은 아이의 마음 그 자체다. 아이의 체면을 짓밟고 마음에 상처를 주면서까지 하는 교육이 과연 아이를 위하는 것일까? 사실은 어른의 불안함을 애써 누르기 위해 아이를 짓밟는 게 아닐까?

무섭고 두렵기만 한 교육 방식으로는 아이를 긍정적인 방향으로 변화시킬 수 없다. 진정한 변화는 수많은 긍정적인 경험을 통해 아이의 성장

속에서 서서히 진행된다. 아이의 올바른 변화와 성장을 위한답시고 했던 교육 방침이 오히려 아이의 마음에 상처를 준다면 이보다 더한 불행이 또 있을까. 사랑을 받아본 사람이 사랑할 줄 안다는 말처럼 자라면서 겪는 경험이 중요하다. 나는 우리 아이들이 긍정의 경험을 경험하고 자라서 언젠가 아이들에게 같은 긍정의 경험을 주는 어른이 되었으면 좋겠다.

Tip_ 아이를 존중하고 대우하는 법

- 일어나지도 않은 일-"아이가 이기적이고 거만하게 크면 어떡하지?"-에 미리부터 걱정하며 불안해하지 않기
- 아이의 자존심과 체면을 인정하기
- 타인이 보는 앞에서 아이의 자존심이나 체면을 깎는 행동 하지 않기
- 아이에게 긍정적인 경험을 많이 제공하기

나보다 공부 못하면 조용히 해!

사 례

우등생이어야 하는 태훈이

우등생 태훈이는 절대 1등을 놓치고 싶지 않았다. 똑똑하고 노력을 많이 하는 데다 부모님의 지원도 든든하다. 다들 태훈이가 똑똑하다고 입을 모아 말한다. 동시에 모두 태훈이가 싫다고 입을 모아 말한다. 학급 회의 시간에 친구와 언쟁이 붙은 태훈이는 말문이 막히자 나보다 공부 못하면 조용히 하라는 엄청난 반론을 제기했고, 모두를 깜짝 놀라게 만들었다.

또 중간평가에서 태훈이는 전 과목에서 두 문제를 틀렸다. 태훈이는 자신이 아는 문제인데 틀린 것이 너무나 억울했다. 그래서 살짝 답을 고쳤고, 올백이 되었다. 그리고 기말평가 때도 같은 행동을 했다. 그날 학교가 끝나고 담임선생님이 태훈이를 불렀다. 선생님은 태훈이 앞에 중간평가와 기말평가 시험지를 전부 펼쳤다.

태훈이의 손이 벌벌 떨렸다. 선생님은 태훈이에게 "답을 지운 흔적과 번진 색연필 자국이 보이느냐? 누가 답을 몰래 고친 것 같은데, 누구인 것 같냐? 범인을 잡아야겠다. 자꾸 너를 모함하는 사람이 있는 것 같다"라고 말했다. 태훈이는 얼굴이 터질 듯이 달아올랐다. 태훈이를 유심히 살펴보던 선생님은 "이번만 범인을 봐주고 넘어갈까?"라고 물었다. 태훈이는 열심히 고개를 끄덕였다.

생각해 볼까요?

비뚤어진 가치관을 변화시키려면

사람의 가치를 성적으로 매기는 태훈이는 공부 잘하는 친구와 못하는 친구를 티 나게 차별한다. 그래서 아이들은 모두 태훈이를 싫어한다. 물론 태훈이는 똑똑하고 공부 잘하는 학생이다. 아마 태훈이는 미래에 좋은 대학에 가서 좋은 직장을 가질 것이다. 하지만 내가 보기엔 불쌍한 학생이다. 지금은 학생이니까 친구의 가치를 성적으로 매기지만, 태훈이가 어른이 되면 분명 또 다른 잣대로 상대의 가치를 매길 것이다. 그럼 어른이 된 태훈이는 좋은 직장과 좋은 집을 가졌음에도 누구보다 좁은 눈으로 세상을 바라보고 살아가는 인간이 될 수 있다.

태훈이는 대체 왜 그럴까? 당연히 태훈이의 가치관은 부모님에게서 물려받았을 확률이 높다. 한번은 수업 도중 태훈이는 나의 설명과 다른 의견을 낸 적이 있었다. 그런데 태훈이가 낸 의견은 내가 설명하는 반전이 있는 이야기의 기승전결 중 결에 속했고, 나는 도입 부분을 이야기하는 중이었다. 중간에 내 말을 끊긴 했지만, 해박한 태훈이가 기특하기도 해서 다음 시간에 그 의견에 대한 자료를 준비해 올 수 있는지 부탁했다. 태훈이는 입꼬리를 씰룩거리며 흔쾌히 수락했다. 그날은 태훈이가 준비한 자료와 더불어 다음 시간에 이야기를 마무리하기 위해 결론을 내지 않고 수업을 끝냈다.

그런데 태훈이가 집에 가서 엄마에게 선생님이 틀린 걸 가르쳤다고 투덜거렸던 모양이다. 태훈이 어머니는 태훈이의 생각이 맞고 내 생각이 틀린 이유를 장문의 문자로 보내왔다. 그 문자를 읽으면서 태훈이의 가장 큰 문제는 그른 방향의 지적 허영심이라는 걸 깨달았다.

그래서 중간평가에서 겨우 두 개를 틀렸음에도 부정행위로 올백을 맞으려 했던 것이다. 어쩌면 당연한 행동이었는지도 모른다. 태훈이에게는 두 개 틀린 나보다 '올백 맞은 나'로 스스로의 가치를 높이는 게 도덕적으로 행동하는 것보다 훨씬 중요한 일이라고 판단했기 때문이다.

태훈이는 그날의 면담 이후로 졸업 때까지 계속 나를 피했다. 자신의 치부를 알아챈 선생님과는 마주치고 싶지 않았을 것이다. 나도 나름대로 태훈이를 배려해 개인적으로 말을 걸진 않았다. 졸업식 날에도 태훈이는 인사 없이 학교를 떠났다.

그런데 나는 아직도 태훈이가 생각난다. 태훈이의 말과 행동 뒤에 숨겨진 외로움이 눈에 밟혔기 때문이다. 체육 수업이나 현장 체험학습 때 태훈이와 같은 팀이 되면 아이들은 은근히 싫은 티를 냈다. 그래서 태훈이는 늘 팀 활동에서 소외되거나 체험학습에서 혼자 도시락을 먹곤 했다. 나는 잘났으니 나 혼자 잘살련다 하면 그래라 응수하면 그만이다. 하지만 본인이 전혀 인지하지 못하는 비뚤어진 가치관에서 나온 가시 돋친 말을 뱉으면서도 친구가 옆에 있어 주길 바라는 태훈이가 참 안타까웠다. 그렇다고 해서 다른 아이들이 태훈이를 챙겨 주길 바랄 수도 없다. 싫어하는 친구와 함께 놀도록 은근히 강요하는 선생님의 압박 또한 일종의 폭력 아닌가? 결국은 태훈이가 달라지는 수밖에 없었다. 하지만 태훈이는 그대로였고, 언제나 그랬듯 친구들의 기분을 상하게 했다.

그래서 나는 태훈이에게 칭찬과 인정을 최대한 많이 해 주기로 했다. 반대로 태훈이 앞에서 다른 아이들을 많이 칭찬하고 인정하기도 했다. 다만 발야구 경기에서 1루와 2루 사이를 있는 힘껏 뛰었던 것이나 청소 시간에 먼저 창문을 활짝 여는 행동 같은 것에만 칭찬했다. 성적과 관련된 칭찬은 하지 않았다. 속마음은 어땠을지 몰라도 태훈이가 전처럼 친구들을 함부로 대하지는 않았다. 말을 조심하고 좀 더 존중하는 모습을 보였다. 나와의 관계는 멀어졌지만, 친구들과의 관계는 보다 원만해졌다.

솔루션

아이는 부모의 가치관을 닮는다

솔직히 나로서는 태훈이가 별로 달라졌다고 생각하지 않는다. 학년 말이 될수록 친구들에게 말과 행동을 더욱 조심했던 건 선생님이 자기 약점을 쥐고 있다고 생각했기 때문이 아닐까? 게다가 선생님이 공부만 빼고 모든 것을 칭찬하는 것에서 나의 의도를 눈치챘을 것이다.

언젠가 태훈이에게도 세상을 다르게 보는 눈이 생길까? 앞서 이야기했듯 가장 가까운 어른에게서 체득한 가치관은 아이를 점점 고립시키고 있었다. 이대로 큰다면 나중에 마음이 비뚤어진 외로운 어른이 되어 있을 것 같다.

무엇이든 열심히 하고 더불어 잘하는 건 정말 대단한 일이다. 하지만 그것만으로 사람의 가치를 평가할 수 없다. 감히 추측하건대, 태훈이 부모님은 어릴 때부터 아이를 성적으로만 칭찬해 주지 않았을까? 그래서 태훈이도 친구들을 성적에 따라 달리 보는 게 아닐까?

우리는 세상의 다양한 가치를 알고 인정할 줄 아는 아이로 길러야 한다. 그 전에 교사와 부모로서 나의 가치관은 어떤지, 나의 생각이 아이에게 어떤 영향을 주는지 곰곰이 생각해 보아야 한다. 아이는 어른들의 가치관을 그대로 체득한다. 인생에서 학벌과 재력, 외모 등은 중요한 부분이고 부정할 수 없다. 그러나 그것이 마치 인생의 전부인 것처럼 생각하고 말하며 살아간다면 아이의 인생은 얼마나 불행할까? 어른들이 가린 좁은 시야에 갇혀 다양한 삶의 가치와 행복을 배우지 못하는 것이다. 결국 마음이 건강한 어른 아래에서 마음이 건강한 아이가 탄생하는 법이다.

정리 정돈 못하는 아이,
어떻게 지도할까요?

사 례

정리 정돈이 어려운 아이

1학년 대준이 이야기

대준이는 올해 초등학교에 입학해서 1학년이 되었다. 대준이는 학습 능력은 우수하지만, 정리 정돈이 조금 서툴다. 대준이의 책상에는 교과서, 물건, 물통, 장난감, 지우개 똥까지 온통 잡다한 것들이 널브러져 있었다. 매번 수업 시간이 되어서야 물건을 찾고 정리하느라 학습에 뒤처질 때가 종종 있었다. 집에서도 부모님이 책상을 정리하라고 이야기하지만, 부모님의 말씀을 잔소리로 받아들일 뿐, 여전히 정리 정돈을 하지 않는다.

5학년 재휘 이야기

5학년 재휘는 수업 시작을 알렸는데도 그제야 교과서를 꺼낸다. 재휘의 책상에는 쉬는 시간에 갖고 놀던 종이들이 늘 올려져 있다. 수업 도중에도 그 종이들을 만지다가 선생님에게 뺏기기 일쑤다. 뿐만 아니라 재휘의 책상엔 필통, 연필, 네임펜, 자 등 필기도구들이 모두 꺼내져 있다. 종례할 시간이 되면 재휘의 책상 바닥에는 필기도구와 종이 조각들이 잔뜩 떨어져 있다. 그래서인지 재휘는 다른 아이들보다 연필과 지우개를 자주 잃어버린다. 그러다 보니 친구들에게 자주 물건을 빌리게 되고 친구들로부터 원성을 듣는 일이 잦다.

생각해 볼까요?

기본 생활 습관이 중요한 이유

대준이와 재휘의 공통점은 무엇일까? 바로 주변 정리를 못한다는 것이다. 대준이와 재휘는 집에서도 정리 정돈하라는 잔소리를 수도 없이 들어왔을 것이다. 그런데도 여전히 정리 정돈 습관이 형성되지 않은 이유는 무엇일까?

대준이 같은 저학년의 경우 아직 어려서 주변 정리에 대한 필요성을 크게 인식하지 못한다. 학교에 입학하면 쉬는 시간은 10분인데 수업은 40분이나 되니 얼마나 힘들고 갑갑할까? 1학년 아이에게 있어 학교생활에서 가장 중요한 건 친구들과 놀기다. 따라서 책상을 정리하거나 사물함을 깔끔하게 정돈해야겠다는 생각이 1학년 아이의 머릿속엔 없는 경우가 다반사다. 재휘처럼 고학년의 경우에는 이미 생활 습관이 형성되어 정리 정돈이 몸에 배어 있어야 한다. 그러나 저학년 때 주변 정리에 대한 생활 습관이 제대로 형성되지 않아 5학년이 되어서도 자신의 주변을 스스로 정리 정돈하지 못했다.

결국 대준이와 재휘는 기본 생활 습관이 제대로 형성되지 않아 늘 주변이 산만하다. 기본 생활 습관은 사람답게 살아가기 위해 반드시 갖춰야 하는 기본적인 생활을 습관화하는 것이다. 아침에 일어나면 이불 개기, 세수하고 이 닦기, 바른 자세로 천천히 꼭꼭 씹어서 밥 먹기, 웃어른이나 친구들을 만나면 인사하기 등이 이에 해당한다. 자신의 주변을 정리 정돈하는 것도 중요한 기본 생활 습관 중 하나다.

세 살 버릇 여든까지 간다는 말처럼 이런 기본 생활 습관은 어릴 때부터 가르쳐야 바른 습관으로 정착될 수 있으며, 곧 아이의 평생 습관이 된다. 또 기본 생활 습관은 학업에도 많은 영향을 미친다. 물론 공부를 잘해도 기본 생활 습관이 엉망일 수 있다. 다만 기본 생활 습관을 통해 삶의 주도성과 메타 인지를 기르고 이를 학습에 적용할 수 있기 때문에 기본 생활 습관과 학습 능력의 연관성을 완전히 부정하기는 어렵다. 또 아이가 어른이 되어 인생의 중요한 결정을 할 때에도 삶의 주도성과 메타 인지는 막대한 역할을 한다. 그러므로 어릴 때부터 올바른 기본 생활 습관이 몸에 밸 수 있도록 반복하는 게 무엇보다 중요하며, 이는 초등 교육의 핵심 목표다.

하지만 이처럼 중요한 기본 생활 습관을 아무리 강조해도 습관으로 형성되지 않는 아이로 인해 부모나 교사로서 난감할 때가 많다. 그렇다면 어떻게 지도해야 할까? 무엇보다 중요한 것은 잔소리가 되지 않도록 교육해야 한다.

솔루션

기본 생활 습관은 구체적으로 가르쳐라

아이에게 잔소리가 아니라 교육이 되려면 기본 생활 습관을 지도하는 부모와 교사의 태도가 중요하다. 또 기본 생활 습관을 아이 스스로 할 수 있느냐로 판단해야 한다. 아이가 기본 생활을 잘하느냐 못하느냐로 판단하면 그때부터는 기초 생활이 재능의 영역이 되어 교육 목표의 본질이 흐려진다. 따라서 기본 생활 습관 지도에서 어른의 역할은 아이 스스로 기본 생활을 실천하는 습관이 생길 때까지 옆에서 도와주는 것이다. 다음과 같은 지도 순서와 방법이 도움이 될 것이다.

첫째, 기본 생활 규칙을 실천하는 아이의 모습을 주의 깊게 관찰해야 한다. 아이가 스스로 기본 생활을 실천하다 보면 자기만의 방법이 생긴다. 그런데 아무리 봐도 아니다 싶을 때는 아이가 기본 생활 습관을 형성하지 못했다고 성급하게 판단하기보다 일단 아이의 행동을 주의 깊게 관찰해 보자. 아이의 행동 속에 아이만의 규칙, 기준, 요령과 같은 방법이 있고, 어른이 말하기 전에 아이 스스로 기본 생활을 실천하면 습관이 잘 형성된 것이다. 그러므로 더 이상의 잔소리는 오히려 독이다. 또 아이의 행동이 엉성해서 마음에 안 든다는 이유로 아이를 대신해 어른이 해 주는 것도 아이의 습관 형성에 방해물일 뿐이다.

둘째, 방법 가르치기다. 아이에게 기본 생활 규칙을 지키라는 말을 하기 전에 반드시 방법을 자세하게 알려 줘야 한다. 이때 아이에게 가르치는 말은 쉽고 짧으면서도 정확해야 한다. 말로만 방법을 알려 주기보다 직접 시범을 보이면서 말과 행동을 매칭시켜 가르치는 것이 좋다. 예를 들어, “방 청소 좀 해라”라고 말하면 아이는 방 청소를 하려면 어떤 것부터 해야 할지 머릿속에서 뒤죽박죽이 되어 버린다. 이런 아이일수록 고쳐야 할 습관을 세분화하여 구체적인 순서대로 행동할 수 있도록 알려 주어야 한다. 다음과 같이 아이가 꾸준히 지킬 수 있도록 점검표에 표시하면 효과적이다.

방 청소하기		날짜				
1	이부자리 바르게 정리하기					
2	책상 위에 있는 책들은 책꽂이에 꽂기					
3	책상 위에 있는 물건들은 서랍에 넣기					
4	필요 없는 물건 쓰레기통에 버리기					
	이번 주 부모님의 칭찬					

점검표 예시

셋째, 아이가 직접 해 보게 하는 것이다. 방법을 알려 준 다음에 아이가 직접 해 볼 수 있게 기회를 주어야 한다. 방법만 알려 주고 아이가 직접 해 볼 기회를 주지 않는다면 교육을 안 한 것과 다름없다. 어린아이일수록 직접 해 보는 경험을 통해 더 잘 배우게 된다. 이때 어른의 눈에는 아이의 행동이 엉성하고 못 미더울 수 있다. 경험이 부족한 아이에게는 당연하다. 아이에게 못한다고 타박하거나 핀잔을 주면서 강요하기보다 우선 잘했다고 칭찬해야 한다. 그러면서 은근슬쩍 잘하는 요령을 하나씩 알려 주는 것이 아이의 성장에 훨씬 더 도움이 된다. 이른바 '선 칭찬 후 피드백 1개 제시하기' 교육법이다.

"어머! 정리 정돈을 참 잘하네! 그런데 책은 제목이 보이도록 정리하면 나중에 찾기 쉽단다."

어릴 적 가정에서의 생활 습관은 어른이 되어서도 평생 습관이 된다는 것을 기억하고, 가급적 어릴 때부터 교정해 주는 것이 좋다. 하지만 고학년이 되었다고 해서 아주 늦은 것은 아니다. 좋지 않은 버릇을 고치기 위해 더 많은 시간이 걸릴 수도 있겠지만 포기하지 말고 꾸준히 지도한다면 충분히 기본 생활 습관을 개선할 수 있다. 그리고 부모의 욕심을 조금 내려놓고 아이가 우선적으로 꼭 지켜야 할 것과 비교적 쉬운 것부터 한두 가지씩 차근차근 고쳐 나갈 수 있도록 가르쳐야 한다.

Tip_ 기본 생활 습관을 기르려면

- 아이만의 기본 생활 규칙이 있는지 관찰하기
- 규칙을 지키는 방법을 구체적인 순서대로 가르치기
- 아이가 직접 한 행동은 우선 칭찬한 후에 피드백 1개 제시하기

말 잘 듣는 아이, 무엇이 문제라는 거죠?

사 례

융통성이 없는 아이라고?

은혜: 선생님, 급식실에 물통 두고 왔어요.

선생님: 그래? 얼른 가서 가져오렴.

그날 방과 후 수업 시간에 은혜 엄마에게 문자가 왔다.

은혜 엄마: 선생님, 은혜가 물통이 없어졌다고 연락이 왔는데 교실에 있나 찾아봐 주세요.

선생님: 교실에는 없네요.

이틀 뒤 다시 문자가 왔다.

은혜 엄마: 선생님, 물통 안 보일까요? OO 브랜드 하늘색이에요.

선생님: 네, 없습니다.

다음 날 그때 급식실에 두고 온 물통이 아닌가 싶어서 은혜에게 물어보았다.

선생님: 은혜야, 그때 급식실에 물통 가지러 가지 않았어?

은혜: 네.

선생님: 엄마가 문자 보내셨던데? 급식실에서 가져온 뒤로 또 잃어버린 거야?

은혜: 그게… 가지러 갔는데…, 문이 안 열려서….

선생님: 그래서 그냥 왔어?

은혜: 네….

선생님: 그럼 선생님한테 도와달라고 말을 하지?

은혜: ….

생각해 볼까요?

선생님 말씀을 잘 지키는 아이

은혜는 조금이라도 낯설고 새로운 상황이 생기면 어떻게 해야 할지 전혀 가늠하지 못했다. 은혜의 알고리즘은 다음과 같다.

물통이 없다. ➡ 선생님에게 말한다. ➡ 선생님이 급식실에 가서 가져오라고 했다. ➡ 급식실에 가서 물통을 가져온다.

그런데 급식실 문이 잠겨 있다는 변수가 발생했다. 그럼 그때부터 은혜의 행동은 정지된다. 평소 이와 비슷한 행동으로 나를 당황스럽게 한 적이 많았다.

"선생님, 숙제를 안 가져왔는데, 엄마가 교문 입구로 가져다주신다고 받으러 나오래요."

"그래. 어느 쪽 입구로 나오라고 하셨어?"

"저 학교 올 때 가는 문이요."

"어느 문인지 확실하게 알고 있어?"

"네!"

혹시나 못 찾아갈까 봐 걱정이 되어 친구와 함께 보내고 나는 다른 아이들을 챙기고 있었다. 그런데 몇 분 뒤 은혜가 빈손으로 돌아와 할 말이 있는 듯 쭈뼛거렸다.

"왜 그냥 왔어?"

"신발 신고 가야 돼요, 실내화 신고 가야 돼요?"

"실내화 신고 갔다 와도 돼."

어떤 날은 청소 시간이었다. 청소함에 있는 큰 빗자루를 가져와서 칼싸움을 하며 장난치는 아이들이 많아서 자기 자리를 청소할 때에는 되도록 작은 빗자루로 쓸도록 약속했다.

여느 때처럼 수업을 시작하려고 하는데 은혜가 그제야 청소를 하고 있었다.

"김은혜! 여태 청소 안 하고 뭐 하고 있었어?"

"아, 저… 그…."

답답한 마음에 은혜 자리로 가서 보니 이전 시간에 만들기를 하면서 떨어진 종이 조각들을 작은 빗자루로 열심히 쓸어 담고 있었다. 그러나 종이 조각들이 작은 빗자루보다 훨씬 크고 많아 들어갈 리 없었다. 열심히 쓸면 떨어지고, 또 떨어지고를 반복했다.

괜히 내가 나쁜 선생님이 된 것 같아서 같이 정리해 주었다. 은혜는 그제야 자리에 앉아 수업 준비를 할 수 있었다. 수업을 마치고 은혜를 따로 불러 이야기했다.

"은혜야, 작은 빗자루로 쓸려니까 안 힘들었어?"

"힘들었어요."

"그런데 왜 큰 빗자루를 안 썼어? 약속 때문에?"

"네."

"선생님이 자기 자리를 청소할 때 작은 빗자루를 사용하라고 했는지 그 이유를 알고 있니?"

"친구들이 큰 빗자루로 장난치니까…."

"그래. 선생님은 청소하려고 가져온 큰 빗자루로 장난치는 행동을 혼내는 거지, 큰 빗자루로 자리를 쓰는 걸 혼내는 게 아니야. 네가 생각했을 때 큰 빗자루가 필요하면 당연히 그렇게 해도 되는 거야."

당시에는 아직 은혜를 잘 몰라서 답답한 마음이 컸었다. 1년을 같이 지내고 나서 생각해 보니 은혜는 평소 바깥에 나갈 땐 신발로 갈아신어야 한다는 선생님의 말을 기억했기 때문에 고민하다가 다시 찾아왔을 것이다. 내가 겪어 본 은혜는 선생님의 말을 잘 지키는 착실한 아이였으니까.

솔루션

문제 해결력을 가진 아이로 키우려면

나는 물통을 못 찾아온 귀여웠지만, 한편으로는 걱정이 되었다. 물통을 찾아오지 못한 이유를 생각해 보면 은혜는 문제 상황이 닥쳤을 때 스스로 판단하고 해결하는 것을 어려워하기 때문이다. 그래서 어머니에게 은혜의 이런 행동을 이야기했지만, 안타깝게도 무엇이 문제인지 잘 이해하지 못했다.

어머니는 딸의 성격을 잘 알기 때문에 내게 직접 연락해서 물통을 찾으려 했을 것이다. 그렇지만 시간이 걸리더라도 은혜가 잃어 버린 물건은 직접 찾도록 기다려 주는 게 아이 스스로 생각할 힘을 길러 주는 일이 아닐까? 물통을 가지러 갔는데 문이 잠겨 있다면 주변에 지나가는 다른 선생님께 도움을 요청해도 되고, 다시 돌아와 선생님에게 말해도 된다. 열어 달라고 문을 쿵쿵 두드리며 문제를 직접 해결하는 경험을 해 보는 것이다.

은혜에게는 보다 다양한 방법을 경험하면서 변수와 위기를 극복해 가는 기회가 필요하다. 왜냐하면 은혜 같은 아이들은 스스로 일을 결정하고 실행하는 경험이 부족한 경우이기 때문이다. 어릴수록 실패를 충분히 해 보는 게 중요하다. 저학년 때 이런 경험들이 이루어지지 않으면 점점 사고가 굳어져서 더욱 수동적으로 변할 가능성이 있다.

스스로 생각하지 않고 어른들이 제시해 주는 방법만 따르다 보면 아이들은 자신도 모르게 이외의 다른 방법은 생각조차 하지 않게 된다. 자연스럽게 어른들의 말과 행동에 의존하기 쉬워진다. 내 삶의 주인공은 바로 나 자신이다. 인생에서 선택의 순간이 올 때마다 스스로 생각하고 판단하는 힘이 충분히 길러졌을까? 그 준비는 지금부터여야 한다.

Tip_ 문제 해결력을 가진 아이로 키우려면

1. 아이에게 스스로 결정하고 실행하고 실패를 충분히 경험하게 하기
2. 실패를 통해 위기를 극복해 내는 힘을 기를 수 있도록 기다려 주기

원리 원칙적인 아이,
어떻게 유연하게 키울까요?

사 례

스스로 잘한다고 생각하는 아이

아홉 살 유안이는 꽤 착실하다. 돌봄 교실에서 친구들이 놀 때 학교 숙제를 먼저 한다. 또 시간 개념이 정확하고 뭐든지 허투루 하지 않는다. 그래서 유안이는 자신처럼 규칙을 지키지 않는 사람을 싫어한다. 자신에게 엄격한 만큼 타인에게도 엄격하기 때문이다. 그래서인지 청소 시간에 함께 교실을 사용하는 선생님이 교실 청소를 하지 않으면 화를 내기도 한다. 게임을 할 때 친구가 반칙하거나 맞다고 우길 때에도 분노가 차오른다. 이때 유안이가 화내는 방법은 악쓰거나 소리지르며 울기다.

얼마 전 수업이 평소보다 5분 늦게 끝났다. 피아노 학원에 늦을까 봐 전전긍긍하던 유안이는 결국 화가 나서 선생님에게 소리 지르며 울었다. 유안이는 그날 우느라 5분이 아닌 20분이나 늦게 피아노 학원에 도착했다.

또 한번은 수업 중 잔소리에 관한 대화를 나눈 적이 있다. 유안이는 스스로 행동을 잘하는 사람은 잔소리할 수 있다고 주장했다. 즉 깨끗한 사람은 청소하라고 잔소리할 수 있고, 말을 좋게 하는 사람은 좋게 말하라고 잔소리할 수 있다는 논리였다. 바꿔 말해 어른들이 자기에게 잔소리하는 게 이해가 안 된다는 것이다.

생각해 볼까요?

융통성 없는 아이가 겪게 될 문제

유안이처럼 생활 규칙이나 도덕 규범을 잘 지키면서 매사가 원리 원칙적인 아이들이 있다. 이런 아이들은 대개 성실하고 책임감이 있으며, 나무랄 데 하나 없는 모범생이다. 한마디로 장점이 많다. 반면에 융통성이 없다. 이로 인해 성장 과정에서 두 가지 문제를 겪을 수도 있다.

첫째, 사고의 유연성이 부족하다. 세상에는 예측 불가능한 일투성이다. 그래서 상황에 따라 유연하게 대처하는 융통성이 필요하다. 하지만 원리 원칙적인 아이들은 틀에서 벗어나는 것을 선호하지 않는다. 또 다양성을 수용하고 표출하는 행위를 어려워한다. 이런 특성으로 인해 자칫하면 사고가 경식될 수 있다.

둘째, 사회성이 부족하다. 사람은 대체로 자신을 거울삼아 다른 사람을 투영한다. 그래서 나한테 엄격한 사람이 타인에게도 엄격하고, 나에게 관대한 사람이 타인에게도 관대하기 쉽다. 문제는 전자다. 타인에 대한 엄격함은 필히 갈등을 불러오기 마련이다. 그래서 유안이는 주변 친구들과 갈등이 많고 원만하게 지내지 못했다. 심지어 교사인 나와도 자주 부딪혔다. 게다가 매번 타인과의 갈등을 악쓰거나 울음으로 해결하는 것도 사회성 발달에 저해되는 행동이다.

솔루션

유연하게 사고하는 아이로 키우는 방법

사고의 유연성과 사회성 부족을 염려하여 원리 원칙적인 아이에게 억지로 다름을 수용하라고 해선 안 된다. 자칫하면 아이의 원리 원칙적인 특성이 독선적인 특성으로 굳어질 수 있기 때문이다. 따라서 원리 원칙적이지만 상황에 따라 유연하게 대처할 줄 아는 아이로, 나에겐 엄격하지만 타인에겐 관대하여 사회성이 좋은 아이로, 즉 융통성 있는 아이로 키우는 방법은 다음과 같다.

사고의 유연성을 위한 교육법

아이가 다양성을 수용하고 발산하기 위해서라도 사고의 유연성은 꼭 길러야 하며, 이는 지속적인 훈련으로 얼마든지 기를 수 있다. 이때 훈련 전 아이에게 정답이 없고 다양한 방법이 가능하다는 점, 결론이 없는 게 결론임을 반드시 인지시켜야 한다. 그 이유는 두 가지다. 첫째, 아이의 메타 인지를 자극하여 사고를 확장시키기 위해서다. 둘째, 아이의 불안을 잠재우고 열린 사고에 대한 학습 동기를 유발하기 위해서다. 특히 원리 원칙적인 아이 특성상 예측 불가능한 학습을 선호하지 않는다. 어떠한 설명도 없이 열린 사고 훈련을 강요하면 아이의 불안이 급상승하면서 훈련을 거부할 수도 있다. 아이의 이런 면을 어떻게든 줄이기 위해서라도 아이의 눈높이에 맞게 열린 사고 훈련의 목적을 설명해 줘야 한다.

다양성을 수용하고 발신하는 훈련은 바로 다양한 문제에 도전하는 것이다. 이때 문제 설정이 가장 중요하다. 결론이 없는 게 결론이라는 것을 사전에 아무리 주지시켜도 원리 원칙적인 아이의 특성상 결론이 정해져 있고 과정이 다양한 문제부터 도전하는 게 좋다. 그런 다음에 결론은 다양하지만 과정이 정해진 문제, 결론과 과정이 모두 다양한 문제로 점차 도전의 범위를 확대해 나가야 한다. 설정한 문제를 수행하기 위한 학습 방법은 크게 두 가지다.

첫째, 과목별로 열린 사고력을 요하는 학습 요소를 추출해 사고의 확장을 반복 훈련하는 것이다. 이 방법은 아이, 부모, 교사 모두에게 친숙한 교과서만으로도 훈련이 가능하므로 비교적 접근이 용이하다. 국어에서는 직유법, 수학에서는 다양한 문제 해결 과정, 과학이나 실과에서는 발명 기법 등 과목별로 열린 사고를 자극하는 학습 요소가 많다. 아이와 함께 교과서를 훑어보면서 아이가 그나마 좋아하는 학습 요소로 꾸준히 훈련하기를 추천한다.

둘째, 일상생활의 다양한 문제를 아이와 함께 도전하여 해결하는 것이다. 그런데 이 교육법은 어른이 직접 문제를 설정해야 하는 번거로움이 있다. 그럼에도 아이가 다양성에 대한 두려움을 낮추고 사고를 확장하는 데 가장 효과적이다. 문제 설정이 너무 어렵거나 마땅한 것이 떠오르지 않는다면 동화책 활용을 추천한다. 아이와 함께 동화책을 읽고 등장인물들의 문제를 활용할 수 있다. 또 가족들이 현재 당면한 문제를 아이와 함께 고심하면서 다양한 해결책을 찾아보는 것도 좋다.

문제 해결 방법을 떠올릴 때는 다양한 아이디어를 생산할 수 있는 기법들을 활용하면 된다. 저학년 아이들은 연상법association method, 중학년은 생각 그물mind mapping, 고학년은 연꽃기법mandalart map, 만다르트 맵이 발달 특성상 알맞다. 가정에서는 형제자매가 함께, 학교에서는 3~4명 정도의 모둠이 함께 문제 해결에 도전해 보길 추천한다. 서로의 생각을 공유하는 것 자체만으로도 사고의 확장을 도모할 수 있다.

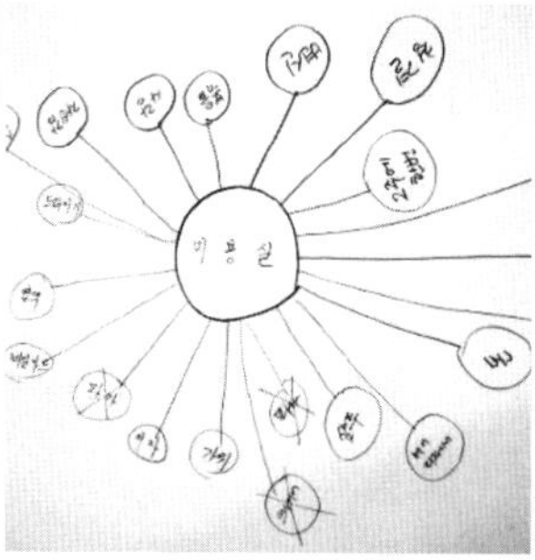		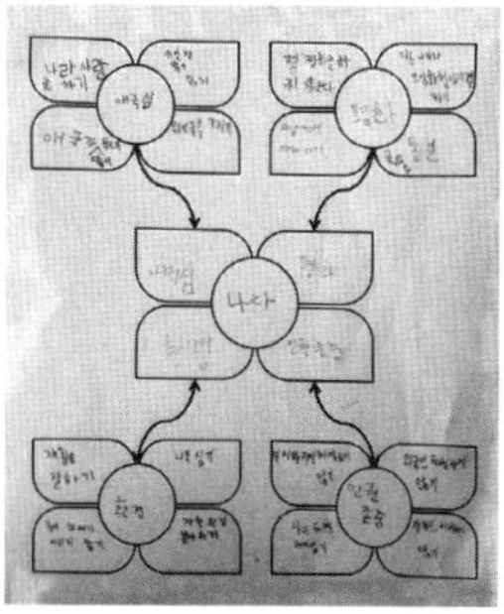
연상법	생각 그물	연꽃기법

사회성 발달을 위한 교육법

사실 유안이의 말 중에는 틀린 말이 없다. 단지 타인에 대한 이해와 다름을 인정하고 수용하는 능력이 부족할 뿐이다. 그러니 아이의 말을 먼저 인정해 주면 된다. 자신에 대한 정당성을 인정받은 아이는 점점 다름을 받아들이면서 이해심을 기른다. 그런데 이것은 융통성이 적당히 부족한 아이들에게나 해당하는 이야기다.

융통성이 없는 아이를 지도하기 어려운 이유는 융통성의 부족 정도에도 아이마다 차이가 있기 때문이다. 이는 다름을 받아들이는 아이의 태도를 통해 파악할 수 있다. 융통성이 적당히 부족한 아이는 위와 같이 어른이 먼저 아이의 합당성을 인정해 주면 다름에 대한 이해와 수용이 필요하다는 피드백을 생각보다 쉽게 받아들인다. 그러나 유안이는 그렇지 않았다. 즉 자신의 엄격함은 옳고 틀린 게 하나도 없는데, 타인에게 엄격해서는 안 된다는 내 말을 이해하지 못했다. 오히려 다름을 받아들이라고 당부하는 나를 세상과 타협하라고 강요하는 속물 같은 어른으로 바라보면서 악쓰거나 소리지르며 우는 행위로 자신의 분노를 표출했다. 사실 악쓰거나 소리 지르며 우는 행위를 매번 반복하는 이유는 갈등이나 문제를 현명하게 해결하는 방법을 모르기 때문이다. 그래서 매번 악쓰거나 소리 지르며 우는 행위를 통해 문제나 갈등을 해결하려는 것이다. 그러므로 유안이 같은 아이들에게는 갈등이나 문제가 일어날 때마다 적절한 해결법을 제시하고 동시에 다음과 같은 교육법을 적용하면 아이는 점차 융통성을 기르게 될 것이다.

먼저 유안이처럼 융통성이 매우 부족한 아이는 다름을 받아들일 준비가 될 때까지 그저 아이의 말에 인정해 주어야 한다. 원리 원칙과 엄격함에 대한 인정 욕구가 충분히 채워져야 아이는 비로소 다름을 이해하라는 어른의 말에 귀를 기울인다. 이때 말로만 인정하기보다 학급 규칙을 지키는 임무를 맡김으로써 원리 원칙과 엄격함에 대한 아이의 인정 욕구를 채워 준다면 더 좋다. 즉 수업 시간 시작이나 종료를 알리는 일, 오늘의 시간표나 급식 메뉴를 알리는 일 등을 맡기기에 적합하다. 다만 다른 친구들에게 지시하는 일은 제외하자. 괜한 갈등만 불러올 수 있기 때문이다.

다른 친구들에게 지시하는 일을 제외했다 해도 학급 규칙을 준수하는 임무 도중에 다른 아이와 갈등을 겪을 가능성이 있다. 그럴 때 괜히 아이에게 임무를 맡겨서 긁어 부스럼만 생겼다고 생각하지 말아야 한다. 어차피 이 임무가 아니라 해도 유안이처럼 융통성이 부족한 아이는 친구들과 갈등을 겪을 만한 일이 교실 도처에 널려 있다. 차라리 아이에게 시청각적으로 다름을 이해시킬 수 있는 교육의 기회로 생각하자. 그리고 아이가 친구와 갈등을 겪을 때마다 모두를 인정하자. 황희정승의 일화가 이 교육법의 표본이다.

어느 날 황희 정승 집에서 일하던 두 노비가 서로의 말이 맞다며 싸웠다. 결론을 내지 못한 노비들은 황희를 찾아가 누구의 말이 맞는지 판결해 달라고 했다. 한 노비가 먼저 자기의 입장을 얘기했다. 이를 귀담아듣던 황희 정승은 그 노비의 말이 맞다고 맞장구쳤다. 그러자 다른 노비가 황급히 자기의 입장을 열변했다. 이번에도 황희 정승은 그 노비의 말이 맞다고 맞장구쳤다. 이를 지켜보던 부인이 두 노비의 말을 모두 맞다고 하면 대체 누가 틀린 것이냐고 물었다. 그러자 황희 정승은 웃으면서 부인의 말이 맞다고 했다.

진정한 인정은 할 말이 없게 만든다. 다름을 인정했으니 왠지 나도 상대방의 다름을 인정해야만 할 것 같다고나 할까? 게임 도중에 반칙하거나 우기는 친구가 잘못했다는 유안이의 말도 맞고 이기고 싶은 마음에 반칙하거나 우겼다는 아이의 감정도 옳다. 두 아이가 보는 앞에서 너의 말이 맞고 너의 감정도 옳다는 것을 시청각으로 전달하면 아이는 점차 다름을 이해하고 수용하게 된다. 이때 유안이의 말로 옳고 그름을 판별했기에 아이들이 규칙 준수를 우습게 알까 봐 걱정할 필요는 없다. 그러므로 아이들의 말과 감정을 인정한 뒤 괜한 노파심에 '그러나'를 덧붙이면서 이래라 저래라 잔소리하지 말자. 괜한 사족이며, 이거야말로 긁어 부스럼이다. 또 황희 정승과 같은 진정한 인정이 아니라는 걸 아이들이 눈치채면 교육적 효과가 없어진다. 이 교육법의 목적은 어디까지나 아이들의 인정 욕구를 채워 줌으로써 타인의 입장이 나와 다를 수 있음을 이해하게 만드는 데 있다.

다만 이런 방법만으로는 융통성 부족으로 인한 갈등 문제가 단번에 해결되지 않는다. 어른의 인내심이 절대적으로 필요하다. 인고의 시간을 조금이나마 줄일 수 있는 방법으로는 모두가 보는 앞에서 반 아이들의 특성마다 가지고 있는 장점을 찾아 치켜세우며 자주 칭찬하는 것이다. 사람이란 무릇 장단점을 모두 갖고 있다. 그러므로 아이의 단점은 최대한 언급을 자제하면서 장점만 칭찬하면 다름이 주는 좋은 점을 자연스레 체득할 수 있다. 교사의 칭찬 후에 아이들끼리 서로 장점을 찾아 칭찬하는 것도 다름에 대한 수용성을 기르는 데 효과적이다.

학교를 가정으로 바꾸어 이 방법들을 동일하게 활용할 수 있다. 친구 역할을 형제자매가 하거나 형제자매가 없을 땐 부모가 대신한다면 얼마든지 아이가 융통성을 배우고 사회성을 기를 수 있다.

원리 원칙적인 사람은 우리 사회에 꼭 필요하다. 마땅히 지켜야 할 원칙들이 무너지고 그 자리에 온정, 관행, 요령, 편법 등이 대신하면 선의의 피해자가 발생할 수 있기 때문이다. 그러나 원리 원칙적이기만 하다면 사회가 경직되고 발전할 수 없다. 때에 따라서는 원리 원칙보다 융통성이 필요하다. 따라서 우리는 아이들이 원칙 중심이어야 할 때는 원리 원칙적으로, 융통성을 발휘해야 할 때는 유연하게 대처하도록 길러야 한다.

Tip_ 원리 원칙 + 융통성 있는 아이로 키우는 법

• 원리 원칙적이기만 하면 사고의 유연성과 사회성 부족 문제를 겪을 수 있다!

• 사고의 유연성을 기르는 법
- 결론이 없는 것이 결론일 수 있음을 알려 주기
- 아이와 함께 다양한 문제에 도전하기

• 사회성을 기르는 법
- 다름을 수용할 수 있을 때까지 인정 욕구 채워 주기
- 인정 욕구를 채울 수 있는 역할 부여하기
- 다름에 대한 인정을 강요하지 않기: "너랑 얘는 달라." "네 말을 강요하지 마." ×
- 황희 정승 교육법 활용하기: "너도 맞고 친구도 맞아." ○
- 친구의 장점을 찾아 보기

| 2장 |

부모들이 알고 싶은 우리 아이 교육과 미래

2학년 아들이 학교에서 배운 말을 동생한테 합니다

사 례

아이가 험한 욕을 배워 왔을 때

정우는 이번에 전학 온 준수와 아주 친해졌다. 절친이 된 기념으로 정우는 준수에게 많은 것을 알려 주었는데, 그중에는 걸쭉한 욕과 음담패설도 포함되어 있었다. 어느 날 운동장에서 죽은 말벌을 본 정우와 준수는 말벌을 손가락으로 집어 올려 요리조리 생김새를 뜯어보았다. 말벌은 침을 몸 밖으로 삐죽이 내밀고 죽어 있었는데, 갑자기 정우가 준수에게 웃으며 말했다.

"준수야, 말벌 침에 쏘이면 어떻게 되는 줄 알아?"

"쏘이면? 말벌에 쏘이면 죽어."

"응. 죽을 수도 있지. 근데 말벌 침을 남자 꼬추에 쏘면 꼬추 힘이 세져. 할머니가 말해 줬어."

'꼬추 힘이 세진다'는 게 무슨 말인 줄 몰랐던 준수는 집에 가서 엄마에게 물어보았다. 준수 엄마는 당황스러웠고, 준수 눈높이에 맞춰 설명해 주느라 애를 먹었다.

한번은 준수가 동생에게 "좆 까! 개새끼 닥쳐"라고 욕을 했다. 깜짝 놀란 아빠가 그 말을 어디서 배웠냐고 물었더니 학교에서 정우에게 배웠다고 했다. 준수 부모님은 준수를 정우와 어울려 놀게 해도 될지 고민하게 되었다.

생각해 볼까요?

거친 언어는 대개 가정에서 배운다

인간은 나쁜 말을 참 잘 배운다. 욕은 어쩜 그리 귀에 쏙쏙 들어오는지, 학교에서도 언어 사용 지도로 골머리를 앓는다. 언어문화 개선을 위해 교육을 하고 행사도 하면서 노력하지만 크게 소용이 없다. 예전에 어떤 아이가 욕을 너무 많이 사용하길래 부모님께 말씀을 드려야겠다 생각하고 모바일 메신저에서 학생의 아버지를 검색했다. 그런데 상태 메시지가 "이 개 같은 세상! 씨발놈들아, 엿 먹어라~"였다. 바로 가정 상담을 포기했다. 물론 이런 경우가 일반적이진 않다. 대부분의 어른들은 자녀 앞에서 아무렇지도 않게 욕을 사용하지는 않기 때문이다. 그런데 어른들은 자기도 모르게 아이들 앞에서 '말실수'를 많이 한다. 말실수라는 게 꼭 욕만 뜻하는 건 아니다. 아이에게 직접 내뱉는 거친 어조, 화법 그리고 타인과의 대화를 통해 간접적으로 경험하게 하는 모든 종류의 말을 포함한다.

준수는 정우와 어울리면서 언어가 거칠어졌다. 당연히 준수 부모님 입장에서는 걱정이 많을 수밖에 없었다. 이런 경우 정우네 집에서 지도하고 주의를 시켜야 한다. 특정 학생이 유독 거친 언어를 사용한다는 건 가정에서 배웠을 확률이 높다. 그렇지만 준수 부모님 입장에서 상대 학부모에게 지도를 요구하는 건 불편한 일이기도 하고, 정우가 이 정도로 음담패설과 욕을 쓴다는 건 이미 가정에서 어른들이 아이들 앞에서 무분별하게 언어를 사용했을 가능성이 높다.

그래서 학교에서 대신 언어 지도를 한다. 고운 언어에 노출을 많이 시켜 주고 거친 언어를 사용하지 않도록 지도한다. 하지만 아무리 어른들이 노력해도 아이들은 결국 다양한 말을 알게 되고 모를 수 없다.

솔루션

어른의 언어 습관 개선이 먼저다

그래서 언어 사용을 지도할 땐 판단하는 방법도 함께 가르쳐야 한다. 상대의 말을 받아들일지, 아니면 사용하지 않을지 구분하는 것이다. 또 이미 내가 욕을 알고 있을 때 친구들끼리 장난처럼 쓰는 상황과 많은 사람 앞에서 말을 예쁘게 골라 하는 것에 대해서도 구분해야 한다. 서로 마음 상하지 않게 던지는 농담과 상대에게 실례가 되는 무례한 말의 차이를 아는 것은 중요하다. 말을 판단하고 적재적소에 알맞게 사용하는 능력을 길러 준다면 나쁜 말을 안다 해도 사용하지 않는 더욱 멋진 어린이가 될 것이다.

그리고 자녀가 고운 언어를 사용하기 원한다면 어른들이 먼저 자신의 언어 습관을 돌아봐야 한다. 욕을 하지 않는 건 당연하고 어떤 화법과 어조를 사용하는지, 긍정어와 부정어는 얼마나 쓰는지 점검할 필요가 있다. 가장 좋은 건 나의 말을 직접 녹음해서 들어 보는 거다. 항상 사람들이 나에게 공격적인 말투로 빠르게 말한다고 했지만, 사실 나는 잘 느끼지 못했다. 그러다 우연히 통화 녹음을 듣게 되었는데, 마구 쏘아대는 목소리의 정체가 나라는 걸 깨닫고 깜짝 놀라 말하는 방식을 늘 의식하게 되면서 많이 개선할 수 있었다. 제일 충격적이었던 건 녹음 속 내 말투가 내가 항상 지적하던 내 아버지의 말투와 너무 똑같았다는 것이다.

교실에서 친구들에게 윽박지르는 아이는 대개 부모가 집에서 자녀들에게 윽박지르는 경우가 많다. 매일 높은 목소리로 짜증을 내는 아이는 집에서 늘 그런 말을 듣고 자랐을 가능성이 높다. 아이들은 스펀지와 같아서 주변을 있는 그대로 흡수하고 거울처럼 똑같이 행동하고 말한다. 그러니 결국 어른들의 언어 습관 개선과 아이에게 말을 적절하게 사용하는 능력을 길러 주는 것이 우리 아이들의 고운 언어 사용의 출발점이다.

성 문제가 터질 때까지 선생님들은 뭘 했나요?

사 례

성적 호기심은 성 문제가 아니다

"선생님 섹스가 뭐예요?"

급식 시간이었다. 5학년 부장 교사인 정 교사는 밥 먹다 말고 영기에게 섹스라는 낯뜨거운 단어를 들었다. 정 교사는 영기에게 섹스의 뜻을 묻는 저의를 물었다. 그러자 영기 입에서는 난데없는 말이 튀어나왔다.

"종수가 저한테 섹스 해 봤냐고 말했어요."

다년간 고학년을 가르친 베테랑 교사답게 정 교사는 남자아이들 사이에 성적 농담이 오간 게 비단 영기와 종수만이 아닐 것임을 직감했다. 곧바로 반 전체를 대상으로 성과 관련하여 전수 조사를 했다. 조사 결과, 정 교사네 반 남자아이들뿐만 아니라 다른 반 남자아이들도 서로 성적인 농담이나 이야기를 주고받은 사실이 드러났다.

정 교사는 이 사실을 5학년 교사 모두에게 알렸고, 이후 5학년 선생님들은 정 교사가 한 대로 반 전체를 대상으로 조사했다. 전수 조사 결과, 남자아이들끼리 오간 성적 이야기는 섹스, 성관계, 잠자리, 발기, 성기 등 성관계를 지칭하거나 남성 신체와 관련된 단어들이 대부분이었다. 어디서 이런 걸 알게 됐냐고 물으니 단연 유튜브라고 대답했다. 즉 5학년 남자아이들은 유튜브에서 배운 성적 단어를 몇 명이 주도하여 서로서로 가르쳐 준 것이다. 그나마 다행인 것은 남자아이와 여자아이 간에 성적 농담이나 이야기를 주고받은 적이 없다는 점이다. 불안한 마음에 5학년 선생님들은 여자아이들만을 대상으로 다시 전수 조사를 했지만, 남자아이들로부터 성적으로 불쾌한 일을 당했다는 여자아이는 한 명도 없었다.

이후 5학년 선생님들은 정 교사를 필두로 성교육 계획을 세워 곧바로 실시했다. 우선 반별로 담임선생님이 성교육을 했다. 또 새 학기 시작 전에 계획했던 보건 선생님의 성교육 일정을 원래보다 앞당겼다. 무엇보다 성적 호기심은 발달상 개인차가 심하다는 점을 고려해 별도로 성교육이 더 필요한 아이들은 학부모들과 상담했고, 개인별 맞춤 성교육도 진행했다. 이에 그치지 않고 교감선생님과 교장선생님께도 말씀드려서 학부모 대상 성교육 연수도 준비했다. 비록 성교육 연수가 학부모 대상이었지만, 담임선생님들을 포함해 교감선생님과 교장선생님까지 참석했다. 그런데 성교육 연수가 끝날 무렵, 질의응답 시간에 한 학부모가 큰소리로 역정을 내며 말했다.

"5학년 남자아이들이 성 문제를 일으켰다고 들었습니다. 도대체 선생님들은 이런 성 문제가 터질 때까지 뭘 하신 겁니까?"

생각해 볼까요?

성교육은 가정과 학교가 함께 가르쳐야 한다

학부모가 내던진 말이 가져온 파장은 엄청났다. 학부모와 교사 할 것 없이 5학년 남자아이들 사이에서 일어난 성 문제가 무엇인지 궁금해서 수군대는 소리와 설마 내 아이가 관련된 건 아닌가 하는 불안감이 순식간에 장내를 휩쌌다. 연수 내용과 관련된 질의를 기대했던 강사분도 뜻밖의 질문에 당황하신 건 마찬가지였다. 나를 비롯해 그 자리에 있던 5학년 담임선생님들은 자신들이 죄인이 된 것만 같아 좌불안석이었다. 그때 갑자기 내가 손을 번쩍 들고 자리에서 일어났다.

"5학년에서 마치 큰 성적 문제라도 일어난 것처럼 말씀하셨는데, 진실은 그게 아닙니다. 5학년 몇몇 남자아이들이 성적 호기심에 자기들끼리 성적 단어를 쑥덕거렸습니다. 그래서 반별로 성교육을 실시했고, 이 성교육 연수도 열게 된 겁니다. 그런데 아이들마다 성적 호기심에 대한 개인차가 커서 학교에서 성교육을 한다고 끝날 일이 아니었습니다. 강사분 말씀대로 학교에서 미처 채우지 못한 개인차는 가정에서 메꿔야 아이들이 제대로 된 성교육을 받을 수 있습니다. 따라서 성교육에 대한 책임은 가정과 학교 모두에게 있으므로 학교와 가정이 긴밀하게 협조해야 한다고 생각합니다."

이 말을 하는 동안 잠시 집 나가 있던 이성이 서서히 돌아왔다. 말끝을 흐리며 주위를 둘러보았고, 그제야 나를 바라보는 수많은 눈동자가 보였다. 설레설레 고개를 내젓는 5학년 부장선생님, 하얗게 질린 얼굴로 한숨을 내쉬는 연구부장 선생님 등을 바라보며 그제야 내가 무슨 일을 저질렀는지 실감했다.

이후 손을 번쩍 들고 자리에서 일어나 큰 목소리로 일장 연설을 한 모습이 마치 히틀러 같았다며 한동안 동료 교사들한테 놀림을 당해야 했다. 또 학부모와 맞서 싸우면 안 된다는 나이 지긋한 선배 교사의 충고도 들어야 했으며, 교장선생님이 계신 곳에서 한참 어린 네가 나서면 안 된다는 말로 혼도 나야 했다. 그래도 이 일을 겪으면서 진짜로 하고 싶었던 말을 할 수 있어서 속은 후련했다.

하지만 한편으로는 성교육에 대한 교사와 부모들의 솔직한 민낯을 본 것 같아 씁쓸하면서 아쉬웠다. 성교육의 필요성과 적절한 성교육 방법에 대해 심도 있게 논의하기보다 아이들의 성적 호기심 자체를 성적 문제로 치부하고 말았기 때문이다. 게다가 학부모는 교사와 학교 탓, 교사와 학교는 가정 교육을 탓하며 서로에게 책임을 전가하다가 흐지부지 끝나고 말았기 때문이다. 무엇보다 이런 어른들의 대처로 인해 올바른 성 가치관을 배울 기회를 빼앗긴 아이들이 성적 호기심을 나쁜 것으로 받아들이고 성을 숨겨야 할 것으로만 여길까 걱정스럽다.

실제로 대학생들을 대상으로 성교육을 누구에게 받았냐는 설문 조사를 본 적 있는데, 결과가 가히 충격적이었다. 가정이나 학교에서 성교육을 받았다는 응답은 합쳐서 10퍼센트를 넘지 못했는데, 인터넷이나 미디어에서 성 지식을 찾아봤다는 응답과 아는 형이나 언니, 친구들에게 성교육을 받았다는 응답이 압도적으로 많았기 때문이다. 어른이 해야 할 일을 인터넷이나 미디어, 아는 형이나 언니, 친구들이 대신하는 이 현실에서 아이들은 대체 무엇을 배울 수 있을까?

앞으로도 아이들의 성교육을 반기지 않는 사회적 인식과 분위기가 지속된다면 여전히 우리 아이들은 미디어나 또래로부터 온전하지 않은 성 지식을 알음알음으로 배우게 될 것이다.

솔루션

성교육은 나무보다 숲을 봐야 한다

이제 우리 어른들이 해야 할 일은 분명해졌다. 성교육을 누구에게 받았냐는 설문 조사에서 가정과 학교라는 응답을 늘리는 일이다. 그렇다면 아이들이 더 이상 성에 대해 알음알음으로 배우지 않도록 하는 현실적인 성교육 방법은 무엇일까?

어릴 때부터 꾸준히 성교육하기

학부모 상담 도중 성교육이 필요하다는 내 말에 아이가 민감한 세상 문제에 대해서는 늦게 알았으면 좋겠다는 학부모의 말을 들은 적이 있다. 물론 학부모의 말대로 어린 자녀가 성에 대해 늦게 깨우치기를 바라는 심정을 모르는 바 아니다. 또 어릴 때부터 의도적으로 성교육을 하지 않아도 아이는 성장 과정에서 성에 대한 숱한 지식을 알음알음 습득하게 된다. 지금까지 우리나라 사람 대부분이 그렇게 성장해 왔다. 그래서 아직도 우리는 어릴 때부터 성교육을 해야 할 필요성을 절실히 느끼지 못하고 있다.

그러나 올바른 성 가치관은 단지 말 몇 마디로 체득되지 않는다. 또 인터넷이나 또래를 통해 습득한 성적 지식 속에서 올바른 성 가치관을 배우기란 어렵다. 오히려 잘못된 성 가치관을 체득할 위험이 다분하다. 그러므로 아이가 어릴 때부터 신체와 성을 주제로 대화를 나누면서 아이의 발달 수준에 맞게 꾸준히 성교육을 해야 한다. 이를 통해 아이는 자연스레 자기 몸을 소중히 여기고 사랑하게 되며, 올바른 성 가치관을 배울 수 있기 때문이다. 실제로 나는 어릴 때부터 여성의 질은 나중에 아기가 나올 수도 있는 곳이니까 깨끗하게 관리해야 한다고 설명한 엄마의 말을 지금도 선명하게 기억하고 있다. 이 말을 듣자마자 내 몸이 참으로 소중하다는 생각이 뇌리에 각인되었기 때문이다. 이게 바로 아이가 어릴 때부터 가정에서 꾸준히 성교육을 받아야 하는 가장 중요한 이유다.

또 아이들은 매 순간이 성장 중이기에 하루가 다르게 변하는 자신의 신체에 관심이 많다. 그러니 아이가 부모의 성교육에 거부감을 갖지 않을까 걱정할 필요는 없다. 오히려 성교육에 대한 부모의 불편함을 아이가 본능적으로 느끼고 부모의 불편함을 자신의 감정으로 착각하는 것이다.

아이의 성적 호기심을 성교육의 기회로 삼기

초등학교 고학년 정도면 아이가 이성에 눈뜨게 된다. 그러면서 이성의 신체에도 자연스럽게 관심을 가진다. 성적 호기심이 생기는 것으로, 이는 인간이라면 당연히 겪는 발달 과정이다. 그런데 아이가 부모나 교사로부터 성적 호기심을 부정당하면 이후로는 성을 숨겨야 할 은밀한 것으로 여기기 쉽다. 그래서 성에 대해 무지하거나 폐쇄적인 태도를 갖게 된다. 이는 모두 성에 대해 잘못된 태도이며, 왜곡된 성 가치관이다.

그러므로 아이의 성적 호기심을 문제라고 여기지 말자. 오히려 성적 호기심이 생긴 그때가 성교육 하기 좋은 기회다. 이 기회를 놓치지 않고, 아이와 함께 성에 대해 심도 있는 대화를 나누길 추천한다. 이때 어른이 견지해야 할 태도는 다음과 같다.

얼마 전에 섹스 해 봤냐는 초등학교 2학년 아들의 질문에 당황한 아빠가 "아니, 아직"이라고 대답했다는 글을 읽었다. 어른의 관점에서 보면 어린 아들과 아빠의 대화는 마냥 재밌었지만, 교사의 관점에는 아직도 우리 사회는 성교육이 낯설고 어색하기만 한 것 같아 씁쓸했다. 나 또한 고등학교 1학년 생물 시간에 여성과 남성의 신체 구조를 가르치던 생물 선생님의 빨개진 얼굴이 아직도 잊히지 않는다.

그런데 어른이 성을 이야기하면서 당황해하는 순간, 아이는 이질감을 느끼게 된다. 그러면서 본능적으로 성을 그다지 유쾌하지 않은, 불쾌한 무언가로 인식하게 된다. 그러나 앞서 말한 대로 성적 호기심은 인간의 본능이다. 결국 어른의 잘못된 대처로 인해 아이는 성에 관한 끌림과 죄책감이라는 이중성을 함께 가지고 성장하게 된다. 그래서 어른은 언어적 표현, 반언어적 표현, 비언어적 표현 등 모든 것에 늘 당당하고 자신감 있는 태도를 견지하면서 성교육을 해야 한다.

물론 나도 언제나 당당하고 자신감 있게 성교육 했던 건 아니며, 시행착오를 겪었다. 6학년 담임을 맡았을 때 한 남학생이 반 아이들 앞에서 이렇게 말했다.

"선생님, 저 지난 겨울방학 때 제 고추에서 하얀 물 나왔어요."

아이의 말에 어찌나 당황스럽던지 내 얼굴은 순식간에 붉어졌다. 애써 침착하게 반응하려고 노력했지만, 당황스러운 나의 감정을 아이들에게 시각적으로 노출했다고 생각하니 자존심이 상했다. 무엇보다 당황한 내 모습에 아이들이 역시나 성은 부끄럽고 숨겨야 할 것으로 여길까 봐 걱정되었다. 그래서 다음 날 아이들에게 다시 이야기했다.

"성은 인간에게 자연스러운 것이라 해도 프라이버시 영역에 속합니다. 따라서 타인의 동의 없이 함부로 대화의 주제로 입에 올려서는 안 됩니다. 동의 없는 성적 대화로 누군가는 거부감을 느낄 수도 있으니까요. 그 거부감이 바로 성희롱이며, 이는 성폭력의 일부입니다. 따라서 상대와 상황에 따라 말하는 능력이 필요합니다."

어른도 사람이기에 이론과 달리 실제로는 잘 대처하지 못할 수 있다. 그때마다 없었던 일로 어물쩡 넘어가기보다 잘못 대처한 점을 바로 잡고 바르게 재교육해야 한다.

성교육은 용어보다 상황을 보는 게 중요하다

5학년 성교육 시간, 한 남자아이가 손을 번쩍 들더니 발기가 뭐냐고 질문했다. 전혀 예상하지 못한 질문을 받아 순간적으로 당황했다. 아이들도 달라진 분위기를 감지했는지 교실에는 정적이 감돌았고, 모두 내 표정만 유심히 관찰했다. 나는 질문한 남자아이에게 어디서 들었냐고 되물었다. 아이는 다른 반 남자아이들이 운동장에서 공을 차며 "공이 발기처럼 날아간다"라고 큰 소리로 떠드는 것을 들었다고 했다. 그 말을 들으면서 내 머릿속에는 오만 가지 생각이 스쳐 지나갔다. 어떻게 대처해야 좋을까? 대처법을 머릿속으로 빠르게 정리했다.

발기의 뜻을 설명해야지. ➡ 그런데 발기는 남성의 성적 흥분과 관련 있다고 솔직하게 말해야 하나? ➡ 여자아이들이 이런 설명을 거부감 없이 받아들일 수 있을까? ➡ 아, 남자아이들만 있었으면 좋겠다.

어떻게든 아이들에게 '선생님은 당황하지 않았다' '선생님은 발기 앞에 당당하고 자신 있다'는 것을 보여주기 위해 발기의 뜻을 열심히 설명했다. 그리고 곧바로 깨달았다. 바람직한 교육적 행동은 발기라는 용어를 설명하는 데 치중할 것이 아니라 성적 농담[공이 발기처럼 날아간다]의 문제점을 짚어 주는 것이었다.

성교육을 꺼리는 이유에는 아이에게 성적 용어를 설명해야 한다는 부담감도 한몫한다. 어쨌든 성적 용어에는 낯부끄러운 소재들이 섞여 있는 게 사실이기에 성교육이 쉽진 않다. 그러나 성적 용어에 대한 설명은 성교육의 일부분일 뿐, 성교육의 우선적인 교육 목적이 아니다. 성적 용어 설명에 치중하는 순간, 올바른 성 가치관 함양이란 교육 목적은 온데간데 없어진다. 심할 경우에는 이해를 돕기 위해 곁들었던 비유들로 인해 성적 농담이 당연시되는 분위기가 연출될 수도 있다.

따라서 아이가 성적 용어[나무]를 접하게 된 상황[숲]을 파악하고 그 상황에서의 바른 행동과 태도를 가르치는 게 우선되어야 한다. 또 단 한 사람이라도 불쾌할 수 있으므로 성적 용어를 농담처럼 하는 행동이 이제는 더 이상 유머가 아니라 성희롱임을 반드시 가르쳐야 한다. 이것이 제대로 된 성인지 감수성-일상생활 속에서의 성차별적 요소를 감지해 내는 민감성. 우리 사회는 최근에야 성인지 감수성에 주목하고 있으며, 성인지 감수성의 개념과 범위에 대한 충분한 논의가 필요하다-을 기르는 첫걸음이다.

성교육은 되도록 동성이 교육하기

그럼에도 성적 용어를 끝까지 설명하지 않을 수는 없다. 더군다나 사춘기인 아이들에게 맞는 보다 깊은 성교육이 되기 위해서라도 성적 용어 설명은 필요하다. 그렇지 않으면 비공식적인 어둠의 경로로 배우게 될 테니까. 이때는 속된 말로 어느 정도 솔직하게 까놓고 얘기해도 된다. 단 성희롱으로 인지될 수 있는 설명법은 최대한 배제하고, 중립적이고 객관적인 언어로 설명해야 한다. 여기에 성교육하는 어른의 태도가 당당하고 진지하면 아이는 자연스레 성교육으로 받아들인다.

무엇보다 여자아이는 여성 어른이, 남자아이는 남성 어른이 성에 대해 교육하는 게 좋다. 성별 구분 없이 성에 대한 깊이 있는 교육이 가능하다는 건 현실적 여러 여건들을 무시하는 유토피아적 발상이다. 성교육 전문가나 생식기 관련 의사 등이 아니고서야 일반 어른들은 성별이 다른 사춘기 아이의 성교육 앞에 존재하는 현실적인 벽들을 뚫기 어렵다.

일단 신체 구조가 다르다. 이론적으로 성 지식이 빠삭하다고 할지라도 선천적으로 신체 구조가 다르기 때문에 경험에서 우러나오는 실제적인 성교육을 하기 어렵다. 생리도 안 하는 남성이 생리가 새어 나오지 않도록 속옷에 생리대를 고정하는 방법과 같은 노하우를 어떻게 생생하게 가르칠 수 있단 말인가? 반대로 발기도 안 하는 여성이 발기할 때의 느낌 등을 어떻게 현실감 있게 가르칠 수 있을까?

또 신체 구조가 다르기에 성적 민감성도 다르다. 남성과 여성 중 누가 더 성적으로 민감하게 반응하는지를 의미하는 게 아니다. 성별에 따라 성적으로 민감하게 반응하는 영역이 다르다는 의미다. 그래서 아무리 조심에 조심을 거듭할지라도 성별이 다른 어른의 성교육으로 인해 아이들이 성적 수치심을 느낄 여지는 곳곳에 존재한다. 다시 말해 의도하지 않았다 해도 성희롱으로 매도될 위험이 다분하다. 나도 아이들에게 발기의 뜻을 설명하면서 남성의 성적 흥분과 관련된 이야기는 일절 하지 않았다. 다만 남자라면 당연히 겪는 자연스러운 신체 반응이라고만 했다. 이처럼 이성의 성교육은 깊고 자세한 설명은커녕 교과서적 설명에만 머무를 수밖에 없는 게 우리나라 성교육의 현실이다.

따라서 가정에서 아들은 아빠가, 딸은 엄마가, 학교에서 남자아이는 남교사가, 여자아이는 여교사가 깊이 있는 성교육을 담당하는 게 좋다. 물론 초등학교 대부분의 학급은 남녀혼합으로 이루어져 있지만, 걱정할 필요 없이 동학년 선생님들과 협의하여 동성을 성교육하면 된다.

아이의 성별을 구분해서 성교육하기

그래도 상황이 여의치 않아 동성이 성교육하기 힘들다면 아이들만이라도 성별을 구분하여 성교육하길 추천한다. 아직 성 가치관이 정립되지 않은 아이들에게는 이성이 함께 있는 곳에서 자신의 신체 구조나 생식기, 성적 영역 등이 적나라하게 드러나는 성교육이 수치스러울 수 있기 때문이다. 심지어 성인지 감수성이 발달한 아이는 성별 혼합 상태의 성교육으로부터 자신이 여성이나 남성으로서 존중받지 못한다고 느낄 수 있다. 이런 느낌도 넓은 의미에서 보면 성폭력의 일종이다. 아이를 위한 교육이 오히려 아이에게 수치심을 준다면 안 하느니만 못하다. 더 큰 문제는 교육이 성적 수치심에 부여할 정당성이다. 이는 향후 아이가 성인지 민감성을 바르게 체득하는 데도 방해물로 작용할 수 있다. 따라서 성교육 전 아이 입장에서 한 번 더 생각하면서 성교육으로부터 아이가 느낄 부정적인 감정들을 최대한 제거하려는 어른의 노력이 필요하다.

또 성교육 내용에도 아이들을 위해 지켜야 할 순서가 있다. 즉 자신의 신체 구조나 생식기, 성적 영역 등을 깊이 이해한 후 이성의 신체 구조에 대해 심도 있는 성교육을 해야 한다. 자신의 성에 대한 이해도 없이 이성의 성을 먼저 맞닥뜨리면 아이들은 우선 당황스럽다. 그리고 수치심을 느낀다. 자기 성을 깊이 이해하는 과정에는 어른의 범주에 속하는 '성'을 조금씩 받아들이는 준비도 포함되어 있기 때문이다. 따라서 아이들이 자신의 성에 대해 먼저 학습함으로써 성을 자연스레 받아들일 수 있는 준비기간을 충분히 가질 수 있도록 해야 한다.

사회가 발전할수록, 기대 수명이 연장될수록 재사회화가 필요한 영역이 늘어났다. 그러면서 교육에도 점차 '다음 기회'를 부여하고 있다. 그러나 성교육에는 '다음 기회'란 없다. 때로는 그 나이에 반드시 가르쳐야 아이가 건강하게 성장할 수 있기 때문이다. 그러므로 성교육은 선택이 아닌 필수다. 무엇보다 성교육은 우리 아이들을 위한 교육이므로 사소한 것 하나하나까지 사전에 충분히 심사숙고하는 어른의 태도 또한 선택이 아닌 필수다.

Tip_ 현실적인 성교육법

- 아이가 어릴 때부터 꾸준히 성교육하기
- 아이의 성적 호기심을 성교육 기회로 삼기
- 항상 자신감 있고 당당한 태도로 성교육하기
- 성적 용어보다 성 가치관을 우선 가르치기
- 되도록 동성이 성교육하기
- 아이의 성별을 구분해서 성교육하기

아이가 공부를 못하면 선생님이 싫어하겠죠?

사 례

공부는 재능의 영역

용석이 어머니는 올해도 용석이가 학교에서 가져온 학부모 상담 신청 안내장을 보고 전화 상담에 표시했다. 어린 동생들이 있어 학교 방문이 어려운 것도 있었지만, 공부를 못하는 용석이로 인해 담임선생님을 직접 만나는 게 아무래도 불편했기 때문이다. 그렇다고 용석이의 학교생활이 궁금하지 않은 것은 아니기에 궁여지책으로 어머니는 매번 담임선생님과 전화 상담으로 갈음해 왔다.

요즘은 여기저기서 공부는 재능의 영역이라면서 자녀에게 공부를 강요하지 말라고들 한다. 용석이 어머니도 이 말에 동의하지만, 막상 공부 못하는 용석이를 보면 그게 잘 안 된다. 용석이가 공부에 재능이 없다는 건 진작에 인정했지만, 아직 초등학생인 용석이가 유달리 공부를 못하는 건 부모 탓인 것만 같았다. 그래서 어머니는 담임선생님들을 뵙기가 왠지 모르게 면구스러워서 매번 피하기만 했고, 용석이가 공부를 못하는 것에 대한 미안한 마음을 전화로 전할 뿐이었다.

"선생님, 우리 용석이가 공부를 못 해요. 선생님들이 공부 못하는 아이 싫어한다는 것을 알지만, 그래도 용석이를 좀 잘 봐 달라는 부탁을 드리려고 연락드렸습니다. 저도 집에서 용석이 공부 잘 살펴보겠습니다. 죄송합니다."

생각해 볼까요?

아이의 자존감을 키우는 교사의 칭찬

여러 해에 걸쳐 학부모 상담을 하다 보니 비교적 학업 성취도가 낮은 학생들의 학부모들에게서 자주 듣는 말 중 하나가 "우리 아이가 공부를 못해서 죄송합니다"였다. 용석이 어머니의 말처럼 아이가 공부를 못하면 선생님이 싫어할까? 아이에 대한 교사의 애정 척도에 아이의 학습 능력이 영향을 미쳐서는 안 된다. 그리고 실제로도 별 영향이 없다. 오히려 용석이는 그 당시 내가 제일 예뻐했던 아이였다.

물론 용석이의 전체적인 학업 성취도는 중하위권으로 공부를 잘하는 건 아니었다. 용석이는 유달리 수학을 어려워했고, 학기 초에 실시한 기초 학력 평가에서도 수학이 가장 부진했다. 그러나 용석이가 공부에는 딱히 재능이 없을지언정 성실하고 책임감이 강한 아이였기에 예뻐하지 않을 이유가 없었다. 용석이에 대한 나의 마음을 다른 친구들도 알고 있었던지 6학년이 되어 스승의 날에 놀러 온 여자아이들이 "선생님은 작년에 용석이를 제일 예뻐하셨잖아요"라고 얘기했다. 그걸 어떻게 알았냐는 질문에 아이들은 그걸 어떻게 모르냐면서 오히려 반문했다. 아이들의 말에 행여나 차별을 느꼈을지도 모른다는 걱정보다는 오히려 다행이라고 생각했다. 이렇게 생각하는 데에는 그동안 숨겨 온 나름의 이유가 있었다.

당시 공부를 못한다는 사실이 용석이의 자존감에까지 영향을 준 듯 용석이는 모든 면에서 위축되어 있었고 자신감이 부족했다. 혹여나 용석이가 친구들한테 놀림의 대상이 될지도 모른다는 지레짐작과 더불어 좀 더 자신감을 가졌으면 하는 마음에 전략적으로 아이들이 보는 앞에서 용석이를 많이 칭찬했다. 즉 교사의 권위로 아이들도 담임선생님이 인정하는 친구들은 함부로 건드리지 않는 점, 그리고 교사의 칭찬이 아이의 자존감 향상에 도움이 된다는 점을 학급 운영에 활용했던 것이다.

이 전략이 괜찮았는지 용석이는 조금씩 자신감을 가지고 밝은 모습으로 학교생활을 해나갔고, 수학 부진에서 벗어날 수 있었다. 심지어 수업 시간에 발표까지 도전하는 용석이의 모습에 교사로서 보람도 느낄 수 있었다.

솔루션

칭찬이 학습 자신감을 북돋아 준다

부모의 태도가 아이를 더 위축시키고 학습 자신감을 떨어뜨린다

사실 아이의 공부를 옆에서 도와주다 보면 공부 재능이 어느 정도인지 대략 짐작할 수 있다. 그러나 부모의 기대만큼 아이가 학습을 따라오지 못하면 답답한 마음에 "이것도 몰라?"라는 말이 목구멍까지 올라오기도 한다. 이런 부모의 태도에 아이들은 위축되고 학습에 대한 자신감이 떨어진다. 본인이 문제를 맞게 풀어도 교사나 부모의 눈치를 보면서 정답을 말하지 못하기도 한다.

그래서 생각보다 많은 아이들이 자신이 공부를 못한다고 생각한다. 선생님이 보기엔 충분히 잘하는데도 말이다. 이런 아이들은 이미 학습에 대한 자신감이 많이 떨어져 있다. 보통의 아이들이 쉽게 해결하는 문제도 시간이 더 오래 걸리고 해결하기 어려워한다. 그런데 자세히 살펴보면 스스로 해낼 수 있는 학습 능력치를 충분히 가지고 있다. 다만 과거 학습 과정에서 기대에 미치지 못한다고 핀잔을 듣거나 본인의 노력만큼 인정받고 보상이 따라오지 않아서 자신의 능력을 알아서 제한하는 것이다. 그래서 문제를 해결하지 못하는 아이들의 풀이 과정을 자세히 살펴보면 학습 능력보다 본인의 한계선에 갇힌 경우가 훨씬 많다.

그러므로 아이가 공부를 잘하지 못해도 학습에 흥미와 자신감을 가질 수 있도록 칭찬을 계속해야 한다. 어려운 문제를 포기하지 않고 도전한 것, 끝까지는 못했지만 해결하려고 노력한 과정, 그래도 칭찬할 것이 안 보인다면 "글씨가 오늘따라 또박또박하다, 공부하는 자세가 멋지다"처럼 아이의 학습에 관련된 사소한 것이라도 과장하여 칭찬해 줄 필요가 있다. 어른이 느끼기엔 너무 과장인가 싶어도 학습에 대한 칭찬을 들어 본 적이 거의 없는 아이에겐 칭찬 그 자체가 큰 힘이 된다. 이처럼 학습과 관련된 긍정적인 경험을 통해 아이는 학습에 흥미와 자신감을 가지고 꾸준히 공부할 수 있는 힘을 기르게 될 것이다.

아이가 공부를 통해 얻고자 하는 게 무엇인지부터 생각해 보아야 한다

공부를 잘하고 못하는 기준이 뭘까? 시험 점수라면 몇 점부터 공부를 잘하는 걸까? 아이의 학습 능력을 길러 주고 싶다면 '잘한다' 또는 '못한다' 같은 일괄적인 평가보다는 아이의 학습 중 어느 부분이 부족한지 세심하게 살펴보아야 한다. 예를 들어 국어 교과 안에는 읽기, 쓰기, 말하기, 문법 등 국어 학습 능력에 필요한 여러 요소들이 있다. 이 중에서 읽기를 어려워한다면 읽기 학습 격려를 통해 국어 교과의 전반적인 학습 능력을 향상시킬 수 있다.

그런데 우리는 아이에게 왜 공부를 하라고 할까? 아이에게 공부 잘하기를 요구하기 전에 우리 아이가 왜 공부하기를 원하는지 어른들 스스로 이유를 알아야 한다. 공부를 잘해야 좋은 대학을 가기 때문에? 그래야 좋은 직장을 얻고 여유 있는 삶을 살기 때문에? 미안하지만 공부를 잘해야 잘 먹고 잘 사는 시대는 진작에 끝났다. 나는 어른들의 전통적인 가치관 아래에서 공부만 애매하게 열심히 하는 학생이었는데, 사회에 나와서야 내가 얼마나 바보인지 깨닫게 되었고, 친구들의 삶을 바라보니 성적과 성공은 상관이 없었다.

그럼에도 나는 학생들에게 열심히 공부하도록 독려하는 교사다. 실은 공부뿐만 아니라 그림을 그릴 때도, 수학 문제를 풀 때도, 피구를 할 때도 "조금 더 해 보라"며 학생들에게 요구한다. 특히 고학년 담임을 맡을 때는 더 많이 요구하는 편인데, 이런 선생님 때문에 학년 초에는 학교 가기 싫다는 아이들도 가끔 있어서 미안하기도 하다. 그래도 나는 나의 방식을 고집한다. 나는 아이들이 스스로 한계를 정하고 최선을 다하지 않는 게 싫다. 나는 미술을 못하니까 대충 그려야지, 나는 운동신경이 없으니까 공 맞고 빨리 나가고 싶어, 나는 수학을 못하니까 이 문제도 분명 못 풀 거야 같은 생각과 말들이 정말 싫다. 그건 바로 나의 어릴 적 기억들과 관련되어 있다.

살면서 어려움을 겪을 때마다 내가 위기를 극복할 수 있었던 힘은 대부분 최선을 다한 경험의 축적에서 나왔다. 운동장 땡볕 밑에서 언니들과 구슬땀을 흘리며 오래달리기를 끝내 완주했던 것, 2인 1조 리코더 수행평가를 앞두고 친구와 쉬는 시간마다 호흡을 맞추며 열심히 연습했던 것, 시험을 앞두고 공부 계획표를 세워 처음으로 전부 지켰던 것 등이다.

이런 경험들이 쌓이면서 삶의 힘든 순간마다 큰 원동력이 되었고, 나중에 우연히 오은영 박사의 방송을 보고 나서 내가 느꼈던 감정들이 '자기 효능감'이라는 사실을 알게 되었다. 그리고 나에게 자양분이 되었던 부분은 오래달리기 완주나 수행 평가 만점, 시험 성적 같은 결과가 아니었다. 구슬땀을 흘리고, 쉬는 시간을 쪼개 연습하고, 잠을 줄이면서 공부했던 과정의 기억이었다. 그래서 이걸 학생들에게도 느끼게 해 주고 싶었다.

용석이는 비록 공부는 못하지만 성실하고 책임감이 강한 아이이다. 용석이 같은 아이는 나중에 사회에서 자기 몫은 물론 남의 몫까지 해내는 멋지고 대단한 어른으로 성장할 가능성이 높다. 그런 용석이를 단지 공부 재능이 없다는 이유로 주눅 들게 하는 어른들의 태도가 과연 합당한가? 어쩌면 용석이는 이미 성실하고 책임감 있게 최선을 다하는 자신의 생활 속에서 자기 효능감을 스스로 듬뿍 느끼고 있을지도 모른다. 그렇다면 어른들이 오히려 공부보다는 용석이의 장점을 찾아 칭찬하고 격려하면서 용석이가 과정의 뿌듯함을 느낄 수 있도록 도와주어야 하지 않을까?

기초 학습 능력이 부족한 아이, 어떡해야 하나요?

사 례

또래보다 문해력이 떨어지는 아이

재현이 어머니는 아이가 4학년에 올라간 첫날 담임선생님에게 부탁 전화를 했다. 재현이의 학습이 걱정스러웠기 때문이다. 처음 한글을 배울 때 그 과정이 힘들었는지 재현이는 아직도 읽고 쓰기가 서툴다. 선생님은 별말 없이 일겠다고 했지만, 어머니는 괜히 마음이 찝찝했다.

몇 주 뒤 학부모 상담 주간이었다. 담임선생님이 조심스럽게 이야기를 꺼냈다.

"재현이 어머니, 연락을 받고 재현이를 관심 있게 지켜봤어요. 개별적으로 지도도 해 봤고요."

"네…. 선생님 보시기엔 어떤가요?"

"몇 가지 특징이 눈에 띄더라고요. 어려운 단어는 건너뛰거나 첫음절이 같은 단어 중 익숙한 단어로 바꿔 읽어요. 문장을 부드럽게 이어 읽거나 맞춤법에 맞게 글쓰기를 어려워하고요."

"아…, 심각한 건가요?"

"아이들마다 발달 속도가 다르기 하지만, 평균적인 4학년 수준에 못 미치는 것은 사실입니다. 점점 학년이 올라갈수록 문해력이 학습에 영향을 많이 끼치거든요. 그리고 가장 큰 문제는 재현이가 읽고 쓰기를 싫어한다는 겁니다. 아마 본인 스스로 글을 읽고 쓰는 것이 잘 안 되니 재미가 없고 싫을 수밖에 없을 겁니다."

"그 정도일 줄은…. 어떻게 해야 할까요?"

"제가 학교에서 매일 읽고 쓰기 지도를 조금씩 할게요. 대신 지금 다니는 학원도 좋지만, 읽고 쓰기를 집중적으로 지도해 줄 수 있는 선생님을 만나 보면 좋을 것 같아요."

그날 저녁에 재현이 어머니는 잠을 잘 수 없었다. 바쁘다는 이유로 재현이를 방치한 게 아닐까 하고 마음이 심란했다.

생각해 볼까요?

기초 학습 능력은 저절로 좋아지지 않는다

아이가 어릴 적 처음으로 말하고 글을 조금씩 쓸 때 우리 아이는 천재가 아닌가 싶었던 경험이 있을 것이다. 유치원생 즈음 되면 간단한 낱말을 읽어내고 한글을 흉내 내어 쓰는 모습을 보고 부모는 아이가 성장하면서 자연스럽게 한글을 이해하는 수준이 높아진 것이라 생각한다. 하지만 아이가 글을 읽고 쓰는 능력은 자연스레 좋아진 게 아니다. 아이가 어릴 적부터 부모가 아이와 대화를 많이 나누거나 아이가 여러 가지 학습 교구를 가지고 노는 등 끊임없이 한글에 노출 시켰기 때문이다. 또 초등학교에 입학하면서부터는 받아쓰기와 일기 검사를 도와주는 등 부모의 많은 노력으로 아이는 한글을 습득하게 된다.

우리가 초등 교육에서 도달해야 하는 기초 학습 능력은 크게 기초 문해력Literacy과 기초 수해력Numeracy 두 가지로 구분된다. 초등학교에서 배우는 기초 문해력Literacy이란 무엇일까? 한글의 자음과 모음, 자음과 모음 간의 결합을 통한 낱자, 낱자 간의 결합을 통한 단어, 그리고 문장을 읽고 쓸 수 있는 능력을 의미한다. 1학년은 한글을 읽고 쓰는 것에 대부분 초점을 맞춘다면 2학년은 짧은 글을 읽고 글의 내용을 이해하는 것까지 기초 문해력으로 본다. 이렇게 저학년 시기에 문해력을 습득한 아이들은 긴 글을 읽고 글의 중심 내용을 찾아내고, 또 글의 전체적인 의미를 파악할 수 있다. 초등학교에서 말하는 기초 수해력은 수 감각, 수 세기, 자릿값, 덧셈과 뺄셈, 곱셈의 5가지 영역으로 구분한다. 수 감각부터 순서대로 발달하고 1학년 수준에서는 받아올림이 없는 덧셈과 뺄셈을 위주로 배운다. 2학년을 마칠 때는 곱셈까지 이해할 수 있어야 한다.

가끔 가르치지 않아도 문해력이나 수해력이 좋은 아이들이 있다. 이런 아이들은 본래 똑똑하기도 하지만, 대부분 어릴 때부터 책을 꾸준히 즐겨본 경우에 해당한다. 그러니 가정과 학교에서 꾸준히 지도하면 대부분의 아이들은 기초 학습 능력을 갖추게 될 것이다.

그런데 그 과정이 유독 더디고 힘든 아이들도 있다. 재현이가 그런 경우다. 재현이의 부모는 아이의 학습 상태가 걱정되었지만, 크면서 조금씩 문해력이 좋아질 거란 기대감에 시간을 두고 지켜보았다. 재현이가 워낙 영리하고 문해력을 제외한 다른 학습 능력이 좋았기 때문이다. 하지만 학년이 올라가고 4학년이 되자 수학과 사회 등 다른 과목에도 어려움이 생겼다. 수학 개념은 알고 있지만 문해력이 부족해서 문제를 읽어도 이해하지 못하기 때문이었다.

탑을 쌓을 때도 기초 바닥 공사에 많은 노력을 들여 튼튼히 쌓아 올리는 것처럼 기초 학습 능력은 아이의 모든 학습과 문제 해결을 위한 기초다. 따라서 충분한 시간을 쏟아야 하고, 어느 정도 정해진 시기에 습득해야 한다. 초등학교에서는 기초 학습 능력 습득의 가장 중요한 시기를 1~2학년으로 바라본다. 그래서 초등학교 교육과정에는 1~2학년에 한글과 기초연산을 위해 많은 시간이 배정되어 있다. 또한 수해력이 좋은 아이라고 꼭 문해력도 좋다는 법은 없다. 그런 이유로 '기초 학습 능력'이라는 용어를 기초 문해력과 기초 수해력으로 구분하였고, 이 두 가지 기초 학습 능력을 별개로 지도하는 것이다.

최근 전라남도교육청에서는 기초 학력 전담교사제를 시행해 전국에서 처음으로 초등 교육과정을 전문적으로 배운 정규 교사를 편성했다. 문해력 전담 교사와 수해력 전담 교사는 진단 검사를 통해 학습 부진이 심한 아이를 선발하여 하루 한두 시간 정도 별도의 공간에서 1년 간 지도한다. 재현이처럼 기초 학습 능력이 부족한 아이일수록 더 늦어지기 전에 일 대 일 집중 지도가 필요하기 때문이다.

솔루션

기초 학습 능력을 키우려면

기초 문해력 지도 방법

한글을 깨우치기 위해 공책에 무조건 'ㄱ, ㄴ, ㄷ'부터 따라 쓰라고 하는것은 좋은 방법이 아니다. 문해력을 습득하기 위해서는 단계적으로 지도하는 것이 중요하다. 그러나 수업 시간에는 아이 한 명을 위한 지도가 불가능하다. 또한 많은 시간과 노력이 필요하기 때문에 오랜 기간을 두고 지도해야 하며, 교사와 학생이 일 대 일로 매일 10~20분 정도 짧게 공부하는 것이 가장 효과적이다. 아이들은 집중력이 길지 않고 한글에 대한 흥미도 낮기 때문에 최대한 아이의 재미를 자극할 수 있는 활동을 함께하는 게 효과적이다.

한글을 습득하는 발달 단계는 일반적으로 다음과 같다. 하지만 모든 아이들이 다음과 같은 순서대로 한글을 습득하는 것은 아니다. 어릴 때부터 그림책을 읽으면서 낱말을 먼저 익히고 자음과 모음을 나중에 공부한 아이도 있고, 문장을 배우면서 낱말을 하나하나씩 익히는 아이들도 있다. 아이가 혹시 한글을 읽을 때 실수하는 부분이 있다면 어느 단계에서 어떤 오류가 있는지 파악하고 지도 방법을 참고하는 정도로 읽어 보면 좋겠다.

■ 자음과 모음의 이름과 소리 구별하기

생각보다 많은 아이들이 자음과 모음의 이름을 정확하게 알지 못하는 경우가 많다. 가끔 고학년이 되어도 자음 소리를 부정확하게 내는 경우가 있다. 아이가 기역을 '기윽', 시옷을 '시읏', 티읕을 '티응'과 같이 소리 내지 않는지 확인해 보자. 이 단계를 지도할 때에는 쓰기 활동보다는 조작 활동을 통한 읽기와 말하기 활동에 중점을 두는 것이 좋다. 한글 자석이나 한글 카드 등을 사용하여 아이의 주변에 있는 것들로부터 자음과 모음을 찾아내는 연습을 해 보자.

■ 자음과 모음의 결합 소리 읽고 쓰기

자음과 모음이 결합할 때의 규칙을 아이가 알고 있는지 확인해 보자. 1학년 1학기에 배우는 내용이고, 아이들이 자음과 모음의 소리를 읽을 수 있다면 이 단계는 대부분 쉽게 이해하여 바르게 소리를 낼 수 있다. 이 단계가 되면 대부분 받침이 없는 낱말을 읽을 수 있어서 아이도 한글 읽기가 즐거워진다. 주변 간판이나 글자에 관심을 보이게 되므로 이 시기에 다양한 낱말을 알려 주면 아이가 알고 있는 지식이 폭발적으로 확장될 수 있다.

간혹 아이들 중에서 '리'라는 글자를 'ㅣ ㄹ'처럼 자음과 모음의 순서를 거꾸로 쓰는 경우가 있다. 대개는 실수로 잘못 쓰는 경우지만, 아이가 저학년이 지나도 이런 실수가 계속된다면 그 이상의 문해력 발달에 어려움이 생긴다. 혹시 발달상의 다른 문제는 없는지 확인해 볼 필요가 있다.

■ 받침소리 읽고 쓰기

대부분 자음과 모음이 결합된 소리를 읽고 쓸 줄 안다면 정확하지는 않지만 문장을 비슷하게 소리 내어 읽을 수 있다.

'무궁화꽃이 피었습니다.'

다음 문장을 읽을 때 [무구화꼳이 피어스니다]와 같이 받침소리를 아직 잘 읽지 못하는 아이들은 받침소리를 대충 얼버무려 읽는 경우가 대다수다. 'ㄷ, ㅅ, ㅈ, ㅊ, ㅌ' 받침은 대부분 [ㄷ]이나 [ㅅ]으로 소리 나는 경우가 많아서 아이가 대충 발음해도 정확하게 듣지 않으면 잘 읽었다고 생각하고 이 단계를 대수롭지 않게 넘기는 경우가 있다.

하지만 우리가 배운 자음 소리와 받침소리는 다르게 소리 나기 때문에 받침소리에 대한 충분한 연습이 필요하다. 평소 나는 아이들을 지도할 때

'간'과 '각'처럼 받침을 달리하여 읽고 '간'이 들어가는 낱말을 찾는 놀이를 해 본다. 그다음 'ㄴ' 받침이 들어가는 낱말 책 만들기 활동을 해 본다. 즉 아이가 즐겁게 놀면서 배울 수 있는 방법을 찾아보자.

낱말 읽고 쓰기

우선적으로 받침이 없는 낱말부터 지도하고, 그다음에 받침이 있는 낱말을 지도해야 한다. 이 단계에서는 반드시 아이가 낱말을 읽을 때 자음과 모음 소리를 이해하고 읽는지, 아니면 낱말을 그림처럼 통째로 외워 버린 것인지 확인해 봐야 한다. '가지'라는 단어를 '가'와 '지'로 나누어 읽어 보고, '구지'로 모음 하나를 바꾸었을 때 구분하여 읽을 수 있는지 확인해 보자. 글자를 쪼개서 읽지 못하는 아이의 경우 익숙한 낱말을 통째로 외운 것이다. 문장을 읽고 쓰는 다음 단계로 넘어가기 전에 낱자 소리를 정확히 읽도록 이전 단계를 연습해야 한다.

그리고 이 단계에서는 의미가 없는 낱말을 읽어 보는 것도 도움이 된다. 예를 들어 '견힝' '배셔' '늑접'과 같이 자음과 모음이 무작위로 조합된 낱말도 소리 낼 줄 안다면 문장 읽기도 곧잘 해낼 수 있을 것이다.

문장 읽고 쓰기

낱말을 읽는 데 익숙해지면 문장 읽기로 넘어갈 수 있다. 문장을 읽을 때는 우선 충분히 기다려 주어야 한다. 낱자로 읽는 게 익숙한 아이는 한 글자 한 글자 읽기에 바쁘기 때문이다. 한 글자씩 더듬거리며 읽는 아이들은 문장의 의미는 이해하지 못하고 글자를 소리 내어 읽는 것에 그친다. 이때는 짧은 그림책을 읽으면서 연습해 보는 것이 좋다.

"엄마는 맛있는 요리를 만들어 주셨다."

그림책 속에 나오는 비교적 쉬운 문장을 하나 고르고 아이에게 먼저 스스로 읽어 보도록 한다. '엄, 마, 가' 처럼 한 글자씩 읽더라도 우선 쭉 듣고 '엄마가'와 같은 의미 단위는 한꺼번에 읽도록 지도해야 한다. 또한 '만들어 주셨다'를 읽을 때 [만드러]로 읽어야 한다. 이응 앞에 나오는 글자의 받침이 이응 자리로 넘어가 소리 낼 수 있도록 지도해 주어야 한다. 결국 이 단계에서는 **읽기 유창성을 기르는 것**이 목표다.

■ 글을 읽고 내용 파악하기

아이가 문장을 의미 단위로 읽는 것이 익숙해지면 글을 읽고 글의 내용을 이해했는지 확인하는 단계다. 부모들은 대개 아이들이 단순히 문장을 읽고 쓸 줄 안다고 해서 한글을 다 깨우쳤다고 생각한다. 하지만 우리가 초등 교육에서 의미하는 문해력은 '글의 내용을 파악하는 것' 까지가 최종 목표다. 따라서 이 단계에서는 보다 긴 글을 읽는 연습이 필요하다. 짧은 그림책을 곧잘 읽는다면 서서히 글로 되어 있는 책을 읽는 단계로 넘어가야 한다. 이때 아이와 함께 서점에 가서 아이가 읽고 싶은 책을 스스로 고르게 하여 글 읽기에 대한 동기를 부여해 주는 것도 좋다.

그리고 '주인공에게 어떤 일이 생겼니?' '그때 주인공이 어떤 생각을 했는지 글에서 그 문장을 찾아 볼까?'처럼 아이와 편안하게 대화하면서 글을 다시 읽어 보는 시간을 가져 보라. 아이가 글의 전체적인 흐름을 이해하는 데 도움이 될 뿐만 아니라 긴 글 속에서 정확한 문장을 찾아내는 것은 문제를 풀 때 질문에 대한 답을 찾아내는 연습이 된다.

초등학교에서 도달해야 하는 기초 수해력은 수 감각, 수 세기, 자릿값, 덧셈과 뺄셈, 곱셈의 5가지 영역이다. 기초 수해력은 수 감각부터 곱셈까지 단계적으로 발달하고, 초등학교 교육과정에서는 2학년까지 도달하도록 구성되어 있다. 3학년이 되면 학교에서는 학기 초에 3R's 검사읽기, 쓰기, 셈하기를 하는데, 이 검사를 통해 기초 수해력 도달 여부를 파악한다. 이때 아이가 자릿값의 개념이 부족하다고 해서 그 영역만 분리해서 지도하는 것은 좋지 않다. 각 영역은 서로 연결된 개념이므로 자릿값을 배우면서 수 감각이나 수 세기를 함께 연습해야 다음 단계를 배우는 데 큰 도움이 된다.

수 감각

전문가들은 수 감각을 학습되기보다 선척적인 것으로 본다. 생후 6개월 된 아기에게 사과가 세 개 그려진 그림을 계속 보여 주다가 사과의 개수를 네 개로 바꾸면 다시 관심을 보인다. 비록 몇 개인지 정확히 셀 수는 없지만, 물체의 개수를 눈으로 보고 변화를 인식할 수 있는 단계이다. 즉 수 감각은 아주 어릴 때부터 형성된다.

수 세기

수 세기는 '하나, 둘, 셋'과 같이 수를 세는 데 필요한 단어를 인식하고, 물체와 숫자를 매칭시킬 수 있는 단계다. 앞서 말한 것처럼 1~2학년 중 수해력 수준이 낮은 아이들은 수 세기 단계에서 어려움을 느끼는 경우가 꽤 있다. 어릴 적부터 연습하던 1부터 10까지만 세는 수준을 뛰어넘어 1

부터 100까지 세고 읽는 연습이 필요하다.

100까지 어려움 없이 읽는다면 반대로 100부터 거꾸로 세어 읽는 연습, 10씩 뛰어 세기, 2씩 뛰어 세기 등 조건을 다양하게 수를 세는 연습을 지도해야 수의 크고 작음을 비교하는 단계까지 이해할 수 있다. 특히 아이들은 34 다음은 35라는 것보다 39 다음은 40이라는 개념을 훨씬 어려워한다. 따라서 1씩 뛰어 셀 때 39-40-41과 같이 받아올림이 생기는 뛰어 읽기를 충분히 연습해야 한다. 이 활동은 자릿값과 덧셈, 뺄셈의 개념과도 연결되므로 수 세기 단계를 결코 가볍게 넘겨서는 안 된다.

자릿값

수 세기 단계가 충분히 학습되었다면 일의 자리, 십의 자리, 백의 자리를 배우는 단계다. 이 단계에서는 1이 10개가 모이면 10이 되고, 10이 10개가 모이면 100이 된다는 개념을 이해해야 하는 단계다. 자릿값을 공부할 때는 바둑돌과 같은 낱개 모형보다는 바둑돌이 10개 모이면 종이컵에 담는 것처럼 10개씩 '묶음'이 시각적으로 보여야 아이가 자릿값 개념을 이해하는 데 좀 더 쉽다. 따라서 공깃돌 같은 낱개 모형보다는 결합과 분리가 가능한 수 모형이나 에그 블록 같은 묶음 모델을 사용해 지도하는 것이 좋다. 또한 자릿값은 덧셈과 뺄셈을 하기 위한 핵심 개념이므로 반드시 덧셈과 뺄셈을 배우기 전후로 계속해서 연습해야 한다.

덧셈과 뺄셈

이 단계에서는 자릿값 개념을 반드시 알고 있어야 덧셈과 뺄셈의 원리를 이해할 수 있다. 자릿값 개념이 형성되지 않은 아이는 덧셈과 뺄셈의 알고리즘을 외워서 푸는 경우가 대다수이다. 평소 덧셈과 뺄셈의 세로셈은 잘 푸는데 조금이라도 응용된 문제는 잘 해결하지 못한다면 자릿값에 대한 이해 없이 알고리즘을 외운 것은 아닌지 확인해야 한다.

덧셈과 뺄셈은 받아올림과 받아내림이 없는 것부터 가르치고, 자릿값 개념이 형성되면 받아올림과 받아내림이 있는 덧셈과 뺄셈으로 확장하여 지도해야 한다. 이때 수학 문제, 특히 세로셈 문제로 바로 가르쳐서는 안 된다. 반드시 수 모형, 에그 블록, 연산을 도와줄 구체적인 조작물로 연산의 원리를 충분히 이해한 후에 연산 문제로 연결하여 풀도록 지도해야 한다. 덧셈과 뺄셈을 유창하게 계산하는 것은 그 이후에 연습해도 늦지 않다.

■ 곱셈

곱셈 단계에서 곱셈 구구를 외우기 전 반드시 선행되어야 할 것은 '묶음'과 '배'의 개념을 이해하는 것이다. 아이들은 '배' 개념보다 '묶음' 개념을 훨씬 쉽게 이해한다. 예를 들어 4개의 접시에 사과가 2개씩 있다면 사과가 '2개씩 4묶음' '2를 4번 더하는 것'이라고 표현할 수 있다. 그리고 배의 개념은 '나는 사과가 2개 있고 친구는 8개 있으므로 친구의 사과는 내 것의 4배다'라고 표현할 수 있다. 이것이 바로 곱셈의 기초다.

이 단계에서도 문제만 풀면 아이들은 수학에 대한 흥미가 뚝 떨어진다. 이런 아이들에게는 좋아하는 과자를 10개 두고 2개씩 묶어 보는 활동처럼 아이들이 흥미를 느끼며 손으로 직접 조작해 봐야 이해하기가 훨씬 쉽다. 나도 교실에서 2학년 아이들에게 묶음의 개념을 지도할 때 과자를 책상에 두고 직접 나누어 보고, 이것으로 곱셈으로 나타내 보는 활동을 하고 맛있게 먹었다. 이때 아이들의 반응이 굉장히 좋았고 수학 시간을 즐겁게 공부할 수 있었다.

곱셈의 개념을 이해하면 이제 곱셈 구구를 외우는 시간이 필요하다. 곱셈의 유창성을 기르는 목적도 결국 그다음 단계 수준을 공부할 때 시간을 절약하기 위해서다. 곱셈 구구를 외우는 방법은 어느 것이든 좋다. 소리 내어 자주 읽고 외우고, 노래를 부르는 등 반복 연습만이 답이다.

기초 학습 능력 향상의 효과

학교에서는 초등 1~2학년에 대해 학기마다 교육청에서 주관하는 기초 문해력과 수해력 검사를 실시하고 있다. 문해력 검사는 받침이 없는 낱자 읽기, 받침이 있는 낱자 읽기, 뜻이 없는 낱자 읽기(뇽, 솩), 낱말 읽기, 문장 읽기, 짧은 문장 받아쓰기로 이루어져 있다. 수해력 검사는 2학기가 되면 1학기에 배운 내용을 잘 이해하고 있는지에 대한 간단한 평가로 치른다. 평가는 20문제로 이루어져 있고, 수 감각, 연산, 도형, 규칙성과 같은 영역별 문제가 골고루 섞여 있다.

혹시 2학년 2학기가 되어도 아이의 기초 문해력과 수해력이 부족하다고 판단이 되면 담임교사와 상담을 통해 그 원인을 정확하게 파악할 필요가 있다. 단순히 읽고 쓰기가 느린 건지, 난독이 의심되는지, 아직 수 감각이 발달하지 않은 건지, 난산증(難算症, 계산 능력과 관련한 수학 학습 장애의 한 형태)은 아닌지 확인하는 것이다. 이러한 확인은 전문 기관을 통해 기초 학습 능력 검사를 실시해 보는 것이 좋으며, 난독증이나 난산증과 같은 문제가 있다면 학습 치료를 꼭 받아야 한다.

다행히 재현이는 4학년 1학기 동안 여러 선생님의 도움을 받아 열심히 노력했다. 그래서 매주 쑥쑥 성장하는 재현이의 모습을 발견할 수 있었다. 그러자 재현이에게 생긴 가장 큰 변화는 놀랍게도 공부가 아니라 학교에서의 생활 모습이었다. 재현이의 문해력이 차츰 향상되자 학습에 자신감이 생겼고, 수업 시간에 참여하는 태도 또한 달라졌다. 재현이랑 같은 모둠이 되면 활동 시간이 오래 걸린다며 내심 불만이었던 아이들도 재현이를 대하는 태도가 달라졌고, 재현이는 학교생활에 자신감이 붙게 되었다.

기초 학습 능력 향상의 궁극적인 목표는 학습의 유창성을 위한 것이 아니다. 국어와 수학에 대한 재미를 느끼고 학습에 대한 자신감이 있는 아이로 성장하기 위함이다. 새로운 내용을 배우는 것에 두려움을 느끼기보다는 도전하는 즐거움을 느끼고 문제 해결 능력을 길러 주어야 한다. 학습은 하나의 수단이 되어 궁극적으로 아이가 삶을 살면서 행복을 알고 누릴 수 있어야 한다. 아이가 글을 읽고 자신의 생각을 자유롭게 쓸 수 있다면 더 넓고 풍요로운 세상에서 행복하게 살아갈 수 있지 않을까?

매사에 의욕 없는 아이, 어떡하면 좋을까요?

사 례

매사에 의욕이 없고 무기력한 아이들

선미 이야기

선미는 쉬는 시간에도 책을 볼 정도로 독서를 좋아한다. 덕분에 선미는 또래보다 아는 것이 많았으며, 특히 비판적 사고력이 뛰어났다. 그런데 선미는 진로 수업 때 장래 희망이 없다고 했다. 그러면서 김 교사에게 왜 공부를 해야 하는지 모르겠다고 말했다. 김 교사는 무기력한 모습으로 하고 싶은 것도, 되고 싶은 것도 없다고 말하는 선미의 모습이 의아했다. 정말로 하고 싶은 게 없는 아이는 책조차도 읽지 않기 때문이다.

해성이 이야기

해성이는 늘 수동적이다. 누가 시키지 않는 이상 먼저 나서서 하는 법이 없다. 당연히 선생님이 먼저 시키지 않는 이상 수업 시간에 나서서 발표하는 일도 없다. 무엇보다 해성이는 공부를 비롯해 세상 모든 것에 관심이 없다. 그래서 학업 성취도 그냥저냥이고, 매사가 귀찮아서 모든 활동을 대충대충 한다.

신욱이 이야기

신욱이는 얼굴을 잘 보여 주지 않는다. 학교에 오면 고개를 푹 숙이고 엎드려서 친구들과 선생님과 항상 '밀당' 중이다. 수업 시간에도 시선은 늘 바닥을 향해 있다. 앞을 보라는 이야기를 하도 들어서 선생님을 쳐다보는 척은 하지만, 이내 고개가 다시 바닥으로 꽂힌다. 모둠 활동 때도 아무 말 없이 가만히, 문제를 풀어도 대충, 체육 시간에도 느리게 움직이는 신욱이다.

언제부턴가 이발도 하지 않았는지 머리카락은 덥수룩하게 자라 얼굴의 절반을 덮었다. 집에서 게임을 하거나 밤을 새우는 것도 아닌데…. 담임선생님은 신욱이 부모님에게 아이가 너무 무기력하고 의욕이 없어 보인다고 걱정스레 말했다.

생각해 볼까요?

지속적으로 대화를 시도하다

선미, 해성, 신욱의 공통점은 무엇일까? 바로 의욕이 없고 무기력하다는 것이다. 개인적으로 이런 아이가 가장 위급한 상황에 놓인 아이라고 생각한다. 의욕이 있어야 삶에 대한 의지가 생겨 사는 게 재밌기 때문이다. 또 만성적인 무기력은 우울증으로 번질 위험이 다분하며, 무엇보다 무기력은 전염의 효과가 너무나 커서 의도하지 않았다 해도 주변 사람들에게 악영향을 미치기 쉽다.

사실 어른과 달리 아이 특유의 발랄함과 생기 때문이라도 초등학생이 무기력하기 쉽지 않다. 그런데도 선미, 해성, 신욱이는 왜 이렇게 매사에 의욕이 없고 무기력한 것일까? 이에 대한 해답을 찾으려면 아이를 둘러싼 환경 전체를 다각도로 파악하려는 노력이 필요하다.

선미의 숨겨진 이야기

선미의 무기력한 모습 속에 숨겨진 비밀은 어머니와의 상담을 통해 알 수 있었다. 수학 점수로 인해 아빠와 심각한 갈등을 겪고 있었다. 엄마는 선미와 아빠 사이에서 이러지도 저러지도 못한 채 몇 년간 속앓이만 해온 것이다. 어쩐지 선미가 충분히 해결할 수 있는 문제인데도 유달리 수학 문제에 대해서는 포기부터 하는 게 이상하다 싶었다. 어머니에게 선미의 학습 결과물들을 보여 드리면서 또래보다 뛰어난 비판적 사고력에 대해 강조했다. 선미에게도 따로 불러서 수학 점수는 중요하지 않다고 말했다. 덧붙여 너는 충분히 뭐든 잘할 수 있는 아이라고 몇 번씩 말해 주었다. 그런데 어느 날 내게 느닷없이 패션 잡지를 보여 주면서 선미는 이렇게 말했다.

"선생님, 저는 사실 패션 디자이너가 꿈인데, 이 잡지 속에 있는 옷들은 왜 이런 거예요?"

꿈이 없다던 선미가 처음으로 내게 자신의 장래 희망을 넌지시 이야기해 준 것이다. 교사로서 참으로 기쁘고 뿌듯했던 순간이었다.

해성이가 무기력한 원인을 찾고자 가정에 상담을 요청했지만 돌아온 것은 묵묵부답이었다. 알고 보니 해성이는 이혼 가정으로 아버지 혼자 일하면서 해성이 누나와 해성이를 키우고 계셨고, 결국 오랫동안 무관심에 방치되어 있었다. 심지어 해성이는 단 한 번도 칭찬과 격려를 받아 보지 못한 듯 자신에게 어떤 재능이 있는지조차 전혀 몰랐고, 스스로 잘하는 게 하나도 없다고 생각하는 것 같았다. 그런 해성이가 참 애잔했다.

사실 객관적으로 봐도 해성이는 공부에 재능이 없었다. 그러나 공부에 재능이 없다고 다른 재능조차도 없는 건 아니다. 아직 발견하지 못한 것일 뿐, 아이 저마다의 재능 하나쯤은 분명히 있다. 역시나 자세히 관찰해 보니 해성이에게도 그만의 재능이 있었다. 또래보다 뛰어난 문학적 소질이었다. 해성이가 쓴 시와 글에는 감수성이 풍부했고, 이에 대해 매번 칭찬했다. 그랬더니 해성이는 시와 글을 쓰는 수업 시간만큼은 누구보다 열정적으로 참여했고, 심지어 자신의 작품을 친구들 앞에서 발표까지 했다. 해성이가 쓴 글 중에 내가 기념으로 아직도 가지고 있는 게 있다. 바로 아낌없이 주는 나무 라는 문학 작품을 소마에 대한 나무의 절절한 사랑이 느껴지도록 나무의 관점으로 바꿔 쓴 글인데, 지금 다시 읽어도 가슴이 뭉클해진다. 이처럼 해성이의 남다른 문학적 재능 덕분에 나와 반 아이들은 종종 값진 감수성을 느낄 수 있었다. 무엇보다 늘 수동적이고 무기력했던 해성이가 작가가 되고 싶다고 넌지시 말한 그 날은 교사로서 참 벅찬 순간이었다.

신욱이의 숨겨진 이야기

신욱이는 내가 처음으로 미용실에 직접 데려갔던 아이이다. 졸업 앨범 촬영 날에도 눈을 덮은 헤어스타일로 나타난 신욱이가 앨범 사진만큼은 얼굴을 훤하게 드러내길 바라는 마음에 억지로 미용실에 데리고 갔다. 거부하던 신욱이는 내가 여러 스타일을 보여 주며 자꾸 부추기자 못 이기는 척 머리카락을 잘랐다. 그리고 변한 자신의 모습에 꽤 만족해했다.

사실, 처음에는 신욱이가 답답해서 다그치기도 하고 할 일을 주며 끊임없이 몰아붙였다. 그래도 안 되길래 신욱이 부모님과 상담을 했지만, 크게 달라지는 건 없었다. 다만 부모님이 농사일로 바빠서 신욱이 혼자 집에 있는 시간이 많다는 걸 알게 되었다. 본래 수줍음이 많고 감정 표현이 무딘 신욱이는 어두운 방구석에 홀로 있으면서 더욱 말이 없어졌다. 그러다 보니 학교에 와서도 잘 적응하지 못하고 고개만 푹 숙이고 있었던 것이다.

이후 신욱이를 다그치며 몰아붙이기보다 계속 대화를 시도함으로써 조금씩 새로운 자극을 주는 전략을 썼다. 그래서 적당히 활기찬 활동을 시키기도 하고-몸을 너무 많이 움직이면 더 안 하려고 했다-, 수업 시간에 지속적으로 대화를 시도하면서 수업에 참여토록 했다. 방학 때는 매일 전화를 걸어 귀찮아하는 신욱이에게 말을 붙였다. 여전히 의욕 있게 열심히 하지는 않아도 처음보다 훨씬 더 생기 있게 변화되었다. 그 사이에 나도 신욱이를 통해 많이 배웠다. 바로 의욕이 없고 무기력하다면서 아이를 다그치거나 화를 내서는 안 된다는 것이다. 그래서 앞으로 신욱이 같은 아이들을 만나면 부담스럽지 않게 다가가면서도 순차적인 자극을 통해 의욕을 가질 수 있도록 강약 조절을 해야겠다는 생각이 들었다.

솔루션

다그치기보다 기다려 주라

아이들이 의욕이 없고 무기력한 원인은 다양하다. 본래 주변 자극에 둔감하거나 행동의 동기가 크지 않으면 쉽게 반응하지 않는 성향일 수도 있다. 또는 내향적인 성향과 주변 환경이 맞물려 의욕이 없을 수도 있다. 무기력함에 우울감까지 동반할 경우 상담과 치료가 필요하지만, 다행히 사례 속 세 아이들은 모두 그 정도까지는 아니었다.

당연히 의욕 없는 아이들은 어른들이 보기에 답답하고 속상하다. 나도 그랬다. 그래서 제발 좀 의욕을 내며 열심히 하라고 윽박지르고 다그치고 꾸중했다. 지금 생각하니 최악의 방법이었고, 첫 번째 단계를 잘못 밟아 아이들의 마음을 얻는 데 너무나 오래 걸렸다.

그렇다면 의욕이 없고 무기력한 아이들을 어떻게 지도해야 할까? 앞서 언급한 대로 아이를 둘러싼 환경 전체를 낱낱이 파악해서 그 원인을 찾아야 한다. 만약 원인이 분명할 경우 대체로 그 원인으로 인해 아이들이 좌절감과 무력감을 느끼고 무기력해진 것이다. 따라서 그 원인을 제거하면 아이는 자연스레 의욕을 되찾고 무기력에서 빠져나올 수 있다. 그런데 문제는 의욕이 없고 무기력한 원인이 다양하게 뒤섞여 있어 분명하지 않을 때다.

의욕이 없고 무기력한 원인이 분명할 때

사례 중 선미와 해성이가 이에 해당한다. 선미가 무기력한 이유는 공부만을 유일한 재능으로 여기는 부모님의 인식 때문이다. 이로 인해 선미는 자존감이 낮아지면서 무기력에 빠졌다. 그러므로 아이를 대신하여 어른이 배움의 범위를 한정하면 안 된다. 그 순간 아이는 배우겠다는 의지와 열정을 잃는다. 세상 모든 것들이 아이들에겐 배움의 대상이며, 배울 대상에 대한 선택권은 아이들의 몫이다. 어른은 단지 아이가 많은 것들을 배우고 경험해서 더 나은 선택을 할 수 있도록 배울 대상을 폭넓게 제시하는 안내자 역할을 하면 된다.

해성이가 무기력한 이유는 스스로에 대해 잘 몰랐기 때문이다. 생각보다 자신이 무얼 좋아하고 무얼 잘하는지 잘 모르는 아이들이 많다. 이럴 때 아이의 옆을 지키면서 관심의 눈길로 이것저것 조언해 주는 어른이 있다면 아이는 성장 과정에서 자신을 알아가고 삶에 대한 열정을 가지게 된다. 그러나 관심이란 자극을 줄 존재가 없다면 아이는 무기력에서 빠져나올 생각조차 못한다. 그러므로 아이에 대한 어른의 관심은 꼭 필요하다. 단, 아이가 원하는 관심, 아이의 의사를 존중하는 관심이어야 한다.

이외에도 초등학생이 순식간에 의욕을 잃고 무기력에 빠지는 대표적인 원인으로 친구 관계가 있다. 친구 관계가 좋지 않으면 아이는 세상만사에 무관심해지고 오로지 친구 관계에만 매몰된다. 이때 친구 관계 따윈 하나도 중요하지 않다고 매정하게 조언하면 아이는 좌절을 경험하면서 무기력에 빠진다. 상황을 바꿀 수 있는 유일한 방법은 친구 관계에 대한 아이의 고민을 함께 나누며 어떻게든 도와주려고 노력하는 어른의 태도밖에 없다.

의욕이 없고 무기력한 원인이 복합적이어서 분명하지 않을 때

신욱이가 이에 속한다. 이 경우 내성적이고 둔감한 성향, 농사일로 바쁜 부모님으로 인해 집에 홀로 방치된 가정 환경, 자아 성찰과 동기의 부재 등 여러 가지 원인이 뒤엉켜 있기 때문에 어디서부터 어떻게 손써야 아이의 무기력을 없앨 수 있을지 가늠이 잘 안 된다. 이럴 때는 아이를 꺼져가는 불씨 다루듯 조심스럽고 귀하게 대해야 한다. 너무 세게 바람을 불거나 나무를 너무 많이 넣으면 불씨는 죽어 버린다. 약간의 산소를 얻을 만큼의 바람과 불씨가 옮겨 갈 수 있을 만큼의 작은 나뭇개비를 넣어야 비로소 불씨는 조금씩 타오르기 시작한다.

아이도 마찬가지다. 하루에 소소하게 즐거운 일 하나, 가볍게 재밌는 활동 하나를 아이의 삶에 불어넣어 준다면 어느 순간에 훨씬 더 적극적이고 밝아진 아이의 모습을 발견할 수 있을 것이다. 그러다 보면 우연찮게 삶의 열정을 불태울 수 있는 그 무언가를 찾을 수 있을지도 모른다. 물론 그 과정에는 많은 인내와 기다림이 따른다. 하지만 그게 어른의 역할이 아닐까?

사실 아이들의 무기력은 어른의 무관심에서 시작된다. 공부를 강요하거나 친구 관계 따윈 중요치 않다는 말 등으로 아이의 의중을 무시하는 것도 넓은 의미에서 보면 아이에 대한 무관심이다. 무기력은 무관심을 먹고 자라나며 강한 전염성을 가지고 주위로 점차 퍼져나간다. 그러나 무기력보다 더 강한 전파력을 가진 것이 바로 열정이다. 무기력에 잠식된 공간을 유일하게 치료할 수 있는 것도 열정이다. 이때 열정을 가진 사람이 많지 않아도 되며, 열정의 정도가 강하지 않아도 된다. 열정이 있는 단 한 사람이면 충분하다. 단, 어느 순간에도 열정을 놓지 않으려는 뚝심이 있어야 한다.

실제로 시골의 작은 학교에서 근무했을 때 한 학급의 모든 아이가 무기력에서 허우적대는 것을 목격했다. 솔직히 그 무기력에 내가 잠식될까 봐 두려운 마음에 그 학급만큼은 맡고 싶지 않았다. 그런데 시간이 지날수록 그렇게 무기력했던 아이들에게 점차 생기가 돌면서 저마다 눈을 반짝이며 어깨를 쫙 펴고 다니는 게 아닌가? 아이들이 이렇게까지 변할 수 있었던 건 아이들의 무기력에 잠식되지 않고 꿋꿋이 자신의 열정으로 무기력을 물리친 그 반 담임선생님의 역할이 컸다. 이런 선생님들이 있기에 교권이 무너져 가는 현실 속에서 아직도 스승에 대한 존경심이 살아남을 수 있는 것 같다.

Tip_ 의욕이 없고 무기력한 아이를 지도하는 법

- 아이를 둘러싼 환경 전체를 다각도로 파악하여 의욕이 없고 무기력한 원인을 찾기
  - 원인이 분명할 경우: 원인을 찾아 제거하기
  - 원인이 복합적이어서 분명하지 않을 경우: 소소하게 신나는 일을 하루 하나씩 경험하게 해 주기

- 무기력한 아이를 대할 때 주의할 점
  - 열정을 놓지 않으려는 뚝심으로 아이를 다그치지 않고 기다려 주기

아이에게 맞는 독서 교육은 어떻게 하나요?

사 례

독서를 싫어하게 된 아이, 독서를 좋아하게 된 아이

기원이 이야기

기원이는 책 읽기를 사랑한다. 책을 읽으면 마치 다른 세상을 자유롭게 여행하는 것 같다. 가끔은 이야기 속 세계에 흠뻑 빠져 며칠간 헤어 나오질 못한다. 엄마는 그런 기원이를 위해 독서·논술 학원에 보냈다. 아이의 책 사랑을 학습과 연결해 주기 위해서였다. 논술 학원에서는 책을 읽고 책과 관련된 여러 질문에 대한 자기 생각을 글로 쓰는 수업을 했다.

'월, 수, 금 수업, 그리고 주말에는 숙제 1편씩'

하지만 기원이는 글쓰기가 부담스러웠다. 정해진 질문에 생각을 억지로 끄집어내야 하는 게 어려웠다. 그래서 나중에는 거짓말로 글을 썼다. 기원이는 논술 학원이 싫었다. 엄마를 졸라 결국 학원을 그만두었다. 그리고 책도 점점 읽지 않았다.

지우 이야기

지우는 학교에서 아침 활동으로 매일 글쓰기를 했다. 시작은 3줄, 5줄이었으나 이제는 15줄을 쓴다. 처음에는 어려웠지만 꾸준히 하다 보니 점점 생각이 정리되어 글쓰기가 재밌어졌다. 그러면서 더 잘 쓰고 싶다는 욕심에 책을 읽기 시작했다. 특히 글쓰기 주제와 관련된 책에 관심이 생겨서 쉬는 시간에 학교 도서관에서 책을 빌려 친구와 함께 읽었다. 이를 시작으로 원래 책을 좋아하지 않았던 지우는 점차 다양한 책을 읽기 시작했고, 머릿속에 점점 아는 게 많아지는 스스로가 자랑스러웠다.

생각해 볼까요?

독서교육을 위해 학원에 보내야 할까요?

독서의 중요성은 강조하지 않아도 누구나 다 아는 사실이다. 그래서 학부모들에게 종종 독서·논술 학원을 보내는 게 좋을지 상담 요청을 받는다. 사실 확답을 주기가 어렵다. 학원에서 알아서 아이들에게 책을 읽히고, 쓰기도 시키고, 토의·토론도 시키니 부모로서 잔소리를 덜 해도 된다는 점에서 보면 독서·논술 학원이 끌리는 건 당연하지 않을까?

다만 아이의 독서 성향을 꼭 확인해 보라고 조언한다. 아이의 독서 성향에 맞지 않는 교육법은 아이에게서 독서에 대한 흥미를 빼앗는 결과를 초래하기 때문이다. 아이의 독서 성향은 독서를 대하는 아이의 자세에 따라 두 가지 경우로 나눌 수 있다.

첫째, 기원이처럼 독서 자체가 독서의 목적인 아이다. 이 아이들에게 독서의 의미는 유희이자 예술에 가깝다. 그래서 아직 사고력과 작문이 다 듬어지지 않았어도 향후 발전 가능성이 무궁무진하다. 초등학교 고학년만 되어도 또래보다 훨씬 깊은 사고력을 바탕으로 자신만의 독창적인 글쓰기가 가능해진다. 6학년 담임을 맡았을 때 한 아이는 그 주에 자신이 읽은 책에 관한 비평으로 일기를 채웠다. 개성 넘치는 비평이 어찌나 재밌던지 그 아이의 일기를 보는 시간이 기다려지곤 했다. 이런 아이들에게 독서라는 즐거움이 공부가 되어 버리면 독서가 싫어질 수 있으므로 독서·논술 학원에 보내지 않는 것이 나을 수 있다.

둘째, 지우처럼 독서를 수단으로 활용하는 아이다. 이런 아이에게 독서는 단순히 유희와 예술이기보다 지식을 쌓고 기능을 배우며 사고력을 기르는 과정에서 성취감을 느끼는 학습 수단이다. 그래서 처음에는 독서에 별 관심이 없다가 독서 전·중·후 활동을 통해 점차 성장하는 자신을 발견하면서 독서를 좋아하게 된다. 그렇다면 독서·논술 학원을 보내는 것도 괜찮은 방법이 될 수 있다. 가장 중요한 점은 독서·논술 학원에 보내기 전에 아이의 의사와 학원의 수업 진행 방향을 먼저 확인하는 것이다. 학원에 대한 아이의 생각과 더불어 독서에 대한 교사의 가치관도 매우 중요하기 때문이다.

솔루션

평생 독자로 길러내는 독서교육법

그러나 모든 가정에서 아이를 독서·논술 학원에 보낼 수 없다. 이럴 경우, 가정과 학교에서 주도적으로 독서 교육을 실천해야 한다. 이때 아이를 위해 했던 독서 교육이 아이로부터 독서의 즐거움을 빼앗는 일이 되지 않으려면 독서 교육의 진짜 목적을 이해하고 독서를 대하는 아이의 자세를 존중해야 한다. 부모나 선생님 등 타인의 강요로 마지못해 겨우 하는 독서는 성장 과정에서 어느 순간에 끊기게 된다. 오로지 자신의 의지로 하는 독서만이 아이를 평생 독자로 키워낼 수 있다. 그리고 이 평생 독자가 독서 교육의 진짜 목적이라 할 수 있다.

아이를 평생 독자로 키우는 방법은 독서에 대한 순수하고도 자발적인 흥미에서 시작된다. 그래서 독서를 하는 그 자체가 독서의 목적이 된다. 사례 속 기원이처럼 독서 자체를 즐기는 아이가 독서를 통해 세상을 알아가는 재미를 느끼고, 재미가 욕심을 건드리면서 아이는 점차 독서를 통해 스스로 지식을 쌓고 기능을 배우고 사고력까지 발달해 나간다. 목적으로 출발한 독서가 수단으로 활용이 되는 것이다. 반대로 사례 속 지우처럼 학습 성장을 위해 독서를 수단으로 접근했다가 독서의 매력에 흠뻑 빠지기도 한다. 이는 수단으로 시작한 독서가 목적으로 전환된 것이다. 이처럼 독서에 대한 자발적인 의지가 상황에 따라 독서를 목적이자 수단으로 적절히 활용할 줄 아는 평생 독자를 길러낼 수 있다.

그렇다면 상황에 따라 독서를 목적에서 수단으로, 다시 수단에서 목적으로 자유롭게 넘나드는 방법은 무엇일까? 바로 독서에 대한 흥미를 잃지 않도록 아이가 원하는 교육법을 제공하는 것이다.

사례 속 기원이처럼 독서 자체가 목적인 아이들은 독서하는 그 자체로도 너무나 즐겁고 행복하다. 그래서 독서 자체를 유희로 느끼거나 예술로 즐긴다. 이들에게 억지로 독서를 학습의 수단으로 활용하도록 강요해선 안 되며, 독서 전·중·후 활동은 오로지 아이에게 맡기는 게 좋다. 단지 독서 후 표현을 다양하게 발산하는 방법을 알려줌으로써 독서의 목적이 자연스럽게 학습 수단으로 넘어갈 수 있도록 해야 한다. 어른은 다양한 표현 방법과 한 단계 발전할 수 있도록 피드백을 제시하는 안내자일 뿐, 표현 과정에서 이루어지는 모든 것에 대한 선택권은 아이가 가져야 한다.

예시

상황 : 『가방 들어 주는 아이』 책을 읽고 독후감 쓰는 활동을 한다.

어른의 역할: 시, 그림, 노래, 느낀 점 쓰기, 연극 대본 만들기, 뒷이야기 꾸미기 등 독후감을 쓰는 방법을 다양하게 제시한다. 만약 아이가 어려워한다면 구체적인 사례를 더 제시한다. 아이의 표현을 지켜보며 더 발전할 수 있는 방향이나 방법을 구체적인 피드백으로 제시한다.

아이: 어른이 제시한 방법 중에서 하나를 골라 독후감을 쓴다. 어른이 제시한 방법이 마음에 들지 않으면 자신만의 방법을 활용하면 된다.

이와 반대로 지우처럼 독서를 학습 수단으로 활용하는 아이들은 독서를 통해 자신이 한층 더 성장했다는 사실을 가시적으로 느껴야 독서에 대한 흥미를 잃지 않는다. 따라서 독서를 통해 얻고 싶은 것을 구체적인 목표로 설정하게 하고, 이에 도달할 수 있는 다양한 방법을 제시하는 교육법이 효과적이다. 이때 일정한 틀이 있어 학습을 구조화하는 방법이 제격이다. 그런데 독서가 수단만 된다면 전인적 발달을 도모할 수 없다. 독서가 가지고 있는 가장 큰 장점이 바로 간접 체험을 통해 감수성과 상상력 등을 풍부하게 느끼고 인간과 사회를 이해하는 성숙한 어른으로 성장하도록 돕는 데 있기 때문이다. 따라서 독서를 통해 지식, 지능, 사고력 등을 발달시키고 성취감을 얻는 것만이 독서의 재미가 아니라 독서를 통해 다양한 감정, 상상력, 창의성 발휘, 인간 이해 등을 느끼는 자체만으로도 독서하는 재미가 있음을 깨닫게 해 주어야 한다.

가끔 '독서'하는 행위만 보고 아이가 독서를 좋아한다고 착각하는 경우가 있다. 한 권의 책만 반복해서 읽고 다른 책은 일절 보지 않는 아이, 학습만화만 읽고 글줄이 많은 책은 안 보는 아이, '독서해라'고 말할 때만 책을 읽는 아이, 부모나 교사가 지정해 주는 책만 읽는 아이 등은 사실상 독서에 흥미가 없는 아이들이다. 이 경우 독서에서 재미를 찾는 게 우선이다. 아이마다 독서를 통해 재미를 느끼는 부분이 다르므로 독서를 유희나 예술로서, 또는 학습의 성장 수단으로 다양하게 접할 수 있도록 해야 한다.

독서는 단순히 목적으로만 끝나서도, 수단으로 전락해서도 안 된다. 때에 따라 독서에서 유희와 예술을 느끼거나 성장의 발판으로 활용할 수 있어야 한다. 그래야 아이들에게 독서가 평생 친구가 될 수 있다.

TIP_우리 아이 맞춤형 독서 교육

- 독서 교육의 목적: 상황에 따라 독서를 목적과 수단으로 적절히 활용할 줄 아는 평생 독자로 키우기
  - 독서가 목적인 아이: 독서를 유희나 예술로 여기고 그 자체를 즐기는 경우
  - 독서가 수단인 아이: 학습 성장을 위해 독서를 하는 경우
- 평생 독자로 키우는 법: 독서에 대한 흥미를 잃지 않도록 아이가 원하는 교육법 제공하기
  - 독서 자체가 독서의 목적인 아이: 다양한 독후 표현법을 제공하고, 활동에 대한 선택은 아이에게 맡기기
  - 독서를 학습 수단으로 활용하는 아이: 일정한 틀로 학습을 구조화하는 방법 알려 주기

우리 아이를 위한 맞춤형 사고력 교육, 어떻게 하나요?

사 례

독서와 질문이 중요하다?

5학년 담임인 김 교사의 올해 학부모 상담 주제는 학습이었다. 아이가 고학년이 될수록 공부에 대한 부모님의 걱정과 불안은 커지는 법이니까. 그래서 김 교사는 학부모들에게 아이의 학습에 대한 자세한 피드백과 맞춤식 교육법을 설명해 주었다. 더불어 모든 학부모에게 공통으로 독서와 질문하기에 대해 강조했다. 대부분 김 교사의 말에 공감하긴 했지만, 겉치레였다.

학부모 입장에서 그럴 만도 했다. 원래 책과 안 친한 아이들에게 공부를 시킨답시고 억지로 읽힐 수도 없는 노릇이었다. 거기다 독서하는 아이에게 질문까지 하라니…. 무엇을 어떻게 질문해야 할지 막막했다. 무엇보다 당장 책을 많이 읽는다고 시험 점수가 눈에 띄게 오르는 것도 아니기에 김 교사의 말은 뻔하기만 할 뿐, 학부모들이 원하는 대답은 아니었다.

심지어 공부는 안 하고 책만 읽어서 걱정이라는 학부모도 있었다. 또 "아이가 다독을 하면 뭐하나? 문제만 풀면 죄다 틀린다. 왜 그렇게 생각하는 걸 귀찮아하고 싫어하는지 모르겠다"면서 독서가 별 도움이 안 된다고 말하는 학부모도 있었다. 김 교사는 이런 말을 들을 때마다 멋쩍게 웃었지만, 독서와 질문이 중요하다는 생각에는 변함이 없었다. 김 교사가 이렇게 생각하는 데에는 이유가 있었다.

김 교사는 아이들을 가르치며 '어떤 아이가 공부를 잘할까?'라는 궁금증이 생겼다. 교실에서 아이들을 유심히 관찰해 보니 기초 학습 능력, 학습 의욕, 자기 주도적 학습 습관, 다독 습관 등 공부를 잘할 만한 요소들을 두루 갖췄다고 해서 무조건 공부를 잘하는 건 아니었다. 물론 공부를 꼭 잘할 필요는 없다. 그래도 아이들이 열심히 노력하는 만큼 보상받기를 바라는 마음에 공부를 잘할 수 있는 요건들을 알아내어 아이들을 도와주고 싶었다. 그래서 반에서 공부깨나 한다는 아이들을 유심히 관찰했지만 별다른 점은 없었다. 관찰 범위를 넓혀 반 아이 전체를 관찰했다. 그러자 김 교사는 애초에 자신의 질문이 잘못되었음을 깨달았다. 제대로 된 질문은 바로 이거였다.

'어떤 아이가 뭘 해도 잘할까?'

생각해 볼까요?

독서+질문 교육으로 사고력을 기르자

그건 바로 생각하는 힘을 가진 아이다. 그렇다면 생각하는 힘, 사고력은 어떻게 길러질까? 가장 보편적이고 손쉬운 방법이 바로 독서다. 그런데 독서만으로, 또는 독서를 통해 얻은 지식만으로는 사고력이 저절로 발달하지는 않는다. 그래서 사례에서처럼 독서를 많이 하는 데도 아이의 학습 능력이 늘지 않고 왜 제자리걸음인지에 대한 학부모들의 고민과 걱정이 끊이질 않고 상담 때마다 단골손님처럼 등장하는 것이다.

핵심은 아이가 독서를 하는 동안 스스로 질문하는 습관을 통해 뇌를 자극함으로써 메타 인지, 비판적 사고력, 창의성, 논리력 등과 같은 다양한 사고력을 깊이 있게 골고루 발달시키고 확장하는 데 있다. 즉 독서와 질문을 통해 사고력을 종합적으로 발달시켜야 아이가 공부뿐만 아니라 무엇을 해도 잘할 수 있는 것이다.

그래서 요즘은 '독서하며 질문하기'를 굉장히 강조한다. 처음엔 독서와 질문을 따로 강조하더니, 이제는 독서와 질문을 결합한 교육이 대세다. 이를 증명하듯 국어 교과서 곳곳에 글을 읽고 직접 질문을 만들어서 친구와 주고받는 활동을 싣는다. 아예 수업 시간에 책을 읽고 질문하라는 의미로 국어 교과서에 독서 단원이 따로 신설되었다.

이렇듯 최근에서야 독서와 질문을 결합한 교육을 강조하는 까닭은 무엇일까? 바로 아이들의 사고력 발달에 실패한 우리 교육의 현주소 때문이다. 우리는 지금까지 아이들에게 독서 자체만을 유독 강조했지만, 아이가 질문하는 건 상대적으로 반기지 않았다. 그 결과, 스스로 생각하는 인간을 육성하는 데 실패했고 이를 바로잡기 위한 목적으로 독서와 질문을 결합하는 교육을 강조하고 있다.

솔루션

사고력을 기르기 위한 독서+질문 교육, 어떻게 적용할까?

그렇다면 학교와 가정에서는 아이의 사고력을 기르기 위해 독서와 질문을 결합한 교육을 어떻게 실천할 수 있을까? 교실에서 직접 아이들에게 적용했던 독서와 질문을 결합한 교육법을 학년군별, 그리고 아이의 특성에 따라 분류해 보았다.

학년군별 접근법

아이들은 학년에 따라 사고 발달 수준이 다르다. 발달 단계에 맞춘 '독서+질문 교육'을 적용해야 사고력이 효과적으로 증진될 수 있다. 아이의 흥미나 사고 발달 수준에 맞는 교육법은 워낙 다양하고 이를 자세하게 소개한 책들도 많다. 여기에서는 학년군별에 따른 독서+질문 교육 접근법만 간단히 소개하겠다.

1~2학년군

저학년은 이제 막 한글을 깨우치는 시기다. 또 말하는 것을 워낙 좋아한다. 따라서 쉬운 그림책을 함께 읽으며 글보다는 대화로 아이와 함께 질문을 주고받는 게 좋다. 이때 질문의 수준은 정답이 분명한 닫힌 질문이나 아이가 직관적으로 쉽게 말할 수 있는 질문이 적당하다. 따라서 이 시기의 아동들을 위한 교육 목표는 그림책을 많이 읽고 질문에 대한 정답을 많이 맞히고, 반대로 질문을 많이 해 봄으로써 자신감을 향상하는 데 있다.

3~4학년군

중학년은 호기심이 폭발해 배움에 대한 의지와 열정이 가장 넘치는 시기이다. 따라서 책을 읽은 후 스스로 질문을 만들고 주변 사람들과 서로 묻고 답하는 활동만으로도 아이의 사고력 촉진에 도움이 된다. 이때 아이에게 다음과 같이 질문의 종류를 알려 준다면 아이의 메타 인지를 자극하여 더욱 효과적으로 사고력을 발달시킬 수 있을 것이다. 아이에게 질문의 종류를 알려 줄 때에는 어른이 질문의 종류별로 자세한 예를 들면서 시범을 보여 줘야 아이가 이해하기 쉽다.

질문의 종류

- 닫힌 질문
  - 사실을 묻기에 정답이 있다.
  - 예) 백설 공주를 도와준 난쟁이는 총 몇 명일까?
- 열린 질문
  - 생각을 묻기에 정답이 없지만, 질문의 종류는 여러 가지다.
  - 결론은 정해져 있고 과정(원인)이 열린 질문: 난쟁이들은 백설 공주를 왜 도와주었을까?
  - 결론은 열려 있고 과정(조건)이 정해진 질문: 사실 난쟁이들은 백설 공주를 사랑했다. 백설 공주가 백마 탄 왕자님과의 결혼한 사실을 알게 된 난쟁이들은 어떻게 되었을까?
  - 결론과 과정 모두 열린 질문: 백설 공주가 난쟁이가 아닌 다른 사람을 만났다면 어떻게 되었을까?
- 나에게 적용하는 질문
  - 정답은 없지만 나라면 이떻게 했을지 상상해 보기
  - 내가 백설 공주라면 사과를 먹었을까?

중학년은 사실을 묻는 '닫힌 질문'이 쉽고 익숙하므로 아이의 질문이 이에 한정될 수 있다. 이때 아이에게 '열린 질문'이나 '나에게 적용하는 질문'을 하도록 억지로 강요해서는 안 된다. 대신 아이가 다양한 질문에 도전할 수 있도록 격려하면서 서서히 질문의 수준을 높여야 한다.

처음에는 어른이 먼저 아이에게 '열린 질문'이나 '나에게 적용하는 질문'을 한 후 아이가 대답하고, 그 대답에 대해 다시 어른이 질문하는 꼬리 물기 형식의 대화법을 활용한다. 그 후 질문의 종류에 익숙해지면 반대로 아이가 질문하도록 한다. 이때 아이의 답변이나 질문을 지적하기보다 가능한 한 많이 허용해 주자. 그래야 아이가 질문을 두려워하지 않는다. 정리하면 아래와 같은 단계별 접근이 아이의 사고력 발달에 효과적이다.

질문의 종류 알기 ➡ 종류별 질문에 답하기 ➡ 종류별로 질문 직접 만들기 ➡ 질문 만들어 묻고 답하는 활동하기

이 시기 아동의 사고 발달 수준은 구체적 조작기具體的 操作期, 양, 무게, 부피 따위의 보존 개념을 이해하게 되고 구체적 사물에 대한 논리적 조작이 가능한 시기에 해당한다. 깊은 사고를 요구하는 질문은 발달 단계상 맞지 않으며, 질문에 대한 아이의 흥미를 떨어뜨리기 쉽다. 반대로 직관적으로 알기 쉬운 질문도 아이의 사고력 촉진에 별 도움이 되지 않으며, 역시나 질문에 대한 흥미를 잃기 쉽다. 따라서 질문의 수준이 너무 어렵거나 반대로 너무 쉽지 않도록 주의해야 한다.

또 이 시기의 아이들은 구체적인 낱말보다 지시어를 많이 사용한다. 머릿속에 들어오는 지식의 양은 점차 많아지는데, 이를 말로 표현하는 능력이 서투르기 때문이다. 따라서 어른이 아이의 문답 속 지시어를 구체적인 낱말로 바꿔 되물어 주면 아이의 어휘력 발달에 많은 도움이 될 것이다.

■ 5~6학년군

고학년은 사고 발달 수준이 구체적 조작기에서 형식적 조작기로 접어드는 시기이다. 따라서 독서를 활용해 토의나 토론하는 학습 활동이 사고력 발달에 효과적이다. 그런데 문제는 이 시기의 아이들은 다른 사람들 앞에서 질문하는 자기 스스로를 의식하기 때문에 발표력이 현저하게 줄어든다. 또 전체를 대상으로 질문을 만들어 묻고 답하면 아이가 질문을 통해 사고하는 기회가 훨씬 줄어든다. 따라서 2~4명 정도의 소모임 형태가 전체를 대상으로 활동하는 것보다 사고력 발달에 훨씬 더 효과적이다.

독서를 싫어하는 아이가 학습만화를 읽는 것만으로도 그게 어디냐며 긍정적으로 생각하는 학부모들이 있다. 그러나 학습만화가 갖는 교육적 효과는 어디까지나 어려운 지식을 쉽게 접근하는 데 있으며, 아이의 사고력 발달에는 그다지 큰 도움이 되지 않는다. 그렇다고 아이에게 글줄이 많은 책만 읽도록 강요하는 건 아이가 책을 더욱 싫어하게 되는 역효과만 가져올 수 있다. 따라서 글줄이 많고 호흡이 긴 책 읽기를 싫어하는 아이에게는 슬로리딩slow reading, 천천히 깊게 음미하듯 독서하기 독서법을 적용하는 게 좋다.

먼저 아이의 수준에 맞는 책을 어른이 제시하고 아이와 함께 읽어 보자. 그리고 책을 조금씩 천천히 함께 읽으며 서로 질문을 주고받다 보면 어느새 책 속에 흠뻑 빠져 있는 아이의 모습을 발견할 수 있을 것이다. 이때 100~150쪽 이내로 두껍지 않은 책, 등장인물의 성격이 입체적이고 사건 구성이나 이야기 짜임새가 치밀한 책, 아이의 삶과 연관되어 고민이나 갈등 상황이 명확하게 드러나는 책 등으로 선정해야 아이가 흥미를 잃지 않고 책에 몰입하기가 수월하다. 책 선정이 어려울 때는 초등학교 국어 교과서에 수록된 작품들을 추천한다.

학년군별과 같은 발달 단계와는 별도로 아이들은 성향에 따라 선호하는 질문의 유형이 다르다. 이는 사고 발달에도 어느 정도 영향을 미친다. 그러므로 아이의 특성과 사고 발달 정도를 사전에 파악하고 적절한 교육 방법을 활용해야 한다.

■ 답변이나 질문 자체를 못하는 아이

이는 아이에게 사전 지식이 부족하기 때문이다. 따라서 다독을 통해 지식의 범위와 폭을 늘려야 한다. 이때 아이가 독서에 흥미를 붙일 수 있도록 책 선정의 몫은 오로지 아이에게 맡겨 보자. 관심이 있어야 알고자 하는 의지가 생기기 때문이다. 이 의지를 통해 아는 게 많아질수록 아이는 점차 다양한 주제의 책에 관심 가지게 될 것이다. 또 독서를 할 때마다 질문을 통해 아이 스스로 배운 내용을 정리하고 확인한다면 메타 인지가 자극되어 점차 머릿속에 다양한 지식이 차곡차곡 쌓여갈 것이다.

■ 닫힌 질문을 선호하는 아이

우선 닫힌 질문을 선호하는 이유가 미숙한 사고력 때문인지, 아니면 아이의 특성 때문인지 구분해야 한다.

첫째, 대체로 융통성과 유연성이 부족하여 사고가 막혀 있는 아이인 경우다. 이 경우에는 자신이 틀리거나 실수하는 것을 아주 싫어하고 두려워하기 때문에 정답만을 맞히려고 한다. 이로 인해 사고력이 좁고 얕다. 그래서 아이의 말과 글을 자세히 살펴보면 틀에 박힌 생각과 표현이 주를 이루고 자신의 감정이나 생각보다는 사실만을 나열하는 경우가 많다.

사고의 확장과 창의성은 솔직한 표현에서 시작된다. 따라서 아이가 자신의 감정과 생각을 솔직하게 표현할 수 있도록 지도해 주어야 한다. 부끄러워하거나 수줍어해도 그 특성 자체를 인정하고 격려해 주자. 표현에 대한 불안한 마음이 안정되어야 아이는 점차 용기를 가지고 자신의 의견을 표현하는 데 적극적으로 도전할 수 있다. 독서와 질문도 익숙한 것에서 점차 새롭고 낯선 것으로, 표현 방법도 모방에서 적용으로 점차 넓혀 가면서 아이의 사고를 돕는 게 좋다.

둘째, 사고력과 별개로 정답이 확실한 문제 해결을 선호하는 아이인 경우다. 이런 아이는 문제 해결 과정에서 질서와 규칙을 발견하고 정답을 향해 차근차근 사고하는 과정을 즐긴다. 그래서 유달리 닫힌 질문을 선호한다.

그러나 다양한 경험을 두루 접해야 사고력이 종합적으로 발달할 수 있다. 그러므로 아이가 닫힌 질문만 선호하기보다 열린 질문에도 도전 정신을 가질 수 있도록 지도해야 한다. 이를 위해서 먼저 결론은 정해져 있지만, 과정이 다양한 열린 질문으로 시작해 보자. 이때 아이의 특성을 고려하여 아이가 선호하는 규칙이나 법칙 같은 일정 조건을 제시하면 열린 질문에 대한 낯설음을 극복하면서 사고력을 자극하는 데 훨씬 효과적이다.

결론은 정해져 있지만 과정이 다양한 열린 질문

문제 상황: 세종대왕의 책을 읽고 당시 가뭄과 기근, 역병에 허덕이는 백성들의 힘든 삶을 알게 되었다.

- 질문: 만약 내가 세종대왕이라면 백성들을 위해 세금을 어떻게 걷을 것인가?
- 조건: 신분에 따라 세금을 걷는 방법, 지역에 따라 세금을 걷는 방법 등

그런 다음에 아이가 결론과 과정이 모두 열린 질문으로 도전하도록 이끌어 보자. 이 경우에는 과정이 다양할 수도 있고, 과정과 결론이 모두 다양할 수 있다. 그러나 정답이 확실한 문제 해결을 선호하는 아이의 특성으로 인해 완전히 열린 질문을 버거워할 수도 있다. 이럴 때는 아이가 스스로 규칙이나 법칙과 같은 일정 조건을 만들어 보라고 조언하면 된다.

결론과 과정이 다양한 열린 질문

문제 상황: 세종대왕의 책을 읽고 당시 가뭄과 기근, 역병에 허덕이는 백성들의 힘든 삶을 알게 되었다.

- 질문: 만약 내가 세종대왕이라면 백성들을 위해 무엇을 할 수 있을까?
- 조언: 문제 해결을 위해 필요한 조건들은 무엇이 있을까?

열린 질문을 선호하는 아이

이에 해당하는 아이는 대체로 사고가 유연하고 질문에 대한 두려움이 없다. 이런 특성 때문에 열린 질문을 선호하는 아이가 창의적이라고 생각하기 쉽지만 모두 그렇지는 않다. 창의성이란 모종의 유의미한 결과를 창출해 낼 수 있는 아이디어를 생산하는 능력이다. 그러므로 답변이 다양하다는 이유만으로 아이가 창의적이라 생각해선 안 된다.

질문과 대답이 서로 연관이 있는지, 대답의 근거가 논리적인지, 대답이 향후 유의미한 결과물을 도출해 낼 수 있는지 등을 분석하면 열린 질문을 선호하는 이유가 창의성과 관련 있는지 파악할 수 있다. 이를 바탕으로 아이가 창의성과 사고력을 더욱 발달시킬 수 있도록 지도해야 한다. 분석 결과는 대체로 다음과 같은 두 가지 양상으로 나타난다.

첫째, 열린 질문의 요지를 파악하지 못하는 경우다. 질문을 정확하게 이해하지 못한 채로 무턱대고 도전하여 아무 말이나 대답하는 것이다. 그래서 대답이 질문의 주제를 벗어나서 서로 관련이 없거나 대답의 근거가 논리적이지 않거나 대답이 향후 유의미한 결과를 도출할 수 없게 된다. 이럴 경우, 아이가 대답하기에 앞서 열린 질문의 요지를 낱낱이 분석하는 과정이 필요하다. 이조차도 어려워하면 닫힌 질문에 대답하는 연습을 함으로써 질문의 요지를 파악하는 문해력을 기르는 것도 좋은 방법이다. 질문 속에 숨겨진 조건들을 분석하고 질문에서 요구하는 게 무엇인지 파악하는 연습을 통해 아이는 점차 논리적이면서 창의적인 답변을 만들어 갈 수 있을 것이다.

둘째, 열린 질문의 요지를 정확하게 파악하는 경우다. 이들의 답변을 분석해 보면 질문과 대답이 서로 연관이 있고, 대답의 근거가 논리적이다. 또 유의미한 결과물을 새롭게 창출할 수 있겠다는 예측이 머릿속에 그려진다. 즉 이들이 바로 창의적인 아이들이다. 그러므로 아이의 창의성을 반겨 주고 더불어 구체적으로 다양하게 피드백을 제공해야 한다. 이런 교류를 통해 아이는 자신의 사고 속 오류를 수정해 나감으로써 사고력을 한층 더 깊이 발달시킬 수 있다.

스스로 질문하는 아이

이에 해당하는 아이는 사고 행위 자체를 즐긴다. 그래서 부모나 교사가 의도적으로 질문을 투입하지 않아도 독서 과정에서 상황에 따라 질문 유형을 유연하게 활용함으로써 스스로에게 질문한다. 그래서 아이는 자신만의 논리적이고 창의적인 답을 정교하게 만들어간다.

사실 독서와 질문을 결합한 교육의 최종 목적은 이런 유형의 아이로 키우는 데 있다. 답변이나 질문 자체를 전혀 못 했던 아이가 배경 지식이 늘어갈수록 닫힌 질문에 도전하고 닫힌 질문만 선호하던 아이가 점차 열린 질문에 도전하고 종국에는 스스로 질문하는 아이가 되게 하는 것이다. 이를 위해서는 아이의 특성이나 사고 발달 정도와 관련 없이 다음과 같은 질문을 끊임없이 반복 연습하는 과정이 필요하다.

메타 인지를 자극하는 질문 5단계

1단계: 내가 알고 있는 것은 무엇인가?
2단계: 내가 모르는 것은 무엇인가?
3단계: 내가 독서를 통해 알고 싶은 것은 무엇인가?
4단계: 내가 독서를 통해 배운 것은 무엇인가?
5단계: 배운 것을 어떻게 활용할 것인가?

위 질문들은 메타 인지를 자극하는 질문으로, 독서 전·중·후 활동에서 많이 활용하는 KWL 질문K: what I already know, 이미 알고 있는 것들; W: what I want to know, 읽기를 통해 알고 싶은 것들; L: what I learned, 읽은 후 배우게 된 것들을 5단계로 세분화하여 재구성한 것이다. 평소 메타 인지 활용 훈련이 부족한 아이들에겐 상당히 어려운 질문들이다. 그래서 스스로 질문을 하는 아이가 아니라면 대부분 대답을 못하거나 겨우 한두 개 정도 답변한다. 그리고 이 질문들을 굉장히 재미없어 한다.

이 질문들이 재미없는 이유는 세 가지다. 첫째, 이 질문들이 어떤 결과를 가져오는지 예측하지 못하기 때문이다. 즉 이 질문들이 최종적으로 5단계의 지식 활용을 통해 창의성을 구체적으로 구현하기 위한 목적임을 파악하지 못한 것이다. 그러므로 1단계 질문부터 차근차근 대답하기보다 거꾸로 5단계부터 도전하는 게 좋다. 그러다 보면 배운 것을 활용하기 위해서는 내가 배운 것이 무엇인지 먼저 파악해야 한다는 사실을 알아챌 수 있다. 그리고 배운 것을 알려면 내가 알고 싶은 것은 무엇인지 알아야 하고, 내가 알고 싶은 것이 무엇인지 알려면 내가 모르는 것과 아는 것을 확인해야 한다는 것을 깨닫게 된다. 이로써 질문의 유용성을 느끼고 자연스레 메타 인지 자극법을 터득하게 될 것이다.

둘째, 질문이 너무 많기 때문이다. 안 그래도 질문이 어려워서 아이가 소화하기 쉽지 않은데, 질문이 너무 세분화되어 있기 때문에 생각하기를 포기하는 것이다. 이럴 때는 1~2단계를 묶고 3~4단계를 각각 묶어서 질문의 수를 대폭 줄이면 된다. 생각의 출발도 첫 번째와 동일하게 5단계부터 시작해서 3~4단계로, 그다음 1~2단계로 점차 발전해 나가는 게 좋다.

셋째, 반대로 이 질문들에 너무 익숙해졌기 때문이다. 이에 해당하는 아이들은 굳이 질문 5단계를 차근차근 밟아가며 대답하지 않아도 스스로 창의성을 구체적으로 구현한다. 바로 스스로 질문을 하는 아이들이다. 그러므로 아이가 메타 인지를 자극하면서 독서와 질문을 결합한 교육을 스스로 해 나가는 습관이 들었다면 더 이상 저 질문으로 의도적인 훈련을 할 필요가 없다.

독서와 질문을 결합한 교육의 초점은 지식 쌓기가 아닌 사고력 확장이며, 이는 어디까지나 사고력 발달을 위한 교육적 수단이다. 따라서 독서와 질문을 대체하여 사고력을 기르는 데 효과적인 또 다른 교육적 수단이 있다면 그것을 활용해도 좋다.

물론 독서와 질문을 어떻게 교육적 수단으로 여길 수 있냐고 반문할 수 있다. 여기서 말하는 교육적 수단은 사실 질문에 초점이 맞춰져 있다. 독서 자체를 유희나 예술로 느끼는 아이-독서 자체가 목적인 아이-와 독서를 학습 수단으로 활용하는 아이 모두 독서 과정에서 질문을 활용한다면 사고력을 한층 더 발달시킬 수 있다.

중요한 것은 교육적 수단이나 기법보다 아이의 질문을 대하는 어른의 자세다. 어른들은 먼저 말하기보다 아이의 생각을 들으려고 해야 한다. 경청하는 어른의 태도를 발판 삼아 아이의 사고력이 점차 발달하기 때문이다. 그러므로 아이에게 생각할 시간과 생각을 표현할 기회를 충분히 주어야 한다.

지난 20세기에 전 세계가 가장 주목한 재판은 단연 1961년 예루살렘에서 열린 독일 나치의 친위대 장교였던 아돌프 아이히만Adolf Eichmann의 재판일 것이다. 그는 맡은 임무에 최선을 다했을 뿐, 자신에게는 아무런 죄가 없다고 항변했다. 그러나 유태인 철학자 한나 아렌트Hannah Arendt는 생각하지 않는 그 자체가 유죄라며 아돌프 아이히만에게 '생각의 무능'이라는 죄명을 붙여 주었다.

한나 아렌트의 통찰은 우리에게 많은 것을 시사한다. 생각하는 힘, 사고력이야말로 인간이 인간답게 사는 데 가장 필요한 능력이 아닐까?

학년군별 독서+질문 교육	특성에 따른 독서+질문 교육
저학년: 대화를 통한 닫힌 질문 중학년: 다양한 질문 적용하기 고학년: 토론을 통한 사고 활동	답변과 질문이 어려운 아이: 다독으로 먼저 지식 쌓기 닫힌 질문을 선호하는 아이: 연습을 통한 열린 질문 적용 열린 질문을 선호하는 아이: 어른의 적절한 피드백으로 아이디어 정교화 스스로 질문하는 아이: 독서+질문 교육의 최종 목적지

왜 선생님은 교과서를 다 가르치지 않나요?

사례

교과 내용을 왜 다 가르치지 않나요?

2월이 되자 김 교사는 정들었던 아이들을 졸업시키고 6학년을 마무리했다. 졸업식 이틀 뒤, 교실을 정리하던 김 교사는 교무부장으로부터 민원을 전달받았다. 민원의 내용은 선생님이 사회 교과의 학습 진도를 다 안 끝내고 졸업을 시켰다는 것과 중학교 반 배치 시험이 있는데 어떻게 할 것이냐는 항의였다. 김 교사는 교과 내용은 전부 가르쳤다고 교무부장에게 설명했다. 그래도 혹시 몰라 교감선생님과 6학년 담임선생님들과 함께 2학기 교과서를 전부 살펴보았다. 가르치지 않은 부분은 없었다.

알고 보니 학부모가 민원을 제기한 부분은 사회 각 단원 마지막 페이지에 있는 학습 정리 퀴즈를 말한 것이었다. 반 배치 시험을 앞두고 아이의 교과서를 훑어 보던 중 정리 퀴즈에 답이 채워져 있지 않은 것을 보고 선생님이 학습 내용을 다 가르치지 않았다고 생각한 것이다. 김 교사는 해당 학부모에게 직접 전화를 걸어 30분 동안 해명을 해야 했다. 성취 기준을 분석하며 학습자 중심 수업을 위해 연구했던 지난 1년간의 노고가 부정된 것 같아서 김 교사는 속상했다.

생각해 볼까요?

결과 중심 평가에서 과정 중심 평가로

요즘은 교과서를 전부 가르치지 않는다. 학생의 실제적인 성장을 위해 교육과정을 성취 기준을 중심으로 재구성하여 가르치기 때문이다. 성취 기준은 아이가 그 학년에서 반드시 성취해야 할 지식, 기능, 태도를 한 데 묶어 제시한 도달 기준이다. 모든 과목에는 학년군별로 성취 기준이 있으며, 교사의 역할은 아이가 성취 기준에 도달할 수 있도록 수업을 다양하게 재구성하여 가르치는 것이다. 교과서도 성취 기준 도달을 위한 하나의 학습 자료일 뿐, 교과서 진도 끝내기는 교사에게 주어진 필수 책임이 아니다. 다만 성취기준만으로는 교사 혼자서 방대한 학습 내용을 구체화하여 교육과정과 수업을 재구성하기 어렵다. 그래서 국가나 출판사에서 표본으로 교과서를 제작하는 것이다.

내가 어릴 때만 하더라도 교과서는 학습 도달의 절대적 기준이었다. 학교에서 교과서 외의 것을 학습하는 일은 드물었고, 교과서 진도를 다 끝내지 않으면 큰일이라도 나는 줄 알았다. 그러나 이제는 아니다. 지금은 교사의 재량에 따라 소설책 한 권으로 여러 과목의 성취 기준을 동시에 도달할 수 있으며, 얼마든지 훌륭한 수업이 가능하다. 사회 집단 중 가장 변하지 않는다던 학교가 어쩌다 수업에서 이렇게 큰 변화를 감행하게 되었을까? 사실 나는 이런 변화가 늦게 시작되었다고 생각한다. 진작에 실행했어야 할 변화다. 변화의 이유는 다음과 같다.

한국 전쟁 이후 국가는 초토화되었고, 우리에겐 인적 자원이 유일했다. 이런 배경이 유교 문화와 결합해 교육만이 살길이라 생각했다. 문제는 최소의 사회적 비용으로 최대한 많은 인재를 공평하게 길러내야 한다는 것이다. 효율과 공정성이 중요했고, 지필 평가紙筆評價가 가장 용이했다. 그래서 학교에서는 중간고사나 기말고사 같은 결과 중심의 평가 시스템이 자연스럽게 자리 잡았다.

지필 평가로 평가할 수 있는 요소는 한정되었다. 종이로 기능이나 태도를 평가할 순 없지 않은가? 결국 평가는 지식 위주로 진행되었다. 또 모든 사람이 같은 지식을 배워 같은 평가를 받아야 했으므로 국가 주도하에 교과서가 제작되었고, 교과서가 학습의 기준이 되었다. 이런 교육이 국가경쟁력을 어느 정도 갖추는 데 도움이 되었을지는 모르나 전국의 아이들은 똑같은 지식만 배웠다. 수업 방식은 주로 교사가 말하고 아이들은 그저 교사의 말을 외웠다. 이것은 사고력 부족, 배움과 실천의 연결 실패, 삶과 괴리된 배움이라는 결과를 초래했다.

그럼에도 국가는 점점 성장했다. 인구가 늘어났고, 교육은 점차 경쟁이 과열되었다. 교과서만 공부해서 좋은 대학을 가고 취직까지 할 수 있었던 시절은 끝났다. 더는 교과서만으로는 인재 분별이 어려웠다. 점점 평가의 범위가 늘어났고, 학교는 늘어난 평가의 범위를 다 가르칠 수 없었다. 알게 모르게 실제로 배운 내용과 평가 내용은 불일치되었다. 사실상 평가의 범위가 모호해졌다. 학원에 가야만 살아남을 수 있었고, 지식만 외우는 교육 행태는 날로 심해졌다.

결국 아이들에게 공부는 재미없는 일이 되어 버렸고, 하나둘씩 교육 경쟁에서 낙오되었다. 그러나 우리 사회는 과감하게 낙오자를 버렸다. 누군가는 경쟁에서 낙오되지 않고 이기기 위해서 편법과 불법적 행위들을 서슴지 않고 저질렀다. 이런 행태들을 막기 위해 다양한 교육 정책을 도입했지만, 오히려 위로 올라갈 수 있는 계층 이동 사다리를 걷어차는 결과만 가져왔다. 우리 사회에는 계급 따윈 없다고 하지만, 모두가 사실상 계급은 있으며 계급을 대물림하는 사회라고 여기는 그런 사회가 되었다.

게다가 이제는 4차 산업과 세계화 시대다. 생각하지 않은 자는 곧바로 도태된다. 위기의 순간이다. 지식만 잘 외우는 인재와 그런 인재만 보유한 국가는 세계화 앞에서 살아남을 수 없다. 스스로 생각하고 실천해서 혁신을 일으키는 인재가 절실하다. 그러므로 교육에서부터 변화해야 한다. 그래서 지식, 기능, 태도와 더불어 인성까지 유능한 인재를 길러낼 수 있어야 한다. 이런 반성이 '바른 인성을 함양한 창의 융합형 인재'라는 지금의 초등 교육 목표를 만들었다.

목표만 그럴듯하게 만든다고 우리가 원하는 인재 양성이 양성되지 않는다. 구체적인 교육 내용이나 방법들이 중요하다. 이를 위해 과거를 되돌아보면서 교육 실패의 원인을 분석해야 한다. 그러면 과거 교육의 실패는 결과 중심 평가에서 기인한다는 걸 알 수 있다.

결과 중심 평가의 문제점

1) 지식 위주의 암기 수업
2) 사고력 부족, 배움과 실천의 연결 실패, 삶과 괴리된 배움
3) 실제로 배운 내용과 평가 내용의 불일치
4) 학습 동기 상실
5) 타인과의 비교로 경쟁 과열

그래서 결과 중심 평가의 대안으로 과정 중심 평가를 강조하기 시작했다. 이는 교-수-평-기 일체화교육과정, 수업, 평가, 기록의 일체화를 실현함으로써 학습자의 실제적인 성장을 일으키는 수업 혁신의 한 방법로 실현할 수 있다. 이것이 어떻게 결과 중심 평가의 대안이 될 수 있을까?

교육과정-수업-평가-기록 일체화를 통한 학습자 성장 구현 과정

1) 지식 위주의 암기 수업

➡ (교육과정 재구성하기) 교육과정 속 성취 기준은 지식, 기능, 태도로 이루어져 있다. 교육과정을 성취 기준 중심으로 재구성하여 아이가 지식, 기능, 태도 모두를 학습하도록 수업을 계획한다.

2) 사고력 부족, 배움과 실천의 연결 실패, 삶과 괴리된 배움

➡ (배움 중심 수업) 사고력을 촉진하고 배움이 실천으로 연결되어 아이의 삶에 적용할 수 있도록 수업을 질문, 토론, 문제 해결, 프로젝트 등 학습자 배움 중심으로 수업한다.

3) 실제로 배운 내용과 평가 내용의 불일치

➡ (과정 중심 평가, 구체적인 기록) 아이가 수업에서 배운 과정(지식, 기능, 태도 등)을 종합적으로 평가하고 기록한다. 평가와 기록을 바탕으로 아이에게 피드백을 제공하여 아이의 성장을 도모한다.

4) 학습 동기 상실

➡ (교-수-평-기 일체화의 결과) 배운 과정에 중점을 둔 수업과 평가로 아이는 학습에 대한 자발적인 동기를 가지고 점차 성장한다.

무엇보다 아이마다 가지고 있는 재능이 다르다. 오로지 결과만 평가한다면 아이의 재능을 제대로 알 수 없다. 결과 중심 평가에는 '잘한다'와

'못한다'밖에 없기 때문이다. 그러나 과정 중심 평가는 성취 기준에 도달하는 과정에서 아이의 다양한 재능을 평가할 수 있다.

리코더로 〈산바람 강바람〉 연주하기를 평가한다고 해 보자. 리코더 연주 결과만을 평가하면 그 뒤에 숨겨진 아이의 노력과 성장은 평가할 수 없다. 또 비교 대상은 오로지 다른 친구들이다. 이는 곧 옆 친구를 나의 경쟁 대상으로만 여기게 할 뿐이다.

과정 중심 평가는 리코더 연주를 위한 아이의 노력과 성장을 평가한다. 인내와 끈기라는 노력과 더불어 연주 실력이라는 재능의 성장도 평가한다. 과거의 나보다 얼마나 더 성장했는지 확인하는 것이다. 그래서 과정 중심 평가는 비교 대상이 바로 나 자신이며, 이는 자기 효능감을 기르는 데에도 도움이 된다. 또 친구들은 경쟁 대상이 아니라 함께 배우며 성장하는 협력 대상이다.

이러한 학교 수업의 변화를 교사만 알고 있어서는 안 되며, 가정과 소통해야 한다. 소통이 없으면 사례에서처럼 고생은 고생대로 하고 민원은 민원대로 받을 수 있기 때문이다.

솔루션

학생 성장을 위한 교사와 부모의 역할

교사의 역할

교육과정 속 성취 기준을 분석하고, 분석한 성취 기준을 수업으로 구현해야 한다. 이때 학습자의 배움 중심 수업이 과정 중심 평가가 되도록 신경을 써야 한다. 평가 내용을 기록하고 피드백까지 제공해야 하므로 교과서만 가르치던 과거보다 할 일이 몇 배는 더 늘어났다. 과정 중심 평가의 성패는 끊임없이 연구하는 교사의 노력에 달려 있기 때문이다.

중요한 것은 이런 교사의 노력을 혼자서만 간직해서는 안 된다. 교사의 노력만으로는 아이들이 실제적인 성장을 하기 어렵다. 또 학부모 교육도 학교의 역할이기에 가정에 학교의 변화를 알려야 한다. 이때 소통 방법은 아래의 예시 외에도 다양하다.

소통 방법 예시

학기 초에 가정통신문을 통해 1년간 전반적인 학급 경영 방침을 안내하면서 과정 중심 평가를 언급한다. 이후 학기가 시작되면 SNS로 학급 누리집을 만들어 수시로 아이들의 과정 중심 평가 결과를 가정에 안내한다. 또는 아이들의 과정 중심 평가 결과를 포트폴리오 형식으로 모아 두었다가 주기적으로 가정에 보냄으로써 아이들의 성장 과정을 부모들이 눈으로 확인할 수 있게 한다.

부모의 역할

교사가 주기적으로 안내하는 아이의 과정 중심 평가 결과를 주의 깊게 살펴야 한다. 아이에게 어떤 재능이 있고 아이가 얼마만큼 성장했는지 수시로 확인하고, 가정에서도 아이 성장에 필요한 피드백을 제공해야 한다. 학교에서 아무리 노력한들, 가정에서 관심을 기울이지 않으면 아이의 성장에는 한계가 있다. 무엇보다 아이를 가장 사랑하는 부모가 자식의 성장 과정을 지켜 보지 못하고 학교에서만 학생의 성장 과정을 아는 것 같은 아쉬움이 들 때가 많다. 그러니 모든 가정에서 학교가 제공하는 과정 중심 평가를 바탕으로 아이가 성장하는 과정을 지켜 보는 기쁨을 누리길 바란다.

무엇보다 교사와 협력하려는 자세가 제일 중요하다. 앞서 말했듯 교과서로 가르치는 게 더 쉽고 편하다. 과정 중심 평가를 위해선 몇 배의 노고가 들어간다. 교사의 그런 노고에 대한 조금의 이해도 없이 무작정 민원부터 넣으면 허탈하다. 교과서대로 가르치나 과정 중심 평가를 위해 열심히 연구를 하나 같은 월급 받기는 매한가지다. 교과서대로 가르치지 않았다는 민원까지 받으면서 내가 이렇게까지 노력할 필요가 뭐 있나 싶다.

칭찬은 고래도 춤추게 한다고 했다. 한번은 과정 중심 평가의 일환으로 인권 수업을 프로젝트 형식으로 실시한 적이 있었다. 프로젝트 발표 당일, 한 학부모로부터 문자 한 통을 받았다.

> 선생님, 아이가 아파서 병원에 가야 하는데, 오늘 프로젝트 결과를 발표해야 하니까 기어코 학교에 가겠다며 떼를 써서 어쩔 수 없이 학교에 보냅니다. 다른 친구들이 대신 발표하면 되지 않냐고 했는데, 발표를 위해 지금까지 노력한 것이 아까워서라도 자신이 직접 하고 싶다네요. (중략)

이 문자를 받은 이후로 더는 과정 중심 평가의 필요성에 의문을 제기하지 않았다. 자신이 직접 발표하겠다는 아이의 의지에서 배움의 동기를 읽을 수 있었기 때문이다. 이처럼 학부모의 격려는 선순환의 효과가 있다. 학부모의 격려가 교사의 노력으로, 교사의 노력이 수업의 질 향상으로, 수업의 질 향상이 학생의 성장에까지 영향을 준다.

이제 초등학교에서는 중간평가나 기말평가 같은 결과 중심 평가를 하지 않는다. 물론 과정 중심 평가의 한 종류로 단원 평가, 중간 평가, 기말

평가를 할 수 있다. 그러나 이것도 교사의 재량일 뿐, 과거처럼 학교의 의무 시험은 아니다. 이로 인해 아이들이 학습 내용을 복습하면서 외우지 않는다고 걱정하는 어른들이 있다. 심지어 과정 중심 평가가 하향 평준화를 초래하며 아이들의 학업 성취도 수준을 낮추고 있다고 비판하는 목소리도 있다. 이를 부정하지는 않는다. 그러나 결과 중심 평가를 할 때도 복습과 지식 암기는 시험을 핑계로 어른이 아이에게 강요한 행동이었다. 배움을 스스로 복습하고 기억암기하는 습관은 오로지 배움에 대한 자발적인 의지만이 가능하다. 이것은 앞으로 과정 중심 평가가 더 좋은 평가 방법이 되기 위해 나아가야 할 길로 생각하며, 더 나은 교육을 위한 우리 모두의 과제다.

TIP_ 과정 중심 평가

- 이제는 교과서를 무조건 다 가르쳐야 하는 시대가 아니다!
- 학교에서 제공하는 과정 중심 평가를 바탕으로 아이가 성장하는 기쁨을 누려 보라.

아이의 미래를 위해 코딩 학원에 보내야 할까요?

사 례

코딩 학원에 보내야 하나, 말아야 하나?

범수는 어릴 때부터 레고 조립, 로봇, 컴퓨터, 3D 프린터, 드론 등에 관심이 많았다. 그런 범수를 위해 부모님도 시간이 날 때마다 범수를 데리고 소프트웨어 교육과 관련된 각종 체험 학습을 찾아다녔다. 덕분에 범수는 자연스럽게 또래보다 소프트웨어 교육에 친숙해질 수 있었고, 학년이 올라갈수록 코딩에도 관심 가지게 되었다. 그래서 블록 코딩block coding용으로 개발된 스크래치Scratch, scratch.mit.edu나 엔트리entry, playentry.org를 배우는 방과 후 수업에 항상 참여해서 열심히 배웠다.

그런데 범수가 내년에 중학교 진학을 앞두고 블록 코딩용이 아닌 파이썬python, www.python.org과 같은 프로그래밍 전문 언어를 배우고 싶으니 코딩 학원에 보내 달라고 부모님께 졸랐다. 부모님도 범수의 장래를 위해서 미리 코딩 학원에 보내는 게 낫다는 생각이 들었지만, 선불리 범수 말만 듣고 코딩 학원에 보내기가 망설여졌다. 아직 우리나라 교육과정상 코딩 교육보다는 국어, 수학, 사회, 과학, 영어와 같은 주지 과목에 더 집중해야 아이의 미래에 도움이 될 것 같았기 때문이었다. 고민 끝에 범수 부모님은 담임선생님에게 상담을 요청했다.

생각해 볼까요?

코딩을 많이 아는 것보다 컴퓨팅 사고력을 키워라

바야흐로 4차 산업혁명 시대다. 우리는 하루가 다르게 급변하는 세상에서 인공 지능AI, 사물 인터넷IoT, 빅 데이터, 로봇 기술, 자율 주행, 메타버스metaverse 등과 공존하고 있다. 이들은 모두 소프트웨어를 통해 구현된다. 소프트웨어문제 해결에 필요한 프로그램의 총체는 프로그래밍문제 해결에 필요한 프로그램을 만드는 과정을 통해 구현되며, 프로그래밍은 코딩프로그램 언어와 같은 명령어를 작성하는 과정을 통해 구현된다. 결국 4차 산업혁명의 토대는 코딩으로, 현재 우리 주변에서 일어나는 모든 혁신은 코딩에서 시작되고 있다. 즉 코딩 교육은 소프트웨어 교육의 일부로 가장 핵심적인 교육이다.

이에 발맞춰 현재 코딩 교육이 열풍이지만 이러한 열풍이 부모나 교사에게 마냥 반갑지만은 않다. 시대 변화의 당위성을 충분히 아는 마음과는 달리 코딩 교육이 낯설고, 그로 인한 부담감 때문이다. 그래서 불안한 마음에 아이의 장래를 위한다는 목적으로 너도나도 아이를 코딩 학원에 보내려고 한다. 그런데 당부하고 싶은 점은 아이가 코딩 학원을 다니는 목적이 무엇인지를 부모와 아이 모두 확실히 알고 있어야 한다는 것이다.

어렸을 적, 독서 교육을 강조하는 분위기로 인해 속독 학원이 한창 호황이던 시절이 있었다. 4학년이었던 나는 부모님이 강제로 속독 학원에 보냈지만, 다행히 책을 좋아해서 별 거부감이 없었다. 하지만 겨우 4학년이 된 아이가 읽어야 하는 책들은 죄다 『돈키호테』 『사랑방 손님과 어머니』 『벙어리 삼룡이』 등과 같이 난해하기만 한 고전 문학뿐이었다. 책을 많이 읽기를 바라는 마음에 엄마가 보냈던 속독 학원이 오히려 내게는 고전 문학의 재미를 앗아가고 말았다. 그래서 코딩 학원을 다니는 아이들이 혹여 나처럼 될까 봐 염려된다.

그렇다면 코딩 교육의 목적은 무엇일까? 바로 컴퓨팅 사고력을 발달시키는 것이다. 컴퓨팅 사고력은 복잡한 문제를 단순화하여 논리적·절차적·효율적으로 해결하는 능력으로, 컴퓨터의 문제 해결 성패를 좌우하는 핵심 능력이다. 이를 책 쓰기 과정에 비유하면 다음과 같다.

4차 산업 구현(책 쓰기) ➡ 문제 해결을 위한 소프트웨어 계획 및 선정(콘텐츠 계획 및 선정) ➡ 알고리즘 구성(목차 구성) ➡ 코딩으로 프로그래밍하기(문장과 문단을 만들어 주제별로 글쓰기)

그런데 읽고 쓸 줄 안다고 해서 모두 책을 잘 쓰는 게 아니다. 마찬가지로 코딩을 할 줄 안다고 해서 모두가 프로그램이나 소프트웨어를 개발할 수 있는 것은 아니다. 한 편의 책을 쓰려면 문해력과 사고력이 중요한 것처럼 프로그램이나 소프트웨어 개발은 컴퓨팅 사고력이 좌우한다. 무엇보다 컴퓨터는 인간의 명령대로만 작동하므로 문제 해결 과정을 촘촘하게 세분화하고 일의 순서를 바르게 정렬하며, 복잡하지만 효율적으로 알고리즘-문제를 해결하기 위한 절차, 명령어들이 순서대로 나열된 것으로 간단하게 일의 순서를 의미한다-을 설계하는 능력이 가장 중요하다. 즉 알고리즘의 질은 컴퓨팅 사고력이 좌우한다.

실제로 『코딩하는 공익』의 저자이자 최재붕의 『포노 사피엔스』에도 소개되었던 반병현 씨의 일화만 보더라도 컴퓨팅 사고력이 코딩 능력을 좌우한다는 사실을 알 수 있다. 반 씨는 대구노동청 안동지청에서 사회복무요원으로 일하면서 매우 단순한 업무를 지시 받았다. 안동지청에서 보낸 3,900개가 넘는 등기 우편의 13자리 등기번호를 우체국 홈페이지에 일일이 입력한 뒤 그 페이지를 인쇄해서 보관하는 작업이었다. 하루 8시간씩 쉬지 않고 일해도 약 6개월이나 걸리는 업무였다. 반 씨는 어떻게 하면 짧은 시간 내에 쉽고 간편하게 업무를 처리할 수 있을지 고민하던 중 파이썬을 이용해 업무 처리를 위한 프로그램을 개발하기로 결심했다. 우선 구글에서 검색해 프로그램 개발에 적합한 방법과 필요한 코드를 조사했고, 이를 알려 주는 사이트에서 학습한 뒤 직접 코딩했다. 이 과정을 통해 반 씨는 6개월이나 걸릴 업무를 단 30분 만에 해결했다.

그러므로 코딩 교육은 단지 코딩에 필요한 명령어와 문법들을 최대한 많이 외우는 게 아니라 '컴퓨팅 사고력'을 기르는 데 중점을 두어야 한다.

솔루션

컴퓨팅 사고력을 기르기 위한 소프트웨어 교육법

컴퓨팅 사고력은 효율적으로 문제를 해결하는 능력으로, 이를 발달시키기 위해선 논리적 사고력, 창의적 사고력, 문제 해결 능력 등 다양하고 복합적인 사고력이 필요하다. 문제는 지금까지 해 왔던 교육만으로는 컴퓨팅 사고력을 발달시키기 어렵다는 것이다. 그래서 다음과 같은 교육 활동을 통해 아이가 어릴 때부터 컴퓨팅 사고력과 소프트웨어의 원리에 친숙해질 수 있도록 해야 한다.

언플러그드 교육unplugged education이란 컴퓨터를 활용하지 않고 컴퓨팅 사고력과 소프트웨어의 원리를 쉽게 배우는 교육 활동이다. 그래서 언플러드 교육 활동은 주로 놀이나 게임 형식으로 이루어진다. 그런데 요즘 소프트웨어에 대한 흥미 유발을 목적으로 개발된 언플러그드 교육용 도구들이 보드게임에 치우쳐 있다. 사고력 발달이란 목적은 퇴색되고 독서 행위만 강조했던 지난날의 교육처럼 언플러그드 교육도 컴퓨팅 사고력이란 목적과는 별개로 보드게임을 하는 행위 자체에만 주목하고 있다.

따라서 화려하고 그럴싸해 보이는 언플러그드 보드게임의 겉모습에 속지 말고, 언플러그드 교육용 도구를 통해 아이가 컴퓨팅 사고력과 소프트웨어의 원리를 직관적으로 배울 수 있는지 잘 살펴봐야 한다. 이는 단순한 신체 활동으로도 얼마든지 가능하며, 이때 언플러그드 교육 목적을 아이 눈높이에 맞춰 잘 설명해 줘야 아이가 컴퓨팅 사고력을 바탕으로 한 소프트웨어의 원리를 이해할 수 있다.

예시

2인 1조씩 짝을 짓는다.

문제: 친구에게 주스를 컵에 따라 먹는 방법을 설명하라!

조건: 친구의 설명대로만 행동하기

문제 해결 과정 설계하기

1) 주스 뚜껑을 연다. (이 과정 없이 곧바로 주스를 컵에 따르라고 하면?)

2) 주스를 컵의 절반 정도 붓는다. (얼마만큼 부으라는 설명이 없다면?)

3) 컵을 손으로 들어 주스를 마신다. (손으로 들라는 말이 없다면?)

EPL 활용 교육

EPL Education Programming Language 활용 교육은 흔히 블록 코딩 교육이라고도 한다. 코딩의 명령어가 텍스트 형식이 아닌 스크래치나 엔트리처럼 블록 형태로 되어 있기 때문이다. 사실 블록 코딩으로 습득한 능력이 곧바로 프로그래밍 전문 언어 습득으로 연결되지 않는다. 그런데도 이를 초등 코딩 교육에 활용하는 이유는 아이가 문제 해결을 위해 직접 설계한 알고리즘을 바탕으로 블록을 구성하는 과정에서 자연스럽게 컴퓨팅 사고력을 발달시킬 수 있기 때문이다. 또 아이 수준에 맞게 난이도를 설정할 수 있어서 아이마다 흥미와 발달 정도에서 큰 차이를 보이는 초등 교육용으로 제격이다. 그래서 저학년 때는 언플러그드 교육으로 소프트웨어 교육에 대한 대략적인 흥미를 갖는 데 중점을 두고, 고학년 때부터는 블록 코딩 교육으로 컴퓨팅 사고력을 키우는 데 중점을 두는 것이 좋다.

프로그래밍 전문 언어 교육

범수처럼 코딩에 재능이 있는 아이들은 초등학교 때부터 블록 코딩을 넘어 전문적인 프로그래밍에 관심을 가질 수 있다. 이런 아이들은 컴퓨팅 사고력과 소프트웨어의 원리가 무엇인지를 잘 알고 있으므로 무조건 코딩 학원에 보내는 것이 현명한 일은 아니다.

요즘은 인터넷에서 얼마든지 파이썬이나 C 언어처럼 전문적인 프로그래밍 언어를 배울 수 있다. 아이 스스로 여러 정보를 찾아보고 자신에게 맞는 교육법을 선택하는 게 가장 좋다. 또 이 과정에서 전 세계의 수많은 코딩 및 프로그래밍 전문가들과 얼마든지 교류할 수 있으므로 코딩 학원보다 훨씬 효과적인 교육법이 될 수 있다.

단 이때도 앞선 교육법들과 마찬가지로 아이가 선택한 교육법이 단순히 코딩 명령어나 외우는 지식 측면에 치우쳐 있어서는 안 된다. 아이가 컴퓨팅 사고력에 중점을 둔 교육법을 선택하도록 도와주어야 한다. 우리는 코더encoder를 양산하는 공장장이 아니라 컴퓨팅 사고력을 갖춘 인간을 육성하는 교육자들이기 때문이다.

미래를 정확하게 예측하는 것은 불가능하다. 그래서 인간은 불안을 친구삼아 인생을 살아가야 하는 운명인지도 모른다. 그러나 확실한 것은 미래 직업은 굉장히 다양해질 것이며, 평생 직업 개념 또한 완전히 사라질지 모른다는 점이다. 그런 미래를 맞이해야 하는 아이에게 코딩 교육은 선택이 아닌 필수다. 물론 우리는 코딩 교육 전문가가 아니다. 다만 컴퓨팅 사고력이 우리 사회에서 필수 능력으로 요구될 것임을 알기에, 그리고 그것이 현실로 나타나고 있기 때문에 우리가 어떤 자세로 코딩 교육에 접근하고 아이들에게 접근시켜야 할지 많은 고민이 필요한 시점이다.

TIP_ 코딩 교육법

- 코딩 교육의 목적: 컴퓨팅 사고력 기르기
- 컴퓨팅 사고력을 기르는 코딩 교육법
  - 언플러그드 교육: 놀이나 게임으로 컴퓨팅 사고력의 원리 이해하는 교육
  - 블록 코딩 교육: 스크래치, 엔트리를 활용해 컴퓨팅 사고력을 기르는 교육
  - 프로그래밍 언어 교육: 아이에게 맞는 교육법 찾기

가능성이 없어도 도전하게 해 주세요

사 례

새로운 꿈이 생겼는데…

민채는 처음으로 올림픽 배구 경기를 보았고, 우리나라 선수들이 4강까지 진출하며 보여 준 멋진 모습에 홀딱 반했다. 특히 주장 김연경 선수가 뛰어난 실력으로 선수들을 이끌어 가는 걸 보고 ‘잼잼이 김연경 선수 팬들에 대한 애칭’가 되었다.

민채는 김연경 선수의 다큐멘터리를 보면서 김연경 선수처럼 되고 싶다는 생각이 들었다. 그래서 인터넷으로 주변에 배구를 배울 만한 곳이 있는지 찾아보았다. 찾아보니 어른들이랑 같이 배울 수 있는 배구 동호회가 있었다. 곧바로 부모님에게 배구를 배우고 싶다고 말씀드렸다. 열심히 배워서 김연경 선수처럼 배구 선수가 되고 싶다는 꿈을 이야기했다. 그러나 부모님은 “너처럼 조그만 애가 무슨 배구냐? 그리고 이미 늦었다”라며 공부나 열심히 하라고 타박했다.

생각해 볼까요?

꿈은 무조건 응원해 주는 것

어릴 적 나는 하루에도 꿈이 열 번씩은 바뀌는 아이였다. 그리고 나의 수많은 꿈을 가장 먼저 깬 사람은 부모님이셨다. 여덟 살 때 나는 화가가 되고 싶었다. 엄마는 천재만 미술을 할 수 있는 것이라며 안 된다고 했다. 열 살 때는 가수가 되고 싶었다. 하지만 엄마 아빠는 세상에 너보다 예쁘고 노래 잘하는 사람이 너무 많아서 안 된다고 했다. 중학교 때는 역사학자가 되고 싶었다. 역시나 역사학자는 아주 유명한 사람이 되어 돈을 많이 벌지 않는 이상 고생을 많이 하기 때문에 안 된다고 했다.

사실 전폭적인 지지를 받는다 해도 객관적으로 이루기 어려운 꿈이었다는 걸 잘 안다. 나는 그림을 잘 그리거나 노래를 잘하거나 역사에 해박한 사람이 아니다. 가수가 되고 싶다는 말에 부모님이 응원을 해 주셨어도 아마 다음날 또 꿈이 바뀌었을 것이다. 그래도 꿈에 부풀어 신나게 이야기하는 자식에게 와락 찬물을 끼얹은 부모님에 대한 상처는 아직도 남아 있다. 아이의 동심을 그렇게까지 냉정하고 현실적인 말로 깰 필요가 있었을까? 그래서 고등학생 때부터 나는 나중에 부모가 되면 무조건 아이의 꿈을 응원해 주어야겠다고 결심했다. 어차피 나를 닮은 아이라면 변덕이 심할 테니 전폭적인 지지로 자신감이라도 듬뿍 심어 줘야겠다는 다짐이었다.

일전에 반 아이들의 대화를 엿들은 적이 있었다. 프로게이머가 되고 싶다는 아이의 말에 친구가 넌 맨날 나한테 게임을 지면서 무슨 프로게이머냐고 놀렸다. 엿듣기만 해야 했는데, 그 순간 나도 모르게 흥분해서 왜 안 될 것 같냐고, 선생님 생각에 넌 엄청 대단한 프로게이머가 될 것 같다고 혼자서 막 열변을 토했다. 아이들은 당황해하고 나는 민망해하면서 대화가 끝나긴 했다. 정작 아이는 이것이 꽤 인상 깊었는지 그날 저녁 학부모에게서 고맙다는 문자가 왔다. 머쓱하긴 했지만 어쨌든 꿈은 무조건 응원해 주는 거라는 일종의 강박이 나에게 있는 것 같다.

솔루션

아이에게 실패와 성숙의 기회를 제공하라

아이의 꿈을 주저말고 응원해 주자. 가능성이 없어도 최소 한 번이라도 도전할 수 있도록 응원해 주자. 말이 안 되는 꿈이어도 상관없다. 민채의 이야기도 그렇다. 사실 민채는 체격이 왜소하고 운동신경도 뛰어나지 않다. 만약 민채 부모님이 민채에게 배구를 배우도록 해 줬으면 어땠을까? 내 생각엔 몇 번 배우다가 힘들어서 본인이 먼저 그만둔다고 했을 수도 있다.

어쩌면 아이의 꿈을 응원해 줌으로써 아이는 부모의 지지를 경험하고, 부모는 아이가 얼른 생각을 바꿀 수 있으니 오히려 일석이조일지도 모른다. 그리고 혹시 정말로 그 꿈을 이루게 될지는 아무도 모른다. 만약 꿈을 이루지 못할지라도 자신의 이상향을 실천해 가는 과정에서 아이는 조금씩 이상향을 닮아 가니 손해 볼 건 없다.

사실 어른들도 헛되지만 헛되지 않은 꿈을 꾼다. 로또에 당첨되는 것처럼 일확천금을 바라는 꿈이 아니라 마흔이 넘어 트럼펫 연주자가 되고 싶다거나 육십이 넘은 나이에 운전을 배워 드라이브를 하고 싶은 꿈 말이다. 누군가는 손가락이 굳어서 안 된다고, 이제는 운전 감각이 떨어져서 안 된다고 말할 것이다. 그러나 그 편견을 이겨내고 시간을 쪼개어 받는 트럼펫 레슨과 운전 연습은 삶의 원동력이 되고 의지를 다지게 해 준다. 대단하게 이루지 못해도 괜찮다. 트럼펫으로 「학교종」만 불 수 있어도, 아무도 없는 공터를 시속 10킬로미터로 슬슬 차를 몰고 돌 수만 있어도 성공이다.

우리 아이들은 스스로 판단하고, 자신의 결정을 실행하고, 실패에서 좌절감을 맛보고, 그리고 다시 일어나는 과정을 겪으며 성장한다. 그 과정을 통해 아이들은 비로소 속이 단단한 어른으로 자랄 수 있다. 현실적인 어른들의 시선에서 조금만 물러나 아이들에게 실패와 성숙의 기회를 제공해 주면 어떨까?

아이의 장래희망 vs 부모의 장래희망

사 례

하고 싶은 일을 할 때 눈빛이 반짝이는 아이

3월 첫날 김 교사가 교실에 들어서자마자 가장 눈에 띄는 아이가 있었다. 긴 머리에 검은 마스크를 쓰고 어두운 기운을 잔뜩 풍기는 승희였다. 코로나19 전이라 검은 마스크는 아이들 사이에서 단연 눈에 띄었다.

간략하게 자기 소개를 한 뒤 한 명씩 돌아가면서 사진을 찍었다. 승희가 찍을 차례였고 김 교사는 승희에게 마스크를 잠깐 벗자고 했다. 그러나 승희는 대답 없이 조용히 고개를 절레절레 흔들었다.

'얼굴에 큰 흉터가 있나? 얼굴에 대한 심각한 콤플렉스가 있나?'

김 교사는 승희가 친구들 앞에서 벗기 싫어하는 것 같아 승희를 데리고 복도로 나갔다. 혹시나 아이가 상처 받지 않도록 마스크를 살짝 벗어보자고 하니 순순히 마스크를 벗었다. 걱정과는 다르게 너무나 멀쩡하고 예쁜 얼굴이었다.

그렇게 승희와의 인상 깊은 첫 만남이 지나갔고, 승희는 작년 담임선생님이 말해 준 대로 학습 부진이 심각했다. 수업 시간 대부분은 졸거나 아예 엎드려 자기 일쑤였고, 공부에 대한 의욕이 전혀 없었다. 심지어 본인마저 학습 부진에 대한 걱정이 전혀 없어서 더욱 문제였다. 하지만 김 교사는 승희를 그저 내버려 둘 수 없었다. 학습 부진을 해소하는 일은 어려울지 몰라도 승희가 공부에 대해 조금이라도 재미를 느끼고 수업 시간에 참여하도록 하겠다는 목표를 세웠다. 김 교사는 승희가 수업 시간에 매일 잠만 자고 공부하지 않는 진짜 이유를 찾아 내기 위해 자세히 관찰하기 시작했다.

쉬는 시간마다 승희는 공책에 그림을 그렸다. 웹툰 캐릭터를 그려내는 실력이 상당히 좋았으며, 평소에도 애니메이션이나 웹툰을 자주 보는 듯했다. 하지만 수업 시간에 승희가 좋아하는 것을 찾기란 쉽지 않았다. 공부만 시작했다 하면 눈부터 풀려 버렸기 때문이다. 그러던 중 승희가 수업 시간에 처음으로 단 한 번도 졸지 않고 눈빛을 반짝이는 역사적인 순간이 찾아왔으니, 바로 UCC^{User Created Contents, 사용자가 직접 제작한 콘텐츠} 만들기 활동이었다.

모둠별로 영상 제작 계획을 세우고 컴퓨터실에서 영상을 편집하는 활동이었다. 승희는 친구들에게 적극적으로 영상 아이디어에 대한 의견을 이야기했고, 자신이 영상 편집을 하겠다며 아이들을 이끄는 모습 가운데 김 교사는 처음으로 반짝이는 승희의 눈빛을 보았다.

생각해 볼까요?

공부가 중요한 아빠, 꿈이 중요한 아이

내가 본 승희는 자신의 흥미와 특기가 확실한 아이였다. 평소 만화 캐릭터 그리는 것을 좋아하고, 인터넷에 연재되는 웹툰처럼 수준 또한 꽤 높았다. 승희가 만화를 잘 그린다는 것은 이미 모두가 아는 사실이었고, 옆 반에서도 그림을 그려달라고 종종 찾아올 정도였다. 그래서 학기 초 학부모 상담을 할 때 승희가 좋아하는 만화에 대해 이야기하자 승희 어머니는 한숨을 쉬며 말했다.

"승희가 공부를 전혀 안 하려고 하고, 그놈의 휴대폰만 들고 하루 종일 웹툰이랑 유튜브로 만화만 봅니다. 정말 커서 뭐가 되려고 하는지 걱정이에요. 이제 제 말은 잘 듣지도 않습니다."

그 말을 묵묵히 듣던 나는 평소 승희가 휴대폰을 할 때 부모님은 어떻게 반응하는지 물어보자, 어머니는 잠시 주저하더니 입을 떼었다.

"사실 승희는 저희가 늦은 나이에 어렵게 가진 아이입니다. 승희와 나이 차이가 많아서 대화가 어려울 때가 많습니다. 특히 아빠와 사이가 많이 안 좋습니다. 아빠는 승희가 휴대폰을 하고 있는 꼴을 보지 못합니다. 저번에는 아빠가 승희에게 휴대폰 좀 그만하라고 화를 냈는데, 승희도 아빠에게 대들며 소리치자 아빠가 승희의 휴대폰을 던져 버려서 박살이 났습니다. 어찌나 분위기가 살벌한지 제가 가운데서 너무 힘이 듭니다."

그제야 승희가 수업 시간에 그렇게까지 조는 이유를 알게 되었다. 집에서는 승희가 좋아하는 관심 분야를 이야기할 사람이 없고, 부모와도 충분한 대화가 없었다. 또 자신이 만화를 좋아한다는 것 자체를 부정당하기 때문에 부모의 공부 요구에 무조건적인 반발심이 생길 수밖에 없었을 것이다. 특히 승희 아빠는 승희가 공부하지 않는 이유가 휴대폰 때문이라고 생각하면서 승희가 가장 좋아하는 것을 빼앗아 가버리기 일쑤였고, 승희는 부모가 잠든 밤에 휴대폰을 몰래 가져와 이불을 뒤집어쓰고 새벽까지 만화를 보았다.

승희의 미래를 누구보다 걱정하는 사람은 부모임을 알기에 고민 끝에 승희 아버지와 대화를 해 봐야겠다고 결심했다. 그래서 아버지에게 승희의 학교생활과 진로에 대해 상담을 했으면 좋겠으니 학교에서 뵙자고 연락했고, 며칠 뒤 어머니와 함께 교실로 찾아왔다.

예상대로 승희 아버지는 60년대 세대의 사고방식으로 공부의 중요성을 강조했다. 공부를 다 하면 유튜브와 웹툰을 마음껏 볼 수 있도록 시간을 충분히 주라는 나의 말을 인정하지 못했다. 동시에 자신의 어려웠던 형편을 말하면서 승희는 안정적인 공무원이 되면 좋겠으니 공부는 꼭 해야 한다고 강조했다.

승희가 초등학교 수준의 기초 학습 능력이 부족한 것은 사실이다. 하지만 승희의 아빠는 아직 초등학교 5학년인 아이에게 기초 학습 능력 그 이상의 공부를 바라는 듯했다. 내가 승희와 많이 가까워진 이후로 승희는 아빠에 대한 이야기를 간혹 했었다. "아빠는 제 말은 들으려고 하지도 않는다. 대화조차 하기 싫다"며 마음의 벽을 꼭 닫은 듯한 말을 자주 했다. 공부, 물론 중요하다. 그럼에도 아이의 눈빛이 가장 빛날 때가 언제인지 바라봐 주면 좋겠다.

승희와 5학년 생활을 마치고 나는 다른 학교로 전근을 갔다. 우연히 만난 승희네 학교의 선생님으로부터 어떻게 지내는지 들을 수 있었다. 나와 약속했던 모습과 달리 6학년 때도 수업 시간에 여전히 졸고 수학 부진은 더욱 심해졌으며, 6학년 담임선생님도 변하지 않는 승희의 모습에 거의 포기한 상태라고 했다. 선생님들의 노력에도 쉽게 변하지 않는 아이의 소식에 나도 힘이 쭉 빠졌고, 부모의 태도가 아이에게 미치는 영향이 얼마나 큰지 다시 한 번 느끼게 되었다.

솔루션

아이의 인생을 위한 진로 교육 방향

어른들은 사실 아이의 꿈을 존중해 주어야 한다는 걸 알고 있다. 하지만 어릴 때의 꿈은 어리니까 얼마든지 꾸라는 식이다. 대부분 진로의 방향을 어느 정도 결정짓는 고등학생이 되면 부모와 아이의 의견 차이가 심각하게 갈린다. 나의 어릴 적을 생각해 보면 담임 선생님이 좋아서 선생님을 꿈꾸기도 하고, 피아노가 좋아서 피아니스트를 꿈꿨다가 옆집 오빠가 잘생겨서 그 오빠와 결혼하겠다는 꿈을 꾸기도 했다. 이때 나의 부모님은 무엇이든 지지하고 응원했다. 아직 어리니까 순수하고 허무맹랑한 꿈이라고 여겼던 듯하다. 하지만 고등학생이 되어 신약 개발을 하는 게 꿈이라는 나의 말을 듣고 아빠는 너무 힘든 일이라고 절대적으로 반대했고, 대학 진학 문제로 고등학생 내내 싸웠다. 결국 부모님의 승리로 교대에 입학하여 지금의 교사가 되었다. 물론 지금의 삶에 만족하지만, 10년이 지난 지금까지도 내 미래를 스스로 결정하지 못한 내가 초라하고 안타깝다.

그렇다면 초등학생 아이가 진로를 스스로 계획하기 위해 어른으로서 어떤 도움을 줄 수 있을까?

초등학교 저학년에는 다양한 진로 체험과 경험의 기회를 제공해 주는 것이 가장 중요한 시기다. 종종 "저는 미술을 잘해요"라고 말하는 아이들이 있는데, 대부분은 특출나게 잘하는 아이들이 아니다. 저학년 아이들은 주로 자신이 좋아하는 관심 분야를 잘한다고 생각하기 때문이다. 저학년 아이들은 여러 분야에서 성장할 수 있는 무한한 기회가 있기 때문에 좋아하는 분야뿐만 아니라 다양하고 새로운 경험에 도전해 보는 용기를 갖는 것이 중요하다.

초등학교 고학년은 스스로 자신의 능력을 어느 정도 자각하고 관심 영역을 확실히 드러내는 시기다. 실제 아이들이 자신의 흥미와 능력을 확인하고 큰 틀의 진로 계획을 세우기도 한다. 학교에서도 주로 고학년을 대상으로 진로 적성 검사를 실시하여 아이들의 흥미 영역이나 적성 영역을 심층적으로 탐색한다. 더불어 학습 유형 검사를 병행한다면 아이의 학습 유형을 분석하고 아이에게 맞는 공부 방법을 찾아 진로를 개발하도록 도울 수 있다.

'직업에는 귀천이 없다.'

이 말처럼 아이들이 꿈꾸는 직업에 나쁜 꿈은 없다. 아이들이 말하는 꿈에 부모가 거부감을 보이면 아이 또한 직업에 대한 선입견을 갖기 쉽다. 또한 부모가 아이의 꿈을 평가하기 시작하면 아이는 자신이 정말 하고 싶은 일 대신 부모를 만족시키기 위한 직업에 대해 이야기하게 된다. 그래서 부모는 자신의 기준을 내려놓고 아이에게 새로운 꿈이 생길 때마다 관심을 갖고 응원해 주는 태도가 필요하다.

또한 꿈은 하나의 직업일 필요도 없을뿐더러 눈에 꼭 보이는 직업일 필요도 없다. 코로나 시대를 맞이해 재조명되는 것이 바로 '언택트untact'다. 4차 산업혁명 시대가 도래하여 인공지능이나 코딩을 활용한 새로운 직업들이 많이 생겼고, 아이들이 어른이 될 때쯤에는 사라지는 직업들도 생겨날 것이다. 어른이 되어서도 꿈은 충분히 변할 수 있고, 여러 개의 직업을 집에서 컴퓨터로 실현해 내는 세상이 충분히 올 수 있다. 아이들은 미래에 생기는 새로운 직업들에 관심을 갖고 진로에 대해 다방면으로 생각해보는 눈을 키워야 한다.

결국 아이가 삶을 살아갈 때 가장 중요한 것은 자신의 삶을 대하는 태도다. 아이의 가장 가까운 존재인 부모로부터 나의 흥미와 꿈을 부정당하는 것은 아이가 자신의 존재 자체를 부정당하는 것과 같다. 부모가 아이의 꿈을 얼마나 존중하느냐에 따라 아이의 눈빛부터 마음가짐과 생각까지 달라진다. 아이가 행복한 미래를 주체적으로 살아가기 위해서는 부모의 마음가짐도 함께 변화해야 한다. 부모는 아이 인생의 결정권자가 아니라 든든한 조력자가 되어야 한다.

자녀는 부모의 또 다른
인격체가 아닙니다

사 례

자녀에 대한 부모의 욕심

철수는 자영업을 하는 부모님 밑에서 태어난 외동이다. 철수 아버지는 굉장히 교육열이 강한 학부모로, 철수가 태어난 순간부터 훌륭한 과학자로 키우기 위한 계획을 세웠다. 철수가 초등학교에 입학한 뒤에는 아이의 모든 생활을 관리하며 과학자에게 필요한 기초과학부터 발명과 소프트웨어 교육까지 자신의 하루 중 많은 시간을 할애해 학원에 보내거나 직접 가르쳤다. 사실 과학자는 본인이 이루지 못한 꿈이었고, 아버지는 철수의 공부를 위해 주말에는 자기 사무실로 아이를 데려가서 아이를 옆 책상에 앉혀 놓고 공부를 시켰다.

소극적인 철수는 반항 없이 아빠의 모든 지시를 따랐다. 하지만 언제나 무기력한 얼굴로 책상에 앉아 있는 아이의 표정은 행복해 보이지 않았다. 그리고 학년이 올라갈수록 점점 학업 능력이 떨어졌다. 철수 아버지는 철수가 계속 성적이 떨어지는 원인이 학교 수업 시간에 집중하지 않기 때문이라고 생각했다. 그래서 철수의 공부 문제로 담임교사에게 상담을 요청해 왔다.

생각해 볼까요?

교사의 의견을 학부모가 수용하지 않을 때

철수 부모님과 상담을 진행했다. 알고 보니 어머니는 아이 교육 문제로 남편과 상당히 대립 중이었는데, 휴일에도 아들을 자신의 가게로 데려가서 공부시키는 남편에게 불만과 걱정이 많았다. 그래서 남편 몰래 아이에게 스마트폰과 게임을 할 수 있도록 해 줬고, 이를 알게 된 남편은 아이에게 더욱 강압적으로 공부시키는 악순환의 연속이었다.

교사로서 나는 아버지에게 문학적 상상력이 뛰어난 철수의 재능을 말해 주었다. 철수는 발명이나 과학 같은 것엔 관심이 없었고, 소설에 탐닉해 책 읽기를 즐기는 아이였다. 그러나 무서운 아빠를 거역할 수 없어서 언제나 아빠가 원하는 대로 24시간을 살았지만, 속은 점차 썩어가고 있었다. 나는 아이가 아버지에게서 받은 억압이 현재는 무기력함으로, 나중에는 분노와 반항으로 이어질 수 있다는 사실을 전했다.

더 큰 문제는 철수가 아버지의 기대를 절대 만족시킬 수 없다는 것이다. 철수가 부족해서가 아니라 애초에 철수와 아버지는 서로 다른 인간이기 때문이다. 하지만 안타깝게도 철수 아버지의 귀에는 교사의 어떤 말도 들리지 않는 것 같았다. 그날 상담은 아무 성과 없이 끝났다. 그리고 졸업 때쯤 철수는 아버지의 희망대로 여러 영재교육원에 지원했지만, 안타깝게도 모두 떨어졌다.

솔루션

부모는 자녀와 자신을 분리해서 볼 수 있어야 한다

사실 철수 아버지는 누구보다 아이에게 많은 관심과 애정을 기울였다. 다만 본인과 자녀를 분리하지 못하는 사고방식이 참으로 안타까웠다. 이 관계가 지속된다면 아버지에게 자식은 평생 기대만큼 못하는 사람일 것이고, 자식에게 아버지는 평생 본인을 휘둘렀던 사람으로 남을 것이다.

해리포터를 좋아하는 철수는 머릿속에서 하나의 판타지 세계를 만들어 낼 수 있는 작가로서의 자질이 다분한 아이였다. 그런데 아버지가 이런 아들의 재능을 알긴 했을까? 오히려 자신이 만든 프레임에 갇혀 아들의 진짜 모습을 보지 못한 건 아닐까?

우리는 자녀를 독립적인 존재로 볼 줄 알아야 한다. 학교에서 학생들을 관찰해 보면 부모의 통제에 순응적인 학생일수록 상대적으로 자기 능동성이 떨어진다. 이런 아이들은 아주 사소한 행동까지도 교사의 허락을 받고 행동해야 마음이 놓인다. 모든 걸 허락받고 행동할 필요가 없다고 말해 주어도 잘 고쳐지지 않는다. 결국 부모의 지나친 통제가 아이를 수동적인 인간으로 만든다.

어떤 부모들은 책임과 의무라는 명목하에 자식을 통제하고 옭아맨다. 그러나 이는 부모가 자식을 자신과 분리하지 못하기 때문에 발생하는 일이다. 이런 부모들은 대게 자식에 대한 소유욕이 강하며 자신을 객관적으로 바라보지 못한다. 그러면서 나중에 부모의 욕심만큼 자식이 잘하지 못하면 자신의 교육관을 되돌아보기는커녕, 나는 너를 최선을 다해 키웠는데 왜 그러냐며 아이 탓을 할 가능성이 크다.

스스로 선택하는 아이, 많이 결정해 보는 아이가 잘 선택하고 결정한다. 아무리 어린아이라도 선택과 책임, 거절과 타협에 대해 배워갈 수 있도록 어른들이 지켜봐 주면 좋겠다. 그리고 아이 삶의 주인공은 아이 그 자신이어야 한다.

부모가 바라는 이상적인 자녀는 누구입니까?

사 례

적극적이고 욕심 많은 아이

5학년 지원이는 여전히 열심히 손을 든다. 수업 시간에 발표를 많이 해서 선생님께 칭찬을 많이 받는다.

혜진이는 어릴 적부터 매사에 욕심이 많았다. 하고 싶은 것도, 갖고 싶은 것도 많다. 5학년이 되어 옷과 화장품에 관심이 생기자 부모님께 사달라고 조르는 일이 잦아졌다. 또 학교생활에도 욕심이 많다. 모둠 활동 시간에 자신의 주장대로 결정하길 원해서 친구들 간에 이따금 다툼이 생기기도 한다.

승우는 수업 시간마다 궁금한 것이 많다. 선생님의 설명마다 이상한 추임새를 넣거나 수업 시간에 질문을 자주 한다. 그래서 수업이 중간에 끊길 때가 많다. 그러다 보니 선생님은 승우의 이런 모습에 대해 종종 혼내기도 한다.

생각해 볼까요?

이 세상에 이상적인 아이는 없다

지원이, 혜진이, 승우는 1년 동안 내가 담임을 맡았던 아이들이다. 교실 속 아이들의 모습을 간략히 설명했지만, 과연 저 모습이 전부일까?

지원이는 수업 시간에 매우 적극적이고 발표를 잘하는 소위 모범적인 아이였다. 또 평소 눈치가 빨라서 선생님의 말투나 행동을 보고 선생님의 기분을 금방 눈치채는가 하면 친구들을 잘 배려해서 교우 관계도 원만했다. 하지만 학업 성취도까지 뛰어난 건 아니었다. 특히 수학 과목의 부진이 심해서 학습을 거의 따라오지 못했고, 방과 후 교실에 남아 수학 공부를 하는 일이 많았다.

혜진이는 욕심이 많다 보니 친구들과 가벼운 다툼이 잦았다. 모둠 이름을 정할 때 본인의 의견만 강력하게 어필하여 친구들의 기분을 상하게 하는가 하면, 놀이 활동에서도 1등을 하고 싶어서 규칙을 어기다가 친구들의 눈살을 찌푸리게 했다. 하지만 각종 교내외 대회에 적극적으로 참여하는 모습이 돋보였고, 모두가 하기 싫어하는 청소 같은 궂은일도 도맡아 하면서 친구들의 신뢰를 얻었다.

승우는 수업 시간에 선생님의 설명마다 대답을 하거나 의문을 제기하는 아이였다. 그런 승우로 인해 가끔은 수업을 진행하는 게 힘들었다. 어느 날은 수업 중간에 궁금한 점이 생기자 해결이 될 때까지 질문을 했고, 수업 시간에 해결하지 못한 것은 집에 가서 직접 찾아낸 후 나에게 자랑스럽게 말할 정도로 지적 호기심이 큰 아이였다.

서로 다른 특성을 지닌 아이들과 1년을 지내면서 깨달은 점은 아이들에게 내가 원하는 아이가 되도록 강요했다는 것이다. 친구들과 갈등이 많은 혜진이를 다그치기도 했고, 승우에게는 수업 시간에 아예 질문을 못하게 한 적도 있다. 지원이의 수학 실력을 높이기 위해 열심히 지도했지만, 답답한 마음에 아이를 혼내는 일이 많았다. 돌이켜 보면 아이가 나 때문에 수학에 대한 자신감을 더 잃지 않았을까 미안한 마음이 든다. 그리고 상담 때 만났던 지원이, 혜진이, 승우의 부모님들도 나처럼 자녀에게 원하는 모습이 비슷했다.

여러분은 당신의 자녀와 학생에게 원하는 모습이 있는가? 지금부터 이상적인 아이에 대한 이상형 월드컵을 시작해 보자.

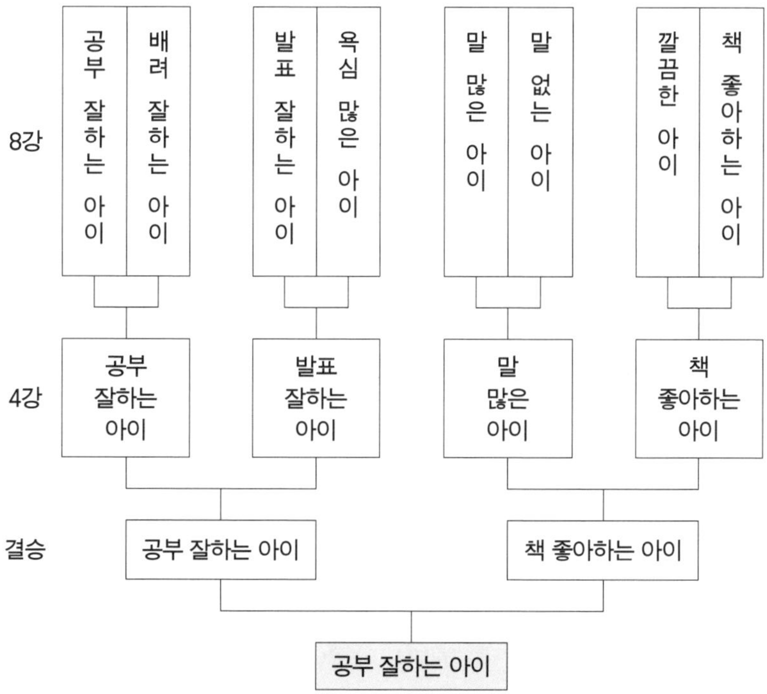

여러분들은 어떤 결과가 나왔는가? 수학이 부진한 아이, 친구와 자주 다투는 아이, 수업을 방해하는 아이가 8강에 있긴 할까? 분명 어른들이

좋아하는 아이의 일반적인 모습은 아니다. 그런데 어른들이 바라거나 바라지 않는 아이의 모습을 단정 짓는 게 얼마나 의미 없고 부질없는 것인지 생각해 볼 필요가 있다.

발표를 많이 하는 아이

학부모들은 아이가 발표를 많이 할수록 학교생활을 잘하는 척도로 판단한다. 그런데 아이가 발표를 많이 하는 이유는 자신감과 자기표현 능력이 커서 그럴 수도 있지만, 단순히 친구들과 선생님에게 잘 보이기 위한 것일 수도 있다. 물론 동기에 상관없이 적극적으로 수업에 참여하는 것은 매우 격려할 만한 일이다.

하지만 발표를 많이 하는 것보다 더 중요한 건 어떤 발표를 주로 하느냐다. 발표는 크게 제한적 사고에 의해 '예'와 '아니오' 또는 정답을 말하는 답변과 확산적 사고를 하면서 자신의 생각을 다양하게 표현하는 답변으로 나눌 수 있다. 평소 제한적 사고에 의한 일차원적 답변을 많이 하는 학생이라면 발표를 많이 한다고 마냥 칭찬하기보다 본인의 생각을 확장하여 의견을 표현하는 발표도 할 수 있도록 이끌어 주는 것이 중요하다.

욕심이 많은 아이

욕심이 많다고 해서 나쁜 게 아니다. 욕심이 많은 아이는 그만큼 열정적으로 인생을 살면서 성취 욕구가 높고 다양한 경험을 할 가능성이 높다. 다만 자신의 발전을 돕는 좋은 욕심과 상대에게 피해를 주는 나쁜 욕심을 구별할 수 있는 능력을 기르는 것이 중요하다. 그리고 의욕만 앞서 기보다 차근차근 목표를 성취해 갈 수 있도록 방법을 알려 주어야 한다.

예를 들어 공부를 잘하고 싶은 아이는 원하는 목표에 단번에 도달하지 못했을 때 좌절하고 포기하기 쉽다. 따라서 자기 자신이 실천할 수 있는 분량의 학습부터 시작하도록 해주는 게 좋다. 이런 아이들은 공부에 대한 의욕이 충분하기 때문에 옆에서 학습 방법을 곁들여 지도해 준다면 학업 성취도를 더욱 향상시킬 수 있을 것이다.

수업 시간에 말이 너무 많은 아이

수업 시간에 말이 많은 아이는 보는 시선에 따라 눈살을 찌푸리게도 하지만, 기본적으로 수업에 대한 의욕이 있는 아이이다. 수업 내용에 관심이 있는 것일 수 있고, 친구나 선생님과 소통하고 싶어서 그럴 수도 있다.

중요한 건 호기심 많고 소통하고 싶어 하는 아이의 성향을 인정하고 격려해 주어야 한다는 점이다. 이런 아이들은 대개 호기심에 여러 생각을 더하고 빼면서 새로운 아이디어를 창출해 내는 창의성이 좋다. 때문에 발명과 예술 등 다양한 방면으로 자신의 특기를 찾을 수 있도록 경험의 기회를 주는 것이 중요하다. 물론 교실은 여러 사람이 함께 살아가는 공간이기 때문에 질문이 많아 수업 진행에 방해가 된다면 수업과 쉬는 시간에 나누어 물어보도록 지도하는 것도 좋은 방법이다. 메모장을 활용해서 말이다.

솔루션

아이에게 이상적인 프레임을 씌우지 마라

아이들의 특성은 이처럼 제각각이다. 학교에서는 다양한 특성을 가진 아이들이 만나서 하나의 교실을 만들어 낸다. 그 속에서 서로 웃고 싸우면서 울기도 하지만, 그러한 과정이 있기 때문에 다채로운 빛깔의 무지개가 만들어진다.

가정에서도 마찬가지다. 부모가 완벽하지 않기 때문에 내 아이가 더 멋지길 바라는 마음은 누구나 똑같다. 그 바람을 아이에게 끊임없이 요구한다면 아이가 어느 정도 원하는 모습을 갖출 수도 있겠지만, 그게 정말로 아이 자신이 바라는 모습일까? 그래서 우리는 아이에게 이상적인 프레임을 씌우지 않고 성향과 특성을 인정하고 존중할 수 있도록 노력해야 한다. 이는 온전히 어른들의 몫이다. 어른의 몫을 해내기 위해 부지런히 애쓰다가 어느 순간 아이의 모습을 한 발자국 떨어져서 바라보면, 아이의 단점이 멋진 장점으로 새롭게 보이는 마법을 경험할 수 있을 것이다.

TIP_아이 자신이 바라는 삶을 살게 하려면

1. 아이를 있는 그대로 존중하고 인정하기
2. 자신의 성향과 특성을 긍정적으로 실현할 수 있도록 도와주기

| 3장 |

부모들이 알고 싶은 내 아이의 사회생활

우리 집 막내, 학교에서도 막내인가요?

사 례

막내는 학교에서도 막내티를 낼까?

민국이는 위로 형이 셋, 무려 넷째 아들이다. 모든 가족의 사랑을 한몸에 받고 자라서인지 딸처럼 밝고 애교가 많다. 게다가 원하는 게 생기면 온갖 애교와 떼를 써서 얻어냈기 때문에 민국이 부모는 혹시 학교에서도 그렇게 행동할까 걱정이 많았다.

"선생님, 우리 애는 집에서 아기예요. 혼자서는 아무것도 안 하려 하고 갖고 싶은 장난감이 있으면 온갖 떼를 써서 얻어냅니다. 학교에서도 어리광이 심할까요? 게다가 형들이 민국이에게 심부름을 자주 시키고 때려서 학교에서도 주눅이 들어 있을까 염려가 됩니다."

민국이가 너무 어리광만 부릴까 우려하던 부모의 생각과 달리 선생님은 뜻밖의 이야기를 전해 주었다.

"어머니, 민국이는 할 일을 스스로 잘하는 아이입니다. 오히려 친구들에게 얼른 하라고 잔소리를 하는 편입니다. 그리고 며칠 전 체육 시간에 친구의 머리를 때렸습니다. 왜 때렸냐고 물어 보니 피구 게임을 하다가 자기를 세게 맞춰서 화가 나서 때렸대요. 화를 폭력으로 표현한 이유가 무엇이냐고 물었더니 집에서 형이 평소 자기를 이렇게 때린다고 말했습니다."

생각해 볼까요?

아이는 가족 구성원의 관계를 보고 배운다

흔히 막내는 막내티가 나고, 첫째는 첫째티가 난다고 한다. 막내는 가족의 사랑을 많이 받고 자라서 좋게 말하면 해맑고, 나쁘게 말하면 대책이 없다는 일종의 합리적인 편견이다. 물론 태어난 순서에 따라 형제자매의 순서가 생기는 것은 당연하다. 하지만 막내라고 해서 모두 애교가 많은 것은 아닌데 어른들은 "막내라서 애교가 많다"는 말로 마치 애교 부리기가 막내의 역할인 것처럼 말하곤 한다.

이는 가족 관계가 수평적이기보다 나이로 서열이 정해지는 오래된 우리 문화 때문이다. 대부분의 부모들도 어릴 적부터 나이에 따라 형제자매의 서열이 확실하게 나뉘었고, 그에 맞는 역할을 당연시하면서 자랐다. 상대적으로 첫째는 동생들을 뒷바라지하며 리더 역할을 해 왔고, 동생들은 첫째의 희생을 고맙게 생각하고 집안의 중요한 일을 결정할 때는 첫째의 의견을 많이 따랐다. 이렇게 어른이 되어서도 우애 깊은 형제 관계를 맺는다. 아이들이 읽는 책만 봐도 그렇다. 우애 깊은 형제를 글감으로 한 책에서 하나같이 아우는 형을 공경하고, 형은 아우를 잘 챙기고 이끌어 준다. 사회적으로 형제자매는 애초에 태어난 순서에 따라 가정에서 정해진 역할이 구분되는 세상이다.

이렇게 자란 부모는 나이에 따라 자녀들의 관계를 정립하고, 그것을 자녀들에게도 주입하는 경우가 많다. 아이가 태어나면 부모는 사이좋은 형제자매 관계를 위해 첫째에게 이렇게 말한다.

"앞으로 너의 동생이야. 예뻐해 주고 사랑해 줘야 해."

이때부터 첫째는 어린 나이에 인생의 첫 시련을 겪게 된다. 부모의 사랑을 독차지하다가 갑자기 처음 보는 동생에게 관심이 쏠리니 얼마나 억울하고 질투가 날까? 이렇게 아이는 생각보다 훨씬 어릴 때부터 가족 관계를 통해 사회적 관계를 맺는 방법을 배운다. 그리고 형제자매 관계는 초등학생쯤 되면 어느 정도 정착된다. 대부분 첫째는 어린 동생에게 양보해야 할 상황이 더 많고, 동생은 가족들에게 비교적 많은 양보와 사랑을 받고 자라서 구김살이 적고 애교도 많다. 그래서 부모는 막내가 밖에서도 어리광스러운 모습을 많이 보일까 걱정하는 것이다.

하지만 부모의 걱정과 달리 민국이처럼 집 밖에서는 전혀 다른 모습으로 변하는 막내들도 있다. 민국이가 밖에서도 어리광이 많을 것이라는 부모의 생각은 부모가 아이를 부모-자녀 관계로만 바라보기 때문이다.

아이는 집에서 가족 구성원 전체의 관계를 모두 파악하고 있다. 나를 대하는 엄마와 아빠, 그리고 첫째인 형의 행동을 보고 그대로 따라 배운다. 뿐만 아니라 나를 제외한 가족 구성원들 간의 관계도 보고 배운다. 엄마와 아빠의 대화, 부모가 첫째에게 대하는 태도 등을 보고 가족 간의 서열 관계를 귀신같이 눈치챈다. 그래서 교실에서 엄마처럼 친구에게 잔소리하기도 하고, 아빠처럼 장난스러운 모습을 보이기도 하며, 나보다 약한 친구에게는 첫째처럼 명령하기도 한다. 민국이는 형이 화가 날 때마다 자신을 때리는 모습을 보면서 화를 표현하는 방법을 배운 것이다. 특히 형이 세 명이나 있다 보니 집에서 잔뜩 억눌렸던 감정을 학교에서 비교적 자유롭게 표출했다.

이처럼 아이들은 가족 구성원이 서로 관계를 맺는 방식을 보고 배운다. 즉 가족 관계가 학교에서 형성하는 인간관계에 큰 영향을 끼치는 것이다. 그러므로 아이가 건강한 인간관계를 맺기 위해서는 가족 관계부터 건강해야 한다.

솔루션

아이의 건강한 인간관계를 위한 가족의 변화

부모의 변화

앞서 말했듯 아이는 가족 구성원 간의 관계를 귀신같이 눈치채고 그대로 보고 배운다. 마치 강아지가 집안의 대장을 알아보고 유독 더 따르는 것처럼 말이다. 어린아이일수록 이성적인 사고보다는 본능적으로 반응하기 때문에 부모의 역할이 더 중요하다.

하지만 자녀와 매일 함께 붙어 지내면서 어떻게 항상 좋은 모습만 보이고 예쁜 말만 할 수 있을까? 고된 일을 마치고 집에 돌아오면 바로 육아와 집안일을 시작해야 하는 부모의 어깨는 현관문을 열기 전부터 무겁다. 집에 오면 산만한 자녀의 모습에 잔소리를 내뱉지 않을 수 없다. 게다가 사소한 걸로 매일 다투는 갈등까지 해결해야 하니 "너는 형이니까 동생한테 양보해 줄 수 있잖아?"라는 말이 목구멍까지 차오른다.

오늘도 화를 참아낸 나에게 스스로 박수를 보내면서 우리 가족이 서로 관계를 맺는 방식에 대해 다시 생각해 보는 시간을 가지길 바란다. 가족 관계를 되돌아보는 시간을 갖는 것만으로 아이의 건강한 인간관계를 위한 첫걸음을 뗀 셈이다. 그러면 어떻게 가족 관계를 되돌아볼 수 있을까?

첫째, 가족 구성원들의 역할을 평등하게 변화시켜 보자. 요즘은 가족 관계가 많이 수평적으로 변화되었다고 하지만 여전히 엄마와 아빠의 역할이 어느 정도 구분되어 있다. 아이들의 가족 소개 글을 보면 주로 엄마는 요리를 잘하고 아빠는 어려운 일을 잘 해낸다고 쓴다. 그리고 아빠도 집안일을 잘 '도와준다'고 표현한다. 엄마가 집안일을 잘 도와준다고 소개하는 아이는 한 명도 없었다. 아이들도 은연중에 엄마와 아빠의 역할을 구분 지어 인식하고 있다는 뜻이다. 마찬가지로 가족들이 아이에게 첫째나 동생으로서 기대하는 역할이 있다. 이처럼 가족 관계에서 정해져 있는 틀을 깨 보자. 가족 구성원끼리 집에서 주로 하던 역할을 바꿔 본 뒤, 대화를 통해 서로가 어려웠던 점을 나눈다면 점차 가족 관계가 수평적으로 변하면서 평등하게 역할을 수행하게 될 것이다.

둘째, 아이에게 서열을 알려 주는 것은 필요하다. 다만 서열에 따른 양보와 희생을 절대 강요해서는 안 된다. 동생보다 나이가 더 많기 때문에 정신적인 발달 정도가 빠른 것은 당연하다. 그래서 첫째가 동생의 숙제를 도와주기도 하고 옳고 그른 행동을 동생에게 알려 주기도 한다. 부모가 자녀들의 나이 차는 인정하되, 첫째와 동생에게 각자의 역할을 정해 주지 말자는 것이다. 예를 들어, "동생이 형한테 건방지게 대들면 안 되지" "누나니까 동생한테 양보해 주자"와 같은 말은 매우 위험하다. 이런 말은 은연중에 형은 힘이 세고 나이가 많으니까 강자이고, 동생은 보호를 받아야 하는 약자라는 역할이 존재한다는 암시를 주기 때문이다.

아이의 변화

부모의 양육 방식이 변하면 아이의 행동도 변한다. 첫째는 동생에게 많이 양보하고 자랐다고 억울해하고, 동생은 첫째에게 강압적으로 많이 맞고 자랐다며 억울해한다. 서로 어떤 서열이 되었어도 억울해하기는 마찬가지다. 반대로 생각하면 첫째라서 또는 동생이라서 누린 혜택들이 많다. 이렇게 각자 서열에 맞는 행동이 화목한 가족 관계의 원동력이 된다.

결국 아이들이 깨달아야 할 점은, 첫째는 첫째대로, 동생은 동생대로 강점이 있다는 것이다. 이제 와서 동생이 첫째를 하겠다고 할 수도 없는 노릇 아닌가? 집에서 나의 위치를 이해하고 자신이 동생이라서 가족들에게 큰 즐거움을 줄 수 있다는 장점을 먼저 바라보면 좋을 것이다.

이렇게 가족간의 관계가 잘 형성되지 않았을 때 교실 속 막내 아이들은 대체로 두 가지 유형의 친구 관계를 형성한다. 첫째, 지나치게 위축되어 스스로 약자의 위치에 서는 경우다. 집에서 가장 서열이 낮거나 특히 형이나 누나를 무서워하는 경우에는 다른 사람의 심기를 거스르지 않기 위해 조심하고 눈치를 보게 된다. 이런 아이들은 친구 중 나보다 체격이 크고 힘센 친구에게 스스로 을이 된다. 둘째, 첫째로부터 받던 억눌림이 학교에서 폭발하는 경우다. 대들지 못하고 억눌려왔던 화가 교실에서 약한 친구를 괴롭히는 데 사용되거나 타인과의 관계에서 공격적으로 표출되는 경우다.

교실 속의 첫째 아이들은 대체로 다음과 같은 친구 관계를 형성한다. 첫째, 친구 사이에서 우위를 선점하여 친구들을 동생 대하듯 명령하는 경우다. 이런 아이는 겉으로 볼 땐 친구들을 잘 챙겨 주고 의리도 있는 편이다. 반면 친구들끼리 의견을 결정할 때 동생에게 하듯 나름의 논리를 드러내며 자신의 의견대로 끌고 가길 원한다. 이런 아이들 중에는 애초에 자기 주장이 강하지 않고 수동적으로 끌려다니는 아이들과만 어울리려고 하는 경향이 있다. 둘째, 집에서 충족되지 못한 애정을 학교에서 해소하려는 경우다. 집에서는 의젓한 첫째로 동생에게 양보를 잘하는 아이들이 간혹 교실에서 친구들에게 그 애정을 갈구하기도 한다.

같은 의미에서 첫째에게 지나친 요구를 하는 것은 아이에게 반감과 부담감을 줄 수 있다. 첫째가 부모를 잘 도와줄 때 칭찬한다면 아이로서는 좋을 수 있겠지만, 그것이 마냥 좋은 행동이라고 볼 순 없다. 아이는 '첫째'라는 책임감 때문에 부모 앞에서 항상 좋은 모습만 보여주고 싶어 한다. 이런 경우 겉으로는 원만해 보이지만, 내면에는 충분히 투정을 부리지 못했던 유아기적 성향과 상처가 남아 있다. 그래서 타인과의 관계에서 쉽게 불안함을 느끼고 작은 관계 변화에도 민감하게 반응하기 때문에 친구 관계에서 갈등이 생기는 경우가 많다.

정리하면, 집에서 보여 주는 아이의 모습이 학교에서의 친구 관계에 영향을 끼친다는 사실을 인지하고, 가족끼리의 스스럼없는 행동이 바깥에서도 모두 허용되지 않는다는 것을 배워야 한다. 특히 친구 간에는 형제자매처럼 가까운 관계보다 조금 거리를 두고 서로 배려해야 건강한 교우 관계를 형성할 수 있다.

TIP 아이의 건강한 인간관계를 위하여

1. 가족 구성원 간의 관계에 건강한 변화가 필요하다.
   - 엄마, 아빠, 아이 모두의 역할을 평등하게 변화시키기
   - 아이에게 서열을 알려 주는 것은 필요하지만, 서열에 따른 양보와 희생을 강요하지 않기

2. 아이 스스로 마음의 변화가 필요하다.
   - 첫째와 동생 각자의 위치에서 장점 파악하기
   - 첫째와 동생으로서 가족을 위해 할 수 있는 역할 생각해 보기
   - 친구 관계는 가족보다 거리를 두고 배려하는 태도 기르기

혼자 노는 아이, 진짜 이유는 뭘까요?

사 례

혼자 놀기 좋아하는 아이

미주는 혼자 놀기의 왕이다. 친구들과 어울려 다니는 것에는 관심이 없다. 어릴 때부터 그랬다. 유치원에서 소꿉놀이에 한 번도 껴본 적이 없다. 미주의 부모는 아이가 보채는 것 없이 어른스럽게 혼자 잘 노는 것 같아서 대견스러웠다. 학교에 입학해서도 친구보다는 혼자서 블록을 쌓거나 동화책을 읽으면서 책 속 등장인물과 대화하는 상상을 더 좋아했다. 상호교류에 관심이 없다는 점을 제외하고는 특별히 눈에 띄지 않아서 저학년 담임선생님들도 혼자 놀기 좋아하는 아이 정도로 생각했다.

그런데 3학년이 되면서 조금씩 특별한 행동이 눈에 띄었다. 기분이 좋으면 괴성을 지르며 바닥을 구르고, 본인에게 자극을 주는 말과 행동을 끊임없이 따라 하거나 듣기 싫은 말에는 눈을 감은 채 보이지 않고 들리지 않는 척했다. 저학년 때와 달리 친구의 성향을 좀 더 구체적으로 인지하는 아이들의 성장에 따라 미주는 본격적으로 고립되기 시작했다. 아이들은 상대의 기분을 잘 이해하지 못하고 대화가 안 되는 미주를 좀 이상한 애로 받아들였다. 어떤 날은 미주가 길을 비켜 주지 않아 무거운 물통을 쏟은 친구에게 어떤 마음이 들었냐고 묻자 물통이 쏟아져 자신에게 튈까 걱정이 됐다고 말했다. 또 어떤 날에는 벽을 보고 혼잣말을 하다가 누구와 대화하냐는 선생님의 물음에 눈을 굴리며 아무 이름을 대기도 했다.

학교에서는 고민 끝에 미주 부모에게 전문가 상담을 제의했지만, 미주의 부모는 학업 성적도 좋은 아이에게 무슨 문제가 있냐며 학교에서 딸에게 선입견을 씌우지 말라고 항의했다. 부모의 동의가 없어서 학교에서는 미주를 그냥 둘 수밖에 없었다.

생각해 볼까요?

아이의 문제를 인지하지 못하는 이유

내가 본 미주는 상대의 마음을 잘 이해하지 못했다. 게다가 타인과 대화로 소통하는 것이 상당히 서툴렀다. 가끔 책이나 TV에서 본 것들을 마치 자신에게 일어난 현실인 것처럼 이야기하기도 했다. 아이들은 미주를 상대방의 기분을 잘 이해하지 못하고 가끔 분위기 파악을 못 하는 좀 이상한 애로 생각했다. 미주를 싫어하는 아이들은 없었지만, 그렇다고 미주와 잘 어울리는 아이들도 없었다. 그리고 이러한 상황을 학부모 상담 시간에 이야기하자, 부모는 오히려 미주를 잘 챙겨 주지 않는 아이들의 잘못으로 생각했다.

미주 부모는 이러한 문제를 왜 인지하지 못했을까? 가정에서는 여러 사람과 감정을 교류할 일이 별로 없기 때문에 미주가 친구들과 어떻게 사회적인 관계를 맺는지 잘 드러나지 않는다. 부모와는 어릴 적부터 가족끼리 대화하는 방식이 있고, 아이가 가끔 이상한 생각을 내비쳐도 아직 어려서 그런가, 학교에서 친구들에게 이상한 소리를 들었나 생각하고 대수롭지 않게 넘기는 경우가 많다. 게다가 미주의 학업에는 문제가 없었다. 오히려 숫자를 가지고 자유자재로 놀 정도로 수학을 잘하는 아이였다. 미주의 부모는 단순히 혼자 놀기 좋아하는 아이 정도로만 여겼다.

솔루션

아이의 모습을 받아들이는 것이 해결의 시작이다

혼자 노는 것을 좋아한다고 해서 문제가 있다는 것은 아니다. 타인의 의견이나 방해 없이 혼자 있는 것이 편한 아이들은 학교에서도 혼자 있는 모습을 종종 보인다. 그렇다고 친구들과 잘 어울리지 못하는 것도 아니다. 다만 우리 아이가 미주처럼 자신이 좋아하는 것 외에는 전혀 관심이 없고 친구와 함께하는 놀이를 싫어하거나 타인과 대화로 소통하는 것을 어려워한다면 아이의 상태를 자세히 관찰할 필요가 있다.

학교에서 학부모 상담을 할 때 대부분 부모들은 학업과 친구 관계를 물어본다. 이때 우리 아이가 학교에서 혼자 논다는 이야기를 듣는다면 아이가 학교에서 감정 표현을 어떻게 하는지, 친구들의 마음을 잘 공감하는 편인지 등을 추가적으로 상담함으로써 아이를 종합적으로 이해하고 바라봐야 한다.

혹시 아스퍼거 증후군Asperger syndrome에 대해 들어 본 적 있는가? 아스퍼거 증후군을 가진 아이들은 대개 정상 지능으로 공부를 잘하고 거짓말을 하지 않아 모범생으로 보여 부모들도 파악하기가 어렵다. 글을 읽고 쓰는 부분에서는 큰 무리가 없지만 대부분 대화를 통한 언어 소통에서 문제를 보인다. 언어 장애는 없으나 농담, 은유적인 말, 비꼬는 말뿐 아니라 상대방의 얼굴이나 몸짓, 행동 등에 숨어 있는 의미를 잘 이해하지 못한다. 즉 친구들이 농담 때문에 웃고 있을 때에도 아이는 그것을 이해하지 못해 웃지 못하거나 문맥과 다른 이야기를 할 때가 있다.

이런 아이는 상대방의 마음에 공감하는 능력이 부족하다 보니 대인 관계 능력이 크게 떨어지고, 따라서 또래 사이에서 겉돌게 되는 문제가 발생한다. 이렇게 오랜 시간 방치되면 아이도 혼자 지내는 것에 익숙해지고 심한 경우 소외나 따돌림 문제가 발생할 수 있다.

다만 아이가 아스퍼거 증후군과 비슷한 행동을 보인다고 해서 심각한 문제가 있다고 여길 필요는 없다. '증후군'은 장애가 아니다. 단지 우리가 흔히 말하는 '보통'에서 조금 벗어난 것 뿐이다. 담임선생님으로부터 아이가 아스퍼거 증후군과 비슷한 행동을 한다는 말을 들었다면, 또 상담을 권유받은 상태라면 이 사실을 받아들이기 쉽지 않다. 교사도 그런 부모의 마음을 잘 알기 때문에 학교에서 상담을 권유한다는 건 이미 많은 관찰과 지도, 고민 끝에 어렵게 이야기를 꺼내는 경우일 것이다. 학생의 바른 성장을 위하는 마음으로 어렵게 말하는 것이니 선생님의 권유가 있을 때는 용기 내어 전문기관의 상담을 받고 객관적으로 자녀를 살펴보는 게 좋다. 실제로 가르쳤던 아이들 가운데 전문기관의 상담 치료를 꾸준히 받고 문제 행동이 개선된 경우를 여럿 보았다. 처음에는 반감을 갖던 어머니도 아이의 모습을 받아들이고 일 년 이상 아이와 함께 상담 치료를 다녔다. 그로 인해 학교에서 눈에 띄게 달라진 아이의 모습을 보면서 기쁨을 느끼게 되었고, 교사에게 상담 치료 내용을 공유하기도 했다. 아이가 바뀔 수 있었던 것은 전문가 상담 이전에 부모가 아이의 모습을 받아들이고 적극적으로 해결하려고 했기 때문이라는 것을 꼭 이야기하고 싶다.

친구가 없어도 괜찮다고 하는데 걱정돼요

사 례

혼자서도 잘 노는 아이

준경이가 반에서 겉돌기 시작한 건 10월 즈음이었다. 점심시간이면 교실에서 사라졌다가 수업이 시작되고 나서야 나타나곤 했다. 그래도 1학기에는 단짝까지는 아니라도 반 친구들과 어울려 곧잘 지내더니 점점 혼자 있는 준경이의 모습이 김 교사의 눈에 종종 관찰되었다.

김 교사는 준경이 부보님께 이 사실을 알렸다. 준경이 어머니는 준경이가 걱정되고 속이 상해 계속 눈물이 났다. 그날 밤 준경이는 부모님과 오랫동안 이야기를 나눴다. 그런데 어른들의 걱정과 달리 준경이는 의외로 씩씩했다.

"엄마 나는 아무렇지도 않아. 밥 먹고 도서관에 가서 책 읽으면 되는데? 그리고 도서관이 교실보다 훨씬 조용하고 깨끗하고 시원해."

"그래도 친구들이랑 놀고 싶지 않아?"

"그럼 친구들이랑 맨날 같이 있어야 하잖아? 친구들은 교실에 있을 때

같이 놀면 돼. 그리고 나 3반 진혁이랑도 친하잖아? 난 아무렇지도 않은데…."

엄마는 준경이의 말을 들으며 생각에 잠겼다.

생각해 볼까요?

정형화된 틀을 벗어난 아이

학교생활에서 아이들에게 가장 중요한 건 단연코 친구 관계일 것이다. 어릴 적 나도 그랬다. 그래서 나는 모든 아이들이 친구 관계에 민감하고 단짝 만들기에 열중할 거라고 여겼다. 또 준경이처럼 친구들과 어울리지 못하고 혼자 있는 아이는 으레 친구 관계에 문제가 있을 거라고 지레짐작했다.

그러나 준경이는 자기 내면이 단단한 아이였다. 다른 아이들처럼 단짝 만들기가 학교생활의 우선이 아니었다. 준경이의 이런 성향을 제대로 파악하지 못하고, 그저 반에서 친구가 없다는 이유만으로 외로울 거라고만 판단했다.

이처럼 어른은 아이를 정형화하여 바라보기도 한다. 그러나 아이는 모두 다르다. 정형화된 틀에 억지로 끼워 맞추려는 순간, 아이의 특성을 제대로 파악할 수 없다. 그러니 준경이처럼 친구 관계에 별로 관심이 없는 아이에게 문제가 있다고 속단하면 안 된다.

물론 대부분 아이들에게 있어 친구 관계가 중요한 것은 맞다. 그러다 보니 아이가 친구 관계에 관심이 없어서 혼자 지내는 건지, 아니면 친구 관계에 문제가 있는 건지 정확하게 파악하기란 쉽지 않다. 둘의 차이가 겉으로는 얼핏 드러나지 않기 때문이다.

솔루션

친구 관계에 관심 없는 이유를 살펴라

친구 관계에 대한 아이의 특성을 파악하는 방법은 다음과 같다.

친구 관계에 대한 아이들의 일반적인 특성

정형화된 틀에 맞추어 아이들을 바라보면 안 되지만, 친구 관계에 대한 아이의 특성을 파악하는 데에는 정형화된 틀이 기준점이 된다.

일반적으로, 1~2학년은 옆에 있는 친구와 논다. 아직은 단짝 개념이 없는 것이다. 또 친구에 대한 편견도 없다. 친구가 문제를 일으키고 어른들한테 꾸지람을 자주 들어도 친구를 깔보거나 이상하게 여기지 않는다. 그래서 성별과 관계없이 내 옆에 있는 친구와 주로 어울려 지낸다. 특히 남자아이들이 그렇다. 그래서 한 친구와 죽도록 싸우고도 언제 그랬냐는 듯 다시 그 친구와 한몸처럼 붙어서 깔깔거리며 잘 어울려 지내는 것이다. 여자아이 중에는 또래보다 성장이 빠른 아이들이 있다. 대개 위에 언니가 있으면 그렇다. 이 아이들 경우 친구 무리를 만들려고 한다. 그런데 가만히 지켜보고 있으면 상급자들의 친구 관계를 어디서 보고 따라 한다는 느낌이 든다. 무엇보다 1~2학년까지는 부모가 아이의 친구 관계를 어느 정도 좌지우지할 수 있다. 즉 부모끼리 친하면 아이들도 덩달아 서로 친하게 잘 지낸다.

3~4학년은 또래 집단 시기라고 명명할 만큼 친구들이 중요하다. 그런데 자신을 둘러싼 여러 사회집단 중 또래 집단이 중요한 것이지, 단짝 만들기나 무리 짓기에 목매는 건 아니다. 그래서 같이 놀 친구들만 있어도

만사 오케이다. 또 이때부터 성별 차이를 인식하기 시작하면서 동성끼리 잘 뭉친다. 그래서 조금씩 성별끼리 싸움이 생기게 된다. 만약 교사가 중간에서 대처를 잘못하면 일 년이 힘들어지기 때문에 무조건 중립을 지키면서 공평해야 한다.

그러다 4학년 2학기쯤, 즉 고학년 진입 초기에 들어서면 점차 단짝이나 친한 친구들로만 무리를 만들려고 한다. 이는 대체로 여자아이들에게 해당하는 것이고, 남자아이들 대부분은 여전히 단짝 만들기나 친한 친구들과 무리 짓기엔 그다지 관심이 없다.

대망의 5~6학년이 되면 여자아이들에겐 단짝이나 친한 친구 무리의 존재 여부가 제일 중요하다. 학급 전체는 친구가 아니다. 학급에서 나와 모든 게 잘 맞는 아이가 단짝이자 친한 친구다. 그래서 여자아이들은 5학년이 시작되자마자 단짝과 친한 친구들을 찾아 교실을 헤맨다. 보통 3월 한 달이면 여자아이들의 친구 관계가 판가름 나고 무리가 확연하게 갈린다.

아이의 예상처럼 단짝이나 친한 친구 무리가 자신과 성향이 잘 맞으면 일 년간 아이는 별 탈 없이 학교생활을 한다. 문제는 아이의 예상과 다를 때 발생한다. 즉 친한 친구들이라 생각했던 단짝이나 무리가 자신과 성향이 맞지 않아서 갈등을 겪는 경우다. 여자아이들에게 친한 친구 무리는 자기 자신 그 자체이며, 반대로 무리 밖의 또래에게는 굉장히 배타적이다. 만약 무리에서 쫓겨난다면 아이는 어디에도 속할 데가 없어진다. 이때부터 아이는 낙동강 오리알 신세가 되어 아이만의 개미지옥이 시작된다. 여자아이들도 본능적으로 이 사실을 잘 알고 있다. 그래서 친구와의 이질감으로 인한 괴로움을 꾸역꾸역 참아내면서 어떻게든 무리 속에서 남아 있으려고 기를 쓰며 버틴다.

고학년일지라도 남자아이들은 일단 옆에 있는 아이와 논다. 그러다 안 맞으면 다른 아이와 논다. 그러다 안 맞으면 또 다른 아이 식으로 몇 번 자신만의 연습을 하다 보면 결국 자신과 잘 맞는 아이를 찾게 된다. 그러면 이제부터는 그 아이와 주로 친하게 지낸다. 그 친구를 단짝이라고 여기기보다는 그냥 나랑 잘 맞아서 자주 어울리는 친구다. 친구 무리도 나와 잘 맞는 몇 명이 모여서 형성된 것뿐이다. 친구와 잘 맞다고 인식하는 방법도 대체로 유머 코드나 좋아하는 게임 또는 스포츠 종류 등에 쏠려 있다. 아무튼 남자아이들은 여자아이들과는 달리 별생각 없이 그저 어울려 놀기를 좋아한다.

친구 관계에 관심이 없는 아이들

앞서 살펴본 친구 관계에 대한 아이들의 일반적인 특성은 분명 정형화된 틀이다. 확률적 통계로 치면 이에 해당하는 아이의 수가 많은 것일 뿐, 이 세상 모든 아이들의 대표 표본이 될 순 없다. 준경이처럼 정형화된 틀을 벗어난 아이도 분명 있기 때문이다.

준경이처럼 친구 관계에 관심이 없는 아이는 성별과 상관없이 초등학교 내내 옆에 있는 친구와 놀고, 남자아이의 일반적인 특성처럼 친구 관계를 맺는다. 친구가 있으면 친구와 놀고 친구가 없으면 혼자서 논다. 친구가 있어도 친구와 놀고 싶지 않으면 책을 읽거나, 게임을 하거나, 공상을 하거나, 그림을 그리거나 하면서 말이다. 이때 표정, 자세, 습관, 말하는 내용 등 아이의 모든 것을 매사에 주의 깊게 잘 살펴봐야 한다. 만약 평소와 다를 바 없이 아이가 평온하다면 아직은 그냥 친구 관계에 별 관심이 없는 것이다. 반대로 아이가 어딘지 모르게 불안해하면서 위축된다든가, 줄곧 친구 이야기만 하면서 학업에 지장을 줄 만큼 친구 관계에 몰두해 있다든가, 부모가 친구에 관해 물어봐도 친구 이야기를 전혀 하지 않고 피하려고만 하는 것 모두 친구 관계에 조금이라도 문제가 있다는 증거다. 초등학생은 어른과 달리 자신의 속마음을 숨기는 데 아직은 서툴기 때문에 아이의 상태를 자세히 관찰하면 친구 관계로 인해 걱정과 고민이 있는지를 파악할 수 있다.

무엇보다 아이의 특성을 제대로 이해하지 못하고 그저 친구와 잘 지내라고 닦달해서는 안 된다. 부모의 불안은 아이의 불안을 자극하며 스트레스만 줄 뿐이다. 그러나 사람은 사회적 동물이다. 지금은 친구 관계에 별 관심이 없다 해도 언젠가는 나의 마음을 이해해 주는 친한 친구를 만들고 싶어 할 것이다. 그때를 대비하기 위해서라도 친구 관계를 주제로 아이와 자주 대화하는 것이 좋다. 아이와 평소 나누어 보면 좋을 대화의 주제는 다음과 같다.

· 친구에게 어떤 친구이고 싶니?
· 어떤 친구와 잘 지내고 싶니?
· 어떤 친구가 싫니?
· 친구와 함께 뭘 하고 싶니?

이런 대화들은 아이의 메타 인지를 자극하여 더 나은 선택을 하도록 이끈다. 이를테면 그저 옆에 있다는 이유만으로 아무나 하고 친구 관계를 맺기보다 나를 있는 그대로 바라봐 주면서 기쁜 일엔 함께 기뻐해 주고 슬픈 일엔 함께 슬퍼해 주는 사람과 깊은 우정을 나누는 것이다.

TIP_ 초등학생의 친구 관계

• 보편적이고 일반적인 특성(정형화): 대부분 아이들은 친구 관계가 중요하다!
 - 1~2학년: 친구에 대한 편견 없이 모두와 어울려 지낸다.
 - 3~4학년: 친구 관계 속에서 자기를 인식하고 성별을 구분하기 시작한다.
 - 5~6학년: 여자아이에게는 친구 무리가 자기 자신 그 자체이고, 남자아이는 잘 맞는 아이와 주로 어울린다.

• 예외적인 상황: 친구 관계에 관심이 없는 아이들이 있다!
 - 친구 관계에 문제 있다고 속단하지 않기
 - 아이가 친구 관계에 관심이 없는 건지, 문제가 있는 건지 구분법: 아이 상태를 자세히 관찰하기
 - 친구 관계에 관심이 생길 때를 대비해서 아이와 자주 친구 관계를 주제로 대화 나누기

우리 아이는 감정 표현에 서툴러요

사 례

다른 친구를 괴롭히는 아이?

김 교사는 신학기를 앞두고 동료 교사인 박 교사에게 뜻밖의 소식을 전해 들었다. 바로 김 교사가 이번에 맡게 된 도영이라는 아이에 대한 정보였다.

도영이는 4학년 내내 한 친구를 싫어했다. 그래서 한번은 도영이가 그 친구의 의자에 몰래 압정을 놓았고, 그 장면을 박 교사가 목격했다. 그러나 도영이는 그런 적 없다고 딱 잡아떼면서 거짓말로 일관했다. 도영이 부모님도 박 교사가 도영이를 모함한다면서 길길이 날뛰는 바람에 박 교사가 고생을 꽤나 했다고 한다. 그러면서 박 교사는 김 교사에게 도영이와 도영이 부모님을 조심하라는 경고 아닌 경고를 했다. 김 교사가 도영이에 대해 들은 사전 정보는 이뿐만이 아니었다. 학교에서 친분이 있던 이 교사가 올해 김 교사네 반 학생들의 명단을 쭉 보더니 대뜸 도영이의 이름을 가리키며 말했다.

"선생님, 제가 도영이 2학년 때 담임을 맡았는데요. 그때 저희 반에 또래보다 발달이 좀 늦은 아이가 있었어요. 그 아이를 쫓아다니면서 유독 괴롭힌 친구가 두 명 있었는데, 그중 한 명이 도영이예요."

생각해 볼까요?

부정적인 감정을 몸으로 표현하는 이유

도영이 이야기를 전해 들은 나는 마음이 심란하면서도 아이가 그런 행동을 한 이유가 궁금해졌다. 교사로서 연차가 쌓일수록 깨달은 사실은 아이들은 아무 이유 없이 친구를 괴롭히지 않는다는 것이다. 더불어 아이는 교사나 부모의 도움 없이도 어렸을 때 한 행동이 성장 과정에서 자연스레 교정되어 스스로 변화하기도 한다는 것이다.

새 학기가 시작된 후 도영이를 유심히 관찰했다. 그 결과, 도영이는 여느 아이들과 다를 바 없었지만, 딱 한 가지 특이사항이 있었다. 바로 부정적인 감정을 솔직하게 표현하지 못하고 억누르거나 숨기는 모습이었다. 즉 도영이는 주변 사람들에게 자신의 부정적인 감정을 드러내는 것을 수치스럽고 자존심이 상하는 일로 여기는 것 같았다.

한번은 교실 뒤쪽에서 갑자기 '쿵' 하는 소리가 들렸다. 그리고 곧바로 한 아이의 목소리가 이어졌다.

"선생님, 도영이가 저를 밀쳤어요!"

소리가 난 쪽으로 얼른 달려가 보니 씩씩대며 자신이 밀친 종욱이를 매섭게 노려보는 도영이가 있었다. 두 아이를 상담실로 데려가서 자초지종을 묻자 기다렸다는 듯 종욱이가 먼저 말했다.

"도영이 물건이 신기해서 만졌는데, 갑자기 저를 밀쳤어요. 도영이가 만지지 말라고 했는데, 계속 만진 건 제 잘못인 거 알아요. 그렇다고 저를 뒤로 밀쳐서 다치게 하면 안 되죠!"

종욱이의 말에 억울하다는 표정을 짓고 있던 도영이에게 사실이냐고 물었다. 그랬더니 도영이는 당당한 태도로 아니라고 대답했다. 그래서 도영이에게도 종욱이처럼 상황에 대해 구체적으로 설명할 것을 요구했다. 하지만 도영이는 내 눈을 피하고 입을 굳게 다문 채 묵묵부답으로 일관했다. 그런 도영이의 태도에 상담실에서는 잠시 침묵이 흘렀다. 고민 끝에 종욱이를 먼저 상담실에서 내보내고 도영이와 단둘이 이야기를 나눠야겠다고 판단했다. 종욱이가 상담실을 나가자마자 도영이와의 대화를 시도했고 다행히 도영이는 대화에 응해 주었다.

"도영아, 종욱이가 네 물건을 함부로 만져서 화나고 밉지?"

"아니요."

"그래? 선생님이 너라면 종욱이한테 화나고 미울 것 같은데? 분명히 만지지 말라고 했는데, 네 말을 무시하고 계속 만졌잖아?"

"……."

"선생님은 지금 네가 잘못했다고 혼내려는 게 아니야. 네가 종욱이에게 어떤 감정이 들었는지 묻는 거란다. 오늘처럼 때로는 친구한테 화나고 미울 수 있어. 도영아, 네 마음에 생긴 감정을 부정하지 마. 사람이니까 화나거나 미워하는 것처럼 부정적인 감정이 마음속에 생기는 게 자연스러운 거야. 또 이런 부정적인 감정을 솔직하게 표현하는 건 전혀 부끄러운 일이 아니야."

내 말에 그제야 도영이는 종욱이를 밀친 행동을 시인했다. 나는 도영이에게 다음과 같이 덧붙여 말한 뒤, 교실로 돌려보냈다.

"선생님은 네가 친구를 밀치면 안 된다는 사실을 모른다고 생각 안 해.

종욱이한테 화나고 미운 마음에 순간적으로 종욱이를 밀쳤다고 생각해. 누구나 화나면 그럴 수 있어. 그러나 모든 사람이 화난다고 친구를 다치게 하지는 않아. 그건 너도 알지? 화나고 미운 감정을 몸이 아닌 말로 잘 표현하는 게 중요해."

솔루션

자신의 감정을 표현하고 친구의 감정을 이해하려면

아이의 감정 교육법

생각보다 많은 아이들이 도영이처럼 감정을 올바르게 표현하는 방법을 모른다. 그래서 말보다 몸이 먼저 나가서 친구에게 폭력을 행사하고, 자신의 잘못된 행동을 부정하는 거짓말을 한다. 또는 친구를 험담하고 심할 경우 따돌림까지 서슴지 않는다. 따라서 아이가 자신의 감정을 올바르게 표현하고 잘못된 행동을 교정하는 데에는 다음과 같은 교육 방법이 효과적이다.

첫째, 아이의 행동 이면에 숨겨진 감정을 찾아 읽어내야 한다. 종욱이처럼 먼저 자신의 감정을 솔직하게 이야기한다면 아이를 지도하는 게 훨씬 수월하지만, 모든 아이가 종욱이 같지는 않다. 따라서 아이가 잘못된 행동을 하게 된 원인, 즉 아이의 숨겨진 감정을 찾아 부모나 교사가 말로 짚어 줌으로써 아이의 감정에 대한 인정과 공감부터 해야 한다. 초등학생 정도 되면 친구를 때리거나 거짓말하는 행동이 잘못된 행동임을 모르지 않기 때문에 잘잘못에 대한 교육은 아이가 자신의 감정에 대한 인정과 공감을 받고 비로소 마음을 연 후에 가르쳐도 늦지 않다. 이처럼 아이들은 어릴 때부터 자신의 감정에 대한 인정과 공감을 많이 받아보는 경험이 중요하다. 왜냐하면 이를 통해 자신에 대한 정당성을 부여받고 자신의 감정을 들여다보는 연습을 할 수 있기 때문이다. 이로써 바람직한 감정 표현 능력과 더불어 감정 조절 능력까지 기르게 될 것이다.

둘째, 아이에게 행동의 옳고 그름을 반드시 가르쳐야 한다. 부모나 교사가 아이의 감정을 인정과 공감만 해 주고 끝난다면 아이의 행동이 변화되기 어렵다. 오히려 아이가 자신의 잘못된 행동에 대해 정당화함으로써 잘못된 행동이 교정되기보다 고착화될 수 있다. 그러므로 아이의 감정에 대해 인정과 공감을 한 후 반드시 행동의 잘잘못을 가려야 한다. 이때 부모나 교사가 아이의 잘못을 일일이 짚어 주기보다 아이 스스로 자신의 잘못을 말하도록 질문으로 유도하는 것이 좋다. 또 "이런 점을 잘못했어"라며 아이의 잘못을 일일이 확인하며 따지듯이 말하기보다 "이럴 땐 이렇게 행동하는 게 좋아"라는 식으로 바른 행동에 대한 구체적인 지침을 알려 주는 것이 효과적이다. 이런 교육 방법은 아이가 반성적 사고를 자극하고 바른 행동을 체득하는 데 훨씬 효과적이다.

셋째, 모든 감정은 옳다는 사실을 알려주어야 한다. 감정을 긍정적인 감정과 부정적인 감정으로 구분할 수는 있지만, 맞는 감정과 틀린 감정으로 구분할 수는 없다. 모든 감정은 늘 옳기 때문이다. 내 마음속 감정에 틀림이란 이름을 붙이는 순간 자신이 마치 못된 사람이 된 것만 같아서 죄책감이 들고 괴로워질 것이다.

잘잘못을 판단하는 기준은 감정이 아니라 행동이다. 즉 '틀림'이란 이름을 붙일 수 있는 것은 바로 감정을 바르게 표현하지 못한 '행동'이다. 그러므로 아이에게 감정과 행동을 구분하는 방법, 상대방의 기분이 상하지 않도록 자신의 감정을 바르게 전달하는 방법 등을 가르쳐 주어야 한다.

이때 가정에서 부모가 아이와 함께 나-표현법예: "네가 이렇게 행동해서 내 감정이 이러해."이라는 대화법으로 꾸준히 대화하기를 추천한다. 아이가 나-표현법으로 대화하는 습관을 들인다면 가정과 학교 어디에서든 건강한 인간관계를 맺을 수 있게 된다.

친구와 갈등 겪을 때의 교육법

사람은 누구나 타인과 갈등을 겪으면 우선 감정이 상한다. 아이들도 마찬가지다. 고로 아이가 친구와 갈등을 겪을 때도 이와 같은 '감정 교육법'을 활용할 수 있다. 특히 같은 반 친구를 클래스메이트같은 반이나 교실에서 수업을 받는 친구가 아닌 프렌드가까운 친구로 여기는 인식이 강한 우리 사회에서는 더더욱 감정 교육법이 필요하다. 아이에게 같은 반이라는 이유 하나만으로 무조건 클래스메이트와 '친하게 잘' 지낼 것을 은연중에 요구하기 때문이다. 이는 아이의 감정을 무시하는 태도이며, 오히려 친구와의 갈등을 증폭시킬 수 있다. 따라서 아이에게 '친구가 밉고 싫은 감정이 드는 건 잘못된 것이고, 모든 사람과 잘 지내라'고 강요해서는 안 된다. 이럴 땐 친구에 대한 부정적 감정이 매우 자연스럽다는 걸 먼저 인정해 주어야 한다.

다만 친구가 밉고 싫다는 이유로 친구를 때리고 뒷소리하거나 왕따를 시키는 등 친구에게 피해를 주며 괴롭히는 행동을 해서는 안 된다고 반드시 가르쳐야 한다. 또 친구를 미워하고 싫어하는 감정이 걸러지지 않은 채 가감 없이 드러낸다면 친구가 상처를 받을 수 있으므로 친구에 대한 부정적인 감정을 드러내지 않도록 조심하는 게 사람으로서 지켜야 할 예의임을 알려 주어야 한다. 그런데 문제는 친구가 상처받는 방식으로 자신의 감정을 드러내는 아이들은 부정적인 감정에 사로잡혀 상대방의 입장을 고려하지 못한다는 것이다. 이때 '역지사지 교육법'을 활용하면 아이가 상처받은 친구의 마음을 인식하면서 자신의 행동을 돌아볼 수 있다. 또 단순히 '입장 바꿔 생각해 봐' '반대로 생각해 봐'라고만 하기보다 상황을 자세하게 짚어 줘야 아이가 자신의 부정적인 감정에서 빠져나와 친구의 입장에 자신을 투영하고 몰입할 수 있게 된다.

역지사지 교육법의 예시

종욱이가 밉고 싫은 도영이는 다른 친구들에게 "종욱이는 남의 물건 멋대로 만지는 못된 아이"라고 뒷말했다. 그런데 종욱이가 이 사실을 알게 됐고 속상한 마음에 담임선생님께 알렸다. 담임선생님은 도영이와 상담했다. 그러나 도영이는 자신이 무엇을 잘못했는지 인정하지 않는 눈치였다.

"도영아, 반대로 종욱이가 다른 친구들에게 너를 '도영이는 친구를 밀쳐서 다치게 하는 못된 아이'라고 뒤에서 욕했어. 그리고 네가 그 사실을 다른 친구들에게 듣게 된다면, 네 마음은 어떨까?"

그러나 역지사지 교육법은 아이가 아직 자기중심적 태도가 강해 타인에게 자신을 투영하고 공감하기 어려워한다면 적용하기 힘들다. 아이가 조금 더 성장해서 또래 집단 속에서 자아를 인식할 때부터 역지사지 교육법을 적용해야 효과적이다.

다양한 방법을 활용해도 아이가 친구를 미워하고 싫은 마음으로 너무 힘들어한다면 당분간 그 친구를 살며시 피하라고 조언하는 것도 방법이다. 이 조언의 필수 조건은 '당사자인 친구를 포함하여 아무도 몰래'라는 조건과 '친구에 대한 미움이 괜찮아지면 친구에게 다시 다가가 보라'는 조언이다. 피하라는 말만 하면 자칫 학교 폭력으로 번질 위험이 있다. 이이들 중에는 잠시 '피해 보라'는 말을 '친구를 무시해도 된다'는 뜻으로 받아들이는 경우도 있기 때문이다.

그러나 이런 위험성이 있음에도 이 조언이 주는 효과는 굉장히 크다. 아이는 조언만으로도 자신의 감정을 인정받았기 때문에 자신의 감정을 다스리고 조절하는 능력을 자연스레 터득할 수 있고, 시시각각 변하는 감정의 특성도 이해할 수 있기 때문이다. 실제로 이 조언으로 인해 도영이와 지내는 1년 동안 학교 폭력으로 번지는 일은 전혀 없었고, 오히려 아이가 자신의 감정을 다스리고 감정의 특성을 이해하는 교육적 효과를 거둘 수 있었다.

"도영아, 종욱이를 싫어하는 마음 때문에 너무 힘들지? 그럴 땐 당분간 종욱이를 살며시 피해 보렴. 단, 종욱이를 포함해서 아무도 네가 종욱이를 피하고 있다는 사실을 모르게 해야 해. 왜냐면 네가 종욱이를 피한다는 사실을 종욱이가 안다면 기분 나쁠 수 있기 때문이야. 종욱이를 잠시 피하다 보면 어느 순간 종욱이를 싫어하는 마음이 괜찮아질 거야. 그땐 다시 종욱이에게 다가가서 서로 잘 지내면 돼."

어른들도 모든 사람을 좋아하고 모두와 잘 지내는 것은 불가능하다. 따라서 어른도 못 하는 것을 아이에게 강요하지 않았으면 좋겠다. 오히려 사회생활을 통해 터득한 인간관계 노하우를 아이의 상황에 맞게 구체적으로 알려 주는 게 훨씬 더 도움이 된다.

TIP_ 감정 교육법

• 감정 표현이 서툴다면

1) 아이의 감정 읽기

2) 올바른 행동 안내하기

3) 모든 감정은 옳다고 알려 주기

• 친구와 갈등을 겪을 때의 교육법

1) 모두와 친하게 잘 지낼 것을 강요하지 않기

2) 그렇다고 친구에게 상처 주는 말과 행동을 하지 않도록 하기

3) 역지사지 교육법 활용하기

아이의 사생활, 어디까지 존중해 줘야 할까요?

사 례

나 좀 내버려 둬!

나는 24시간 중 단 일 분도 혼자 있어 본 적이 없다. 집에 가면 늘 엄마가 기다리고 있다. 오늘 학교생활은 어땠는지, 친구랑 다투진 않았는지, 학원 숙제는 뭔지 다정하게 물어보는 엄마가 나는 좋다. 하지만 가끔 혼자 쉬고 싶을 때도 있다. 엄마는 나에게 관심이 너무 많다. 자식과 대화를 많이 하지 않으면 자녀 교육에 실패한다고 믿는 사람 같다.

엄마는 나의 모든 걸 알려고 한다. 관심 없는 척하면서 자꾸 사생활을 캐묻는다. 짜증 난다. 내가 방문이라도 닫고 있으면 이상한 짓이라도 하는 줄 아나 보다. 가족끼리 사는데 왜 문을 닫고 있냐고 그런다. 노크 좀 하고 들어오라고 하면 가족끼리 무슨 노크를 하냐는 식이다. 아무도 없는 곳에서 마음 편하게 쉬고 싶다.

혼자 과자 먹으면서 만화책을 보고 싶기도 하고, 태블릿으로 게임을 하고 싶을 수도 있는 건데…, 지겹고 답답하다. 왜 우리 엄마는 회사를 안 다닐까? 어른들은 쉬거나 책 볼 때 누가 감시하듯 쳐다보면 좋을까? 그럼 화장실에서 똥오줌도 문 열고 눠야 하는 거 아닌가?

제발 나 좀 내버려 두면 좋겠다.

생각해 볼까요?

자녀는 독립된 인격체다

얼마 전 인터넷에서 어느 대학생의 서글픈 이야기를 읽었다. 코로나19로 비대면 강의를 들었는데, 기말고사 역시 비대면으로 보게 되었다. 시험의 공정성을 위해 기말고사는 분리된 공간에서 실시하고 타인 출입 시 0점 처리됨을 사전에 안내 받았다고 한다. 부모님께 미리 말씀드린 뒤 시험 직전 다시 이야기하고 방문을 잠근 채 기말시험을 치르고 있었다. 그런데 어머니는 청소기를 돌린다며 잠긴 방문을 열쇠로 따고 들어오셨다고 한다.

글쓴이는 예전부터 부모님이 방문을 마음대로 열고 들어왔다며 체념하는 듯한 말로 글을 마무리했고, 그 밑에는 엄청난 공감 댓글이 달렸다. 어떤 이는 방문을 자꾸 닫아 방문이 뜯긴 채로 생활한 적도 있었다고 했다. 또 어떤 이는 노크 문제로 부모님과 10년을 넘게 싸웠다고 질린다는 댓글도 남겨 놓았다. 이 모든 이야기들이 참 안타까웠다. 왜 수많은 가정에서 이런 일이 자꾸 생기는 걸까?

부모는 기본적으로 자녀에 대한 불안과 걱정을 품고 산다. 자녀가 어린 아이인지 성인인지는 크게 상관이 없는 듯하다. 우리 부모님은 아직도 내가 아침밥을 안 챙겨 먹을까 봐 걱정하신다. 따로 산 세월이 10년이 넘었는데 말이다. 가끔은 일부러 걱정을 만드는 게 아닐까 싶을 때도 있다.

어떤 부모들은 자녀를 곁에 두고 늘 지켜보아야 아이가 바르게 클 거라고 생각한다. '공부할 때는 공부하고, 책 읽을 때는 집중해서 읽는지 지켜봐야 바른 생활 습관을 가진 아이로 자라지 않겠는가? 세상에는 우리 아이를 위협하는 위험한 것들이 얼마나 많은데, 온라인으로 유해 사이트라도 들어가면 어쩌나?' 이런 부모들은 차라리 자녀의 머리 위에 CCTV를 달아 하루 종일 감시하는 게 낫다. 늘 누군가 자신을 감시하는 시선 속에서 사는 아이들은 얼마나 삶이 불행할까? 부모가 애정 어린 눈으로 지켜보는 것과 감시하는 시선은 분명히 다르고, 아이들은 그것을 정확하게 느낀다.

반면에 가정 내에서 개인보다는 공동체를 중요하게 여기는 경우일 수도 있다. 그래서 각자의 사생활보다 서로 개방된 공동체 생활을 중심으로 가족이 살아간다. 이는 부모가 자녀를 독립된 인격체로 보지 않기 때문인데, 이런 부모들은 대부분 자신의 성향을 인정하지 않는다. 실제로는 자녀가 부모의 일부라는 인식을 기저에 깔고 있으면서 가족 안에서 공동체의 삶을 배운다는 핑계로 자신의 행동을 포장한다. 정말로 행복한 가족 공동체를 만들고 싶다면 저녁 시간에 함께 모여 한 시간 동안 즐겁게 시간을 보내면 된다. 적당한 거리를 둔 관계가 건강한 관계를 형성하기 때문이다.

솔루션

존중과 배려는 가족 간에도 적용되어야 한다

가족 관계도 결국 인간 관계다. 인간관계에서 적용되는 기본적인 존중과 배려를 가족 관계에도 적용해야 서로가 행복할 수 있다. 그러므로 우리는 아이들과 정서적으로 가깝되 물리적으로 멀어지는 노력을 해야 한다. 아이들은 가족의 안전망을 어른이 얼마나 물리적으로 가까이 있느냐보다는 마음의 거리로 측정한다. 내적으로 단단한 관계는 같은 공간에서 많은 시간을 보내는 것과 상관없다.

또한 마음의 여유는 공간의 크기와 성격에 상당한 영향을 받는다. 아이가 초등학교에 입학한 후로는 아주 좁은 곳이라도 자신의 공간을 주고 사생활을 보장해 주길 권장한다. 형제자매와 방을 함께 써야 하는 경우라면 가림막을 쳐 주어도 좋고, 베란다 구석에 아이만 전용으로 사용할 수 있는 공간을 만들어도 괜찮다. 이때 눈에 보이는 인테리어나 심미안은 신경 쓰지 말자. 그건 어디까지나 부모의 시선일 뿐이니까. 집안에 자신만의 공간이 있고 그곳에서 안락함을 느낄 때 아이들은 자신의 공간에서 마음을 정리하고 보다 너그러워질 수 있다. 아울러 꼭 잊지 말아야 할 것이 있다. 아이의 공간에 들어갈 때에는 반드시 노크를 하고 허락을 받은 뒤에 들어가야 한다. 마음대로 문을 벌컥벌컥 열어서는 안 된다.

무엇보다 가장 중요한 것은 자녀를 독립적 인격체로 대우하고 바라보는 시선이다. 자녀는 부모와 엄연히 다른 인간이다. 자녀는 부모가 마음대로 통제할 대상이 아니다. 만약 부모의 시선에서 벗어난 사이에 아이들이 규칙을 어기거나 일탈을 저지른다면 잘못된 행동에 대해 지도하고 이야기를 나누면서 개선해 나가도록 도와주어야 한다. "거봐라, 그럼 그렇지" 하며 아이를 옭아매려고 해서는 안 된다.

아이는 자신의 사생활이 어른들에게 존중받지 못한다고 느낄수록 비밀이 많아진다. 손에 쥐려고 할수록 점점 더 교묘하게 빠져나간다. 고도로 발달된 지능 플레이는 나중에는 부모를 감쪽같이 속일 수 있을 정도로 발전하게 된다. 그러다 어느 날 갑자기 '뻥!' 하고 대형 사고를 칠지도 모른다. 우리는 지금 자신의 세상을 살아갈 예비 어른들과 임시 동거 중이다. 궁금하면 들춰 보지 말고 물어보자. 존중 받은 경험이 있는 아이가 다른 사람도 존중할 수 있는 법이다.

TIP_ 초등학교에 입학한 이후로는 아이만의 공간을 만들어 주기

- 아이의 공간에 들어가고 싶을 땐 노크하고 허락 맡기
- 자녀를 독립된 인격체로 점점 분리하려는 노력이 필요
- 아이에게 궁금한 게 있으면 들춰보지 말고 직접 물어보기

아이들에게도 가면이 있습니다

사례

집에서 다르고 학교에서 다른 아이

라원이 이야기

올해 열 살인 라원이는 씩씩하고 의젓할 뿐 아니라 책임감도 강하다. 그래서 친구들에게 인기가 많다. 학기 초 학부모 상담 기간에 김 교사는 설레는 마음으로 라원이 부모님을 기다렸다. 도대체 가정에서 어떻게 교육했길래 라원이처럼 멋진 아이가 탄생할 수 있을까 궁금했기 때문이다. 그러나 라원이 부모님이 들려준 이야기는 가히 충격적이었다.

"선생님, 라원이는 집에서 세 발자국 이상 스스로 걷는 법이 없어요. 고목나무에 붙은 매미처럼 아빠가 항상 안고 다니거든요."

"네?"

"라원이가 집에서 본인을 뭐라고 부르는 줄 아세요? '라원이는요…' 하면서 매사에 자기를 3인칭화해서 말해요. '라원이 배고파요. 라원이 졸려요. 라원이 안아 주세요' 하고요."

"네? 어머, 전혀 상상도 못 했는데…. 라원이가 학교에서 얼마나 듬직한 아이인 줄 아세요?"

"저도 유치원 보내고 나서야 알았어요. 라원이가 너무 아기 같아서 친구들이랑 잘 지낼 수 있을지 걱정했더니 밖에서는 영 딴판이더라고요."

라원이 부모님과 상담 후 김 교사는 라원이만 보면 귀여워서 피식피식 웃음이 났다.

혜지 이야기

혜지는 평소 집에서 부모님을 자주 도와드리고 어린 동생들도 잘 보살핀다. 유치원에서도 친구들을 적극적으로 도와주었다고 한다. 이처럼 혜지는 무엇이든 먼저 나서려는 의욕이 넘치는 아이다. 그런데 혜지가 초등학교에 입학한 후 담임선생님과 상담하면서 부모님은 황당한 이야기를 들었다.

"혜지가 옆 반 아이와 화장실에서 장난을 치다가 그 아이의 머리를 때렸습니다. 처음이 아니라 두세 차례나 친구를 때리는 행동을 반복했고요. 가정에서도 지도가 필요해요."

혜지 부모님은 담임선생님의 말을 도저히 믿을 수 없었다. 그래서 자신들이 알고 있는 혜지의 모습을 읊으며, 담임선생님의 말씀에 항변했다.

"선생님, 혜지가 유치원에서 친구와 싸웠을 때도 한 번도 때린 적 없는 아이인데, 정말인가요?"

생각해 볼까요?

아이의 다면성을 인정해야 한다

언제 어디서나 늘 한결같은 사람은 없다. 사람마다 사회적 맥락에 따라 인격이 달라진다. 이처럼 다면성은 인간의 보편적인 특성이다. 마찬가지로 아이들도 사회적 맥락에 따라 색다른 모습을 보여주면서 성장한다. 이는 당연한 모습이기에 그리 걱정할 필요는 없다. 오히려 가족의 사랑을 듬뿍 받는 아이들은 라원이처럼 마음의 여유가 넉넉해져서 밖에서 더 잘한다.

그렇다고 혜지가 가정에서 충분히 사랑받지 못해 친구를 때린 건 아니다. 가족의 사랑을 넘치도록 받아도 아이의 특성에 따라 밖에서 잘못된 행동을 할 수도 있다. 라원이도 훗날 개별 특성이나 사회적 상황에 따라 어떤 어려움을 겪을지 모른다. 그래서 어른들이 모르는 또 다른 라원이만의 사회적 인격을 형성할 수 있다.

이때 아이가 적어도 반사회적 인격을 형성하지 않고 최대한 올바르게 사회적 인격을 형성할 수 있도록 지도해야 한다. 그래야 아이가 사회생활의 어려움을 현명하게 극복할 수 있다. 나아가 가족 외에 타인과 친밀한 사회적 관계를 맺으며 행복할 수 있다. 실제로 사회적 유대 관계가 좋은 사람들이 더 행복하다는 연구 결과도 있다. 그렇다면 아이의 다면성을 파악하여 사회성을 발달시키는 방법은 무엇일까?

솔루션

내 아이의 다면성을 파악해야 사회성을 발달시킬 수 있다

아이의 다면성 인정하기

인간이란 원래 다면적이라는 사실을 알고 있어도 내 아이에게 이를 적용하기란 쉽지 않다. 내가 모르는 아이의 모습은 왠지 부모로서 불안하달까? 그러나 아이의 다면성을 인정하지 않으면 바르게 훈육하기 어렵다. 그러니 아이에게서 낯선 모습을 발견해도 놀라지 말자. 아이가 다양한 인격을 형성하며 건강하게 자라고 있다고 생각해야 교육의 다음 단계로 나아갈 수 있다.

아이가 처한 상황을 파악하기

우리 아이에겐 어떤 다양한 모습들이 있을까? 이를 알려면 먼저 아이가 처한 상황을 정확하게 파악해야 한다. 나무만 보면 나무의 특성을 찾기 어렵다. 전체 숲을 봐야 나무만의 다양하고 고유한 특성을 찾을 수 있다. 아이가 처한 상황을 파악하는 방법은 다음과 같다.

첫째, 사건을 순서대로 정리하는 것이다. 그래야 전체적인 흐름을 객관적으로 파악할 수 있다. 위의 혜지 이야기에서 혜지가 친구의 머리를 때리기까지 어떤 일이 있었는지 살펴보자. 사건의 순서는 이렇다.

혜지가 처한 상황

혜지가 친구들과 화장실에 갔다. ➡ 화장실에는 옆 반 아이가 있었다. ➡ 옆 반 아이가 갑자기 혜지의 친구에게 '네 머리는 양배추 같아.'라고 말했다. ➡ 혜지가 친구 대신 나서서, 옆 반 아이에게 '네 머리는 파인애플 같아.'라고 대꾸했다. ➡ 혜지는 이렇게 옆 반 아이와 화장실에서 만날 때마다 자주 장난쳤다. ➡ 서로 머리를 때리는 행동까지 하며, 장난의 정도가 점점 세졌다.

둘째, 문제와 문제의 원인을 파악하는 것이다. 사건을 순서대로 정리하면 문제가 보인다. 보통 사건의 마지막에 문제가 있다. 문제를 찾고 거꾸로 거슬러 올라가면 문제의 원인이 보인다. 위 상황에서 문제는 '서로 머리를 때리는 행동'이었다. 그리고 문제의 원인은 '혜지가 친구 대신 나선 것'이다. 이때 문제의 의미는 잘못의 대상이라기보다 해결의 대상이다. 그러니 아이의 말과 행동에만 주목하여 도덕적으로 옳고 그름을 판단하지 말자. 도덕적 잣대에 매몰되면 문제와 문제의 원인을 잘못 파악할 수 있다.

친구를 놀리거나 때리는 행위 자체만 보면 잘못한 게 맞다. 그러나 1학년 아이들이 화장실에서 서로 놀리거나 때리며 장난치는 건 당연히 그럴 수 있는 일이다. 또 1학년 아이들도 그런 행동이 잘못된 것쯤은 익히 안다. 이를 도덕적으로 엄격하게 판단해 봤자 진정한 해결이 안 된다. 아이가 어른의 말을 잘 듣고, 다음번엔 친구의 머리가 아닌 팔을 때릴 수 있다.

"친구를 때리지 말라고 분명히 말했잖아! 그런데 너는 왜 계속 친구를 때리니?"

하지 말라고 했는데도 여전히 잘못된 행동을 반복하는 아이를 어른은 이해할 수 없다. 아이도 어른이 이해가 안 되기는 마찬가지다.

'머리를 때리지 말라고 해서 팔을 때린 건데 뭐가 문제지? 치, 나만 때린 것도 아닌데.'

이처럼 아이와 어른은 나란히 뫼비우스의 띠라는 굴레에 빠지게 된다. 빠져나오려고 허우적거리지만, 이미 어른은 아이를 못된 아이로 여기고, 아이는 그런 어른의 시선에 상처 받은 후다. 그러므로 상황 종료를 위한 해결책을 찾는다는 생각으로 바라보며, 문제의 근본 원인을 찾아 보자.

아이의 다면성을 파악하기

아이의 다면성은 아이의 특성을 객관적으로 바라봐야 보인다. 하지만 부모이기에 중립의 시선으로 내 아이를 바라보기는 어렵다. 아이의 치부가 왠지 부모인 나의 치부라는 생각을 떨치기 어려워서 그러리라. 그러나 인간의 모든 특성은 원래 객관적이다. 인간의 특성을 옳고 그름이나 장단점으로 구분하는 것은 사회적 질서를 확립하기 위한 인간의 편의 때문이다. 그 기준도 인간이 세운 잣대이기에 완벽하지 않다. 무엇보다 아이의 특성을 객관적으로 바라보면 생각지도 못한 아이의 장점을 발견할 수 있다. 또 아이의 단점을 개선할 수 있는 실마리도 찾을 수 있다. 아이의 특성을 객관적으로 바라보는 방법은 다음과 같다.

첫째, 아이의 특성을 발견하는 것이다. 문제의 원인은 아이의 특성 때문에 일어난다. 혜지가 친구 대신 나서는 행동문제의 원인은 모든 일에 적극적으로 나서려는 혜지 특성에 기인한다.

둘째, 아이의 특성을 분석하는 것이다. 즉 아이의 특성을 장점이 될 상황과 단점이 될 상황으로 구분하는 것이다. 혜지는 주변 사람들을 잘 도와준다. 이는 혜지의 특성이 장점으로 발현된 것이다. 반대로 혜지는 주변 사람들의 일에 참견해서 갈등을 겪는다. 마찬가지로 혜지의 특성이 단점으로 발현된 것이다.

아이의 특성을 객관적으로 바라보는 연습을 거듭하면 아이의 장점이라 생각했던 부분이 다른 상황에서는 단점으로 변질될 가능성을 예측할 수 있다. 혜지가 나서지 않아도 될 상황에서는 타인을 잘 도와주는 장점이 참견이란 단점이 되는 것처럼 말이다. 반대로 아이의 단점이라 생각했던 부분을 개선하고 장점만 부각시킬 수 있는 방법도 보인다. 혜지에게 나서도 되는 상황과 나서지 말아야 할 상황을 구분해 주면 아이의 단점은 최소화되고 장점만 부각시킬 수 있게 된다.

사회성을 발달시키는 방법

아이는 알아서 바르게 크지 않는다. 어떤 상황에서든 아이의 다면성이 최대한 긍정적으로 발현되어 건강한 인간관계를 형성할 수 있도록 도와야 한다. 아이의 사회성을 발달시키는 교육법은 다음과 같다.

첫째, 언어적 피드백을 제시한다. 이른바 말로 방법을 제시하기다. 아이의 단점을 개선하여 장점만 드러나는 방법을 아이의 눈높이에 맞춰 설명해 줘야 한다. 1학년인 혜지의 눈높이에 맞춰 상황 구별법을 알려 주는 언어적 피드백은 다음과 같다.

"혜지야, 친구를 도우려는 네 마음은 참 예뻐. 그렇지만 친구도 자기 일은 스스로 해결할 수 있어. 그러니 친구가 스스로 자기 일을 해결할 때까지 기다리고 친구가 도움을 요청할 때 나서서 친구를 도와줘야 해."

무엇보다 아이의 장점부터 칭찬하자. 자신의 특성을 인정받은 아이가 타인의 조언도 잘 받아들인다.

둘째, 판단 기회를 제공한다. 이른바 아이 스스로 생각해 보기다. 어른이 매번 아이에게 직접 해결책을 제시하는 것은 진정한 변화를 이끌어 내기 어렵다. 행동의 변화는 사고의 변화에서 출발하기 때문이다. 또 자칫하면 어른의 제시가 일방적이고 강압적인 지시로 변질될 수 있다. 그러니 어른의 언어는 가급적 아이의 사고에 변화를 일으킬 수 있게 제시해야 한다. 이때 역지사지 설명법이나 시각 자료[관찰하기] 활용이 효과적이다.

"혜지야, 네가 충분히 할 수 있는 일에도 친구가 네 일에 먼저 나서면 어떠니?"

"음…, 싫어요."

"친구도 마찬가지란다. 그러니 친구가 스스로 할 수 있도록 기다려 주는 게 어떨까?"

아이에 대한 정보 수집하기

가정에서 가족과의 관계로만은 아이의 다면성을 모두 파악할 수 없다. 집 밖에서는 사회적 상황과 관계가 훨씬 더 다양하기 때문이다. 그래서 부모가 모르는 아이의 모습이 타인의 눈에 발견되는 것이다. 아이를 둘러싼 주변 사람들과 관계를 잘 형성하여 아이에 대한 다양한 정보를 수집하는 게 필요하다.

이때 중구난방으로 여러 사람의 말을 곧이곧대로 들으면 아이의 다면성을 잘못 파악할 가능성이 크다. 그러니 직접 목격하지 않고 들은 정보들은 위에서처럼 객관적으로 바라봐야 한다. 또 아이의 이야기만 듣고 상황을 단정 짓기보다 학교와 꾸준히 소통하면서 아이의 모습을 통합적으로 바라보는 것도 필요하다.

아이의 특성을 객관적으로 바라보며 다면성을 인정하는 부모일수록 아이의 가능성에 더욱 집중할 수 있다. 처음으로 화장실에서 혜지가 옆 반 아이와 다툰 이야기를 듣고 나는 혜지의 창의성을 발견했다. 양배추를 파인애플로 응수하는 아이는 생각보다 많지 않다. 단지 혜지가 친구를 놀리는 데 창의성을 활용했을 뿐, 비슷한 속성을 찾아 연결하는 비유 능력은 분명히 혜지만의 창의적 재능이다. 또 친구를 좋아하는 혜지의 따뜻한 심성도 발견할 수 있었다. 애초에 친구를 좋아하지 않는 아이는 친구 일에 관심조차 없다. 그러니 혜지를 비롯해 모든 아이가 다양한 사회적 상황에서 자신의 특성들을 긍정적으로 발휘할 수 있도록 아이의 다면성을 인정하자. 뜻하지 않게 아이만의 특별한 장점을 발견할 수 있을 것이다.

TIP_ 아이의 다면성을 파악하고 사회성을 기르는 법

1. 아이의 다면성을 인정하기: 부모가 모르는 아이의 모습이 있을 수 있다!
2. 아이가 처한 상황 파악하기: 사건을 순서대로 정리하여 문제와 문제의 원인 찾기
3. 아이의 다면성을 파악하기: 아이의 특성을 발견하고 분석하기
4. 아이의 사회성을 기르는 법: 단점을 개선하는 방법으로 대화, 역지사지 교육법, 시각 자료(관찰하기) 등으로 제시하기
5. 아이에 대한 정보를 수집하기: 목격하지 않고 들은 정보는 객관적이고 통합적으로 바라보기

교실에도 관종과 리더, 꼰대가 있습니다

사 례

학교라는 작은 사회

관심 받고 싶은 지선이

올해 영은이의 반 배정은 최악이다. 4학년 때 같은 반이었던 이지선과 또 같은 반이 되었기 때문이다.

처음부터 지선이가 싫은 건 아니었다. 3월에는 그래도 꽤 친하게 지냈었다. 하지만 지선이가 자꾸 부담스럽게 행동하자 점차 싫어졌다. 남자애들이 지나가면 갑자기 큰 소리로 웃거나 느닷없이 영은이를 껴안았다. 또 애들한테 너무 주목 받으려고 하는 게 느껴져서 거리를 뒀더니 지선이도 더 이상 영은이를 아는 척하지 않았다. 지선이는 곧 잘나가는 친구들과 어울렸다. 그 애들한테 잘 보이고 싶어서 아부를 떨고 영은이처럼 조용한 애들한테는 은근히 함부로 했다. 힘든 일 년을 견디고 드디어 5학년이 되었는데, 하필 또 같은 반이라니 믿을 수가 없었다.

리더가 되고 싶은 하경이

하경이는 3학년 때부터 삼 년 내내 반장을 했다. 하경이는 반장이 주는 힘이 좋았다. 학급 회의를 진행할 수 있고, 교실이 시끄러울 때 친구들한테 조용히 하라고 말할 수도 있다. 그중에서 가장 좋은 건 반 대표라는 것이다. 6학년 1학기 선거를 앞두고 하경이는 표를 얻기 위한 물밑 작업에 들어갔다. 그런데 5학년 때 같은 반이었던 친구들의 반응이 뭔가 뜨뜻미지근했다. 결국 하경이는 반장선거에서 겨우 3표를 받은 채 처음으로 떨어졌다. 창피함과 배신감을 느낀 하경이는 눈물을 참고 집으로 돌아와 한 시간 동안 펑펑 울었다.

생각해서 충고해 준 것뿐인데…

호정이는 성진이가 너무 답답하다. 말귀도 못 알아듣고, 솔직히 좀 멍청한 것 같다. 얼마 전 청소 시간이었다. 학습함 정리를 맡은 성진이가 빨리 정리는 안 하고 자꾸 물건을 늘어놓았다. 보기만 해도 답답해서 성진이한테 빈 곳에다가 빨리 물건을 집어넣으라고 이야기하는데, 갑자기 선생님이 호정이한테 그만 좀 하라고 하셨다. 호정이는 성진이를 생각해서 충고해 준 것뿐인데, 선생님이 그렇게 말을 해서 너무 억울했다.

생각해 볼까요?

아이들의 특성은 모두 다르다

학교는 아이들의 작은 사회다. 아이들은 교실에서 매일 반나절의 시간을 다양한 사람들과 함께 보낸다. 그 속에서 갈등과 화해, 조정을 끝없이 반복하며 나와 잘 맞거나 절대 가까워질 수 없는 친구들을 어느 정도 선별할 줄 아는 능력을 터득한다. 물론 첫인상을 깨고 어느새 절친이 되어 있거나 평생 단짝일 줄 알았던 친구와 모른 체하는 경우가 생기기도 하지만, 어쨌든 아이들은 나름대로 시행착오를 겪으면서 학교라는 작은 사회에 적응해 간다.

교실 안에는 여러 종류의 사람이 존재한다. 강자에게 약하고 약자에게 강한 사람, 뭐든지 중심이 되려는 사람, 제 말이 다 맞다고 생각하는 사람, 관심받지 못하면 사족을 못 쓰는 사람 등 다양하다. 물론 주변을 잘 배려하고 좋은 관계를 맺으며 친구들에게 진정한 리더로서 인정 받는 사람도 있다.

사례에 나오는 영은이와 지선이, 하경이, 호정이와 성진이는 한 번쯤은 교실에서 만났을 법한, 혹은 앞으로 만날 법한 아이들이다. 영은이는 매우 조용한 학생이다. 그렇다 보니 튀고 싶어 하는 지선이를 좋아하지 않았다. 지선이도 영은이가 자기를 싫어하는 걸 알고 영은이를 싫어했다. 그리고 힘이 센 친구들과 어울리면서 영은이처럼 조용한 아이들을 은근히 무시했다.

하경이는 늘 반장을 해왔고 자신감 넘치는 학생이었다. 내가 친구들보다 우위에 있으며, 스스로 리더라고 생각했을지도 모른다. 그러나 친구들이 보는 하경이는 하경이의 생각과는 꽤 달랐다. 아이들 눈에는 하경이가 리더가 아닌 독재자로 보였을 수 있다. 호정이는 성진이에게 도움을 준다고 생각한다. 성진이는 너무 바보 같으니까. 그러나 성진이는 호정이가 싫다. 늘 자기를 구박하고 무시하는 호정이가 불편하다. 선생님의 눈에도 호정이의 행동이 지나쳐 보인다. 그래서 호정이에게 그만 좀 하라고 했던 것이다. 호정이는 이해할 수 없었다. 내가 잘 아는 걸 가르쳐 주는 건데, 선생님과 성진이가 그렇게 반응하니 그저 억울할 뿐이었다.

만약 이 아이들을 교실에서 지도해야 한다거나 나의 자녀라면 어떤 말을 해 주어야 할까? 영은이를 도와줄 수 있는 가장 좋은 방법은 물리적 거리를 두는 거다. 의도적으로 두 아이를 먼 자리에 앉히고 모둠 활동에서도 만나지 않도록 조정할 수 있다. 교실에 있는 모든 사람과 잘 지낼 필요는 없다. 나와 너무 달라 도저히 잘 지내기 어려울 것 같으면 관심을 끄고 사는 게 더 낫다.

지선이에게는 자존감에 대해 고민해 보도록 해야 한다. 보통 지선이처럼 타인의 관심에 목말라 있고 친구와의 관계를 통해 정체성을 찾는 아이들은 내면이 불안하고 자존감이 낮은 경우가 많다. 이런 아이들은 타인의 시선과 자신이 속한 공동체에 상당히 휘둘리는 편이며, 이런 성향을 바꾸기 매우 어렵다. 따라서 무조건 나무라기보다 대화와 칭찬을 통해 자기 자신을 인정하고 사랑할 수 있도록 이끌어 주는 게 좋다.

하경이는 리더의 역할을 즐기지만 진짜 리더라고 보기는 어렵다. 그래서 친구들에게 신망을 얻지 못했다. 진정한 리더란 구성원의 의견을 경청하고 민주적인 의사 결정을 하는 사람, 리더의 자리를 특권으로 여기지 않는 사람임을 가르쳐 주어야 한다. 또한 하경이에게 그동안 친구들과의 관계를 되돌아보도록 도와주어야 한다. 과연 하경이가 리더로서 반 친구들을 동등하게 대했는지, 친구들은 하경이를 어떻게 보았을지 생각해 보는 과정을 거쳐야 당장은 받아들이기 힘들더라도 하경이가 성장할 수 있다.

호정이에게는 제3자의 입장에서 자신의 모습을 관찰하는 기회를 주어야 한다. 호정이 마음속에는 이미 성진이를 못난 사람으로 무시하는 기저가 깔려 있고, 본인은 아니라고 하지만 말과 행동을 통해 다 드러났다. 그러므로 타인의 시선에 호정이가 어떤 사람으로 보일지 정확하게 짚어 줄 필요가 있다.

호정이는 친구의 행동이 못마땅하고 자신의 방법이 무조건 더 낫다고 생각한다. 그래서 친구를 위해 말해 준다고는 하지만 실은 본인의 만족을 위함이다. 그러나 나에게 하고 싶은 말을 할 권리가 있듯 다른 사람에게는 듣기 싫은 말은 듣지 않을 권리도 있는 법이다. 그 과정이 자존심 상할지라도 호정이에게 자신의 모습을 돌아보는 기회를 주면서 과도한 말을 줄이고 성장할 수 있도록 도와주어야 한다.

솔루션

아이의 특성에 맞게 지도하는 법

그러나 우리 사회에는 관종, 리더가 되고 싶은 사람, 꼰대도 분명 필요하다. 사회의 다채로움은 다양한 구성원에서 나온다. 따라서 타인에게 피해를 주지 않고 자신의 성향을 잘 발현시켜 개성을 뽐내며 살아갈 수 있도록 도와주어야 한다.

그렇다면 이렇게 여러 특성을 가진 아이들이 한 교실에 모였을 때 어떻게 지도하는 게 좋을까? 또는 내 자녀가 교실에서 친구들과 이런 갈등이 생긴다면 어떻게 해야 할까?

첫째, 자기 객관화의 경험을 준다. 내 탓을 하라는 게 아니다. 다른 사람 눈치를 보고 살 필요는 없지만, 만약 나의 행동이 친구들에게 상처나 불편함을 준다면 인지하고 고칠 수 있도록 지도해야 한다.

둘째, 내가 힘들지 않은 선에서 타인을 인정하며 관계를 원만하게 형성할 수 있도록 해야 한다. 나와 상극인 사람이 눈꼴사나운 행동을 해도 나에게 직접 불편함을 주는 게 아니라면 그러려니 할 줄 아는 능력, 타인의 특성을 인정하고 수용하는 능력도 필요하다.

셋째, 그런 노력에도 나와 너무 안 맞고 가까이 있는 것 자체가 힘든 사람이라면 거리를 두고 관심을 끄고 지내도록 한다. 나를 지치게 하면서까지 친하게 지낼 필요는 없다. 단 관계를 적대적으로 만들거나 뒷소리를 해서는 안 된다. 부정적인 감정을 말과 행동으로 자꾸 표현하다 보면 그게 생각하는 말과 행동의 전부가 되어 버린다. 그것은 결국 또 다른 누군가가 바라보는 내 모습이 될 것이고, 자칫하다가는 갈등의 씨앗이 되어 학교 폭력을 야기시키는 원인이 될 수 있다.

넷째, 아이들 스스로 만만하게 보이지 않도록 해야 한다. 사납게 행동하라는 게 아니다. 아이들의 관계는 어른들과 비슷하면서도 다르다. 어른들은 교묘하지만, 아이들은 순수한 만큼 본능적이라 더 노골적으로 강약관계를 형성한다. 물론 만만해 보인다고 함부로 하는 인간이 가장 나쁘지만, 어딜 가나 그런 인간은 있다. 그러므로 싫은 건 싫다고 불편함을 표현할 줄 아는 단단함을 지녀야 자기 자신을 보호할 수 있다.

모두와 사이좋게 지낼 필요는 없다. 세상에 나보다 중요한 건 없다. 하지만 나는 아이들이 아직은 어른들처럼 무 자르듯 인간관계를 정립하면 안 된다고 생각한다. 우리는 아이들에게 다른 사람과 부딪히며 생각을 조율하고 관계를 위해 노력하도록 격려할 의무가 있다. 그 과정을 통해 아이들은 부딪히고 깨지기도 하지만, 동시에 사람을 보는 눈과 포용력을 기른다.

그리고 이렇게 다양한 사람들과 한 교실에서 지내는 우리 아이들이 정말 대단하다. 오늘도 교실에서 잘 지내다가 온 아이들에게 위로 한마디 건네 주는 게 어떨까?

TIP_ 여러 특성을 가진 아이들을 지도하는 법

자신을 돌아볼 수 있는 객관화의 경험을 주기
내가 힘들지 않은 선에서 타인을 인정하고 원만한 관계 형성
그래도 잘 지내기 어렵다면 거리를 두고 지내기(단, 절대 뒷소리하지 않기)
아이들 스스로 만만하게 보이지 않도록 보호막 만들기

남녀 갈등이 아이들 사이에도 있을까요?

사 례

아이들의 남녀 갈등

여자니까 네가 주워야지!

은우와 지은이는 자리 사이에 떨어진 쓰레기를 누가 줍느냐를 가지고 다투고 있었다. 은우가 언쟁을 하던 중 지은이에게 "여자니까 네가 주워야지"라고 말했다가 주변 여자 친구들에게 단체 공격을 받았다.

왜 여학생들은 일하지 않는 거야?

입학식이 끝나고 강당을 정리하는데, 체육 선생님이 의자를 옮기자고 6학년 남학생들을 불렀다. 남학생들은 전에도 남자만 부르더니 왜 여학생들은 일하지 않느냐고 투덜댔다. 그러자 여학생들이 그럼 너희는 왜 강당 바다을 쓸지 않느냐고 맞받아쳤다.

남자가 여자를 때리면 안 돼!

유리가 민율이의 배를 주먹으로 때렸다. 민율이도 유리의 배를 때렸다. 유리가 울면서 선생님에게 일렀다. 민율이는 선생님에게 남자가 여자를 때리면 안 된다며 혼났다. 민율이는 자신만 더 혼나서 억울했다.

너 남자냐? 너 남자 맞지?

학교 육상부인 혜민이는 운동에 집중하기 위해 머리카락을 짧게 잘랐다. 학교에 간 혜민이에게 남학생 몇 명이 "너 남자냐? 너 남자 맞지?" "너 우리 형보다 머리카락 짧아"라며 수치심을 주었다.

생각해 볼까요?

남녀 갈등을 부추기는 말과 행동

요즘 우리 사회는 남녀 갈등을 넘어 남녀 혐오에 대한 논제로 매번 분위기가 뜨겁다. 학교에서도 다른 세상 이야기는 아니다.

아이들이 툭툭 내뱉는 말에는 남녀를 차별하는 발언들이 많아 흠칫 놀랄 때가 많다. 체육 시간에 피구를 할 때만 해도 그렇다. 공이 무서워서 소리를 지르며 피하는 여자아이에게 "야! 여자인 척 좀 하지 마"라고 장난스럽게 말한다. 남자아이들도 무서워서 피하는데 말이다. 사회적으로 남자는 상대적인 강자, 여자는 상대적인 약자처럼 구분되어 여자는 연약하고 두려움이 많다는 편견이 여전히 존재한다. 역사적으로도 사회적으로 높은 지위와 권력을 얻는 것은 대부분 남자였고, 여자는 주로 집안 역할에 충실해야 한다는 식의 오래된 남녀 차별이 존재해 왔다.

그런데 요즘 교실에서는 남녀 차별 현상이 전혀 다른 모습을 보이기도 한다. 오히려 여자아이들이 무거운 짐을 번쩍 들어 옮기고, 여자아이들이 남자아이들을 단체로 공격하기도 한다. 교실에서 서로 티격태격할 때도 여자아이들이 남자아이들을 때리는 경우가 훨씬 잦다. 아직 초등학생 시기에는 2차 성징이 뚜렷하게 시작되지 않아서 여자아이보다 체격이 작은 남자아이들이 많기 때문이다. 또한 남자아이들은 자신이 그냥 맞아 주는 것이라고 어깨를 으쓱이며 마치 남자가 여자를 위한 매너쯤으로 여기기도 한다.

이처럼 아이들도 학년이 올라갈수록 대개 성별에 따른 신체적·정신적 차이를 인식한다. 남녀 구분 없이 두루 잘 지내는 저학년과 달리, 고학년이 되면 자연스레 같은 성별을 지닌 친구들과 어울린다. 그리고 반 아이들을 우리가 흔히 말하는 '남사친' '여사친'으로 구분한다. 이는 성별을 구별하기 시작하는 발달 특성에서 기인하기 때문에 그 자체로는 큰 문제가 아니다. 하지만 남녀의 구별과 차별은 엄연히 다르다. 남녀 차별에서 시작된 말과 행동이 남녀로 편 가르는 갈등의 씨앗이 되고 사회적으로 남녀 혐오에까지 이르게 된다. 구별이 지나친 선입견이 되어 혐오에까지 이르게 되는 안타까운 현실이다.

솔루션

아이들을 구분 지어 기르지 마라

아이들의 남녀 갈등은 가정의 영향을 많이 받는다. 아들이나 딸이라서 행동이 제한될 때, 부모님이 자녀의 성 역할을 나누어 양육할 때 아이들은 부당함을 느낀다. 그리고 그 부당함은 상대적으로 혜택을 받는다고 느끼는 다른 성을 향해 표출된다. 딸이 설거지를 도와주고 아들은 무거운 짐을 들어주니 둘 다 공정하게 도와준 것이라고 주장하는 부모는 행동에 대한 평등은 있었을지언정 남녀에 대해 차별을 둔 발언이다. 그리고 이런 아이들은 자연스레 남자와 여자의 역할을 구분 지어 인식하게 된다. 여동생이 울면 달래 주던 아빠가 자신이 울 때는 왜 남자애가 자꾸 우느냐고 다그친다면 당연히 불만이 생기고 여동생에 대한 반감이 생길 수 있다. 그리고 이러한 반감이 '여자'로 일반화되어 교실에서 여자 친구들에게 반감을 표현하기도 한다.

결국 아이들의 남녀 갈등은 남녀를 구분 짓는 아이들의 성장과 학부모의 양육 태도가 맞물리면서 시작된다. 그러므로 아이들을 구분 지어 기르지 말아야 한다. 집안일도 같이, 학교에서 무거운 의자를 옮기는 것도 함께, 다툼이 생기면 공정하게 판단해야 한다.

학교에서도 항상 경각심을 지녀야 한다. 사례에서 소개했듯이 교사들의 표현 또한 아이들에게 많은 영향을 준다. 결국 어른들의 생각이 먼저 바뀌어야 아이들의 생각이 바뀐다. 머리로는 알지만 실천하기가 어렵다. 하지만 차근차근 실천해 나가야 한다.

우리 아이가 친구 눈치를 봐요
- 고학년 여자아이편

사 례

친구들과 잘 지내고 싶은 아이

신혜는 시골에서 나고 자라서 전교생이 칠십 명 남짓 되는 작은 학교를 다녔다. 그러다가 4학년이 되면서 전교생이 천 명이나 되는 큰 학교로 전학을 왔다. 신혜에게는 낯선 환경이 거북했고, 모든 게 혼란스러웠다. 시골의 작은 학교에서는 한 반에 많아 봤자 열 명 정도였고, 1학년 때부터 줄곧 같은 친구들과 같은 반이었다. 그래서 모두가 친구였다. 그러나 전학 온 큰 학교에서는 한 반에 학생 수가 무려 서른 명에 가까웠다. 온통 모르는 아이들뿐이었다. 게다가 4학년이 되면서부터는 아이들 사이에서 자연스럽게 무리가 형성되었다. 같은 반 친구이지만 정말 친구는 아니었다. 친구 사이에는 주류와 비주류가 존재했다.

신혜는 주류에 끼지 못하는 아웃사이더처럼 비주류 중 하나였다. 역시 서열 1위는 부잣집 딸에 예쁘고 공부도 잘하는 반장이었다. 반장을 중심으로 몇 명이 모여 그룹을 형성했다. 그 밑으로 몇 명, 그리고 그 밑에 신혜 같은 친구들이 있었다. 친구 관계가 꼭 피라미드처럼 계급 사회 같았다.

신혜는 피라미드 꼭대기에 있는 친구들과 어울리고 싶었다. 그래야 전학 온 학교에서 잘 적응할 수 있을 것 같았다. 그래서 '예스 신혜'가 되었다. 짝을 맞춰 놀 때 한 명이 부족해서 불러도 예스, 오늘만 집에 같이 갈 사람이 필요해서 불러도 예스, 연필이 없어서 빌려 달라고 해도 예스였다. 처음에는 친구들도 뭐든지 알겠다고 하는 신혜를 좋아했다. 하지만 친구들은 금세 신혜에게 싫증을 내면서 은근히 무시했다. 그럴수록 신혜는 친구들의 관심을 끌 만한 거짓말을 했다. 또 친구들에게 먹을 것이나 학용품을 사다 바쳤다. 신혜는 자꾸 비굴해졌다. 비굴해서라도 잘난 무리 속에 속하고 싶었고, 비주류나 아웃사이더가 되기 싫었다. 무엇보다 혼자 될까 봐 무서웠다. 그렇지만 친구들은 그런 신혜에게 뒷소리하며 더는 무리에 끼워주지 않았다. 위기였다.

어느 날 집에서 온종일 시무룩해 있는 신혜를 보고 어머니는 걱정이 되었다. 혹시나 전학 간 학교에서 무슨 일이 있나 싶어서 신혜에게 친구들이랑 잘 지내냐고 물어봤다. 신혜는 어머니의 눈을 슬며시 피하며 친한 친구들이 생겨서 잘 지내고 있다고 거짓말했다.

'사실은 아닌데…. 엄마, 나 친구들과 잘 못 지내. 친구들이 나를 싫어해. 나 힘들어. 나 좀 도와줘.'

생각해 볼까요?

친구 관계라는 계급 사회

어렸을 때 가장 이해가 되지 않았던 점이 친구 관계에 생기는 계급 사회였다. 분명 친구 관계는 동등한 관계라고 배웠는데, 학년이 올라갈수록 무리가 왜 생기는지, 그리고 자연의 섭리인 양 친구 관계에서 계급은 왜 늘 형성되는지, 어른들은 아이들의 계급 사회를 왜 묵인하는지 납득이 되지 않았다. 그래서 당시엔 알면서도 모른 척 내버려 두는 어른들이 나쁘다고 생각했다. '나는 선생님이 되면 그러지 말아야지, 아이들이 친구 무리를 형성하는 것부터 막아야지, 그래서 교과서에서 배웠던 동등한 친구 관계를 형성할 수 있도록 도와주어야지'라고 결심했다.

어렸을 적 결심했던 일을 교사가 돼서 실천하려고 노력했다. 그러려면 친구 관계가 왜 계급 사회가 되는지를 알아야 했고, 무리 짓기가 근본 원인이라 판단했다. 그래서 아이들에게 무리를 나누지 말고 모든 친구와 잘 지내라고 당부했고, 또 무리가 형성되지 않도록 아이들을 철저히 감시했다. 그래도 무리를 형성하면 어떻게든 그 무리를 와해시키려고 했다. 그러다 문득 돌아보니 아이들은 교사인 내가 없으면 아무것도 못하는 아이들이 되어 갔다. 친구조차도 스스로 사귀질 못했다. 아이들에겐 친구가 없었고, 나는 아이들을 바보로 만들었다. 그 와중에 몇몇은 내 감시망을 피해 어떻게 해서든 무리를 형성하려고 했다. 그들의 적은 바로 나였고, 나는 아이들과 정다운 사제지간이 아닌 공공의 적이 되었다. 힘들고 속상했다.

고개를 들어 옆 반을 살펴보니 역시나 고학년 학급 어디든 친구 관계는 계급 사회 그 자체였다. 아이들이 저 계급 사회 속에서 고통받는 것보다 차라리 바보가 되거나 내가 공공의 적이 되는 게 낫겠다 싶었다. 그래서 아이들을 더욱 옥죄였다. 그럴수록 아이들은 더욱 혼자가 되었고, 나에게만 매달렸다. 또는 강제로 친구 사이를 떨어뜨리는 나를 더욱 미워했고, 나도 점점 지쳐갔다.

결국 나는 계급 사회가 무서워서 아이들로부터 친구를 빼앗았다는 걸 깨달았다. 구더기가 무서워서 장조차 못 담근 꼴이 된 것이다.

솔루션

학교 폭력을 예방하는 회복적 생활 교육

인간 사회 자체가 하나의 큰 무리다. 그 속에서 크고 작은 다양한 무리를 형성한다. 그런데 그 무리가 계급 사회가 될지, 아니면 계층 사회가 될지는 사회 구성원의 노력에 달렸다. 아이들도 마찬가지다. 아이들은 성격, 특성, 취미, 공부 등 자신의 정체성을 드러낼 수 있는 영역들을 바탕으로 무리를 형성한다. 그러므로 학급 속 무리 짓기는 당연한 본능이다. 그러나 그 무리가 계급 사회가 될지, 아니면 계층 사회가 될지는 교사와 아이들의 노력에 달렸다.

그렇다면 어떻게 해야 학급 내 형성된 여러 무리가 서로에게 악한 영향력이 아닌 선한 영향력을 미칠 수 있을까? 이는 전적으로 3월 초에 어떤 교육을 투입하느냐에 따라 좌우된다. 아이들은 원래 알아서 친구를 사귄다는 생각으로 놔두면 신혜와 같은 아이들이 여럿 양산된다. 모든 걸 '예스' 하는 아이들이 계급 사회에서 가장 만만하다. 최악의 전략인 셈이다. 이로써 학급은 계급화되고 교실 속에 발견되는 학교 폭력 지수 단계가 점점 높아지게 된다.

학교 폭력 지수 10단계

1단계: 드러내지 않고 은근히 따돌림
2단계: 나쁜 표정을 짓거나 나쁜 눈빛으로 바라봄
3단계: 나쁜 별명을 붙이고 놀림
4단계: 나쁜 소문을 내거나 모욕을 줌
5단계: 못살게 굴거나 노골적으로 따돌림
6단계: 위협하고 협박함
7단계: 물건을 훔치거나 빼앗거나 망가뜨림
8단계: 발로 차거나 몸을 때림
9단계: 흉기로 위협하거나 흉기를 사용함
10단계: 살인

출처: 핀란드 폭력 예방 프로그램

학교 폭력 지수에서 1~3단계는 계급 사회의 진입 초기로서 대개 혼합되어 나타난다. 1~3단계 중 어느 것 하나라도 발견되면 그 즉시 개입해야 학교 폭력이라는 새싹을 뿌리째 뽑을 수 있다. 만약 개입할 순간을 놓치면 순식간에 학급은 학교 폭력 지수 4~5단계로 진입한다. 그때부터는 빼도 박도 못하게 학급이 계급 사회로 굳어진다. 이때부터는 어떠한 노력에도 계급화를 계층화로 바꾸기가 사실상 어렵다. 실제로 이미 계급화된 아이들의 관계를 바꿔보겠다고 몇 주간에 걸쳐 Wee 센터 단체 상담을 받아봤지만 별 소득이 없었다.

그렇다고 3월 처음부터 아이들의 무리 형성을 막으면 안 된다. 앞서 고백했듯이 무작정 무리를 없애려는 노력은 깨진 독에 물 붓기다. 바른 문제 해결법이 아니라서 교사의 헛수고로 인해 아이나 어른 모두 괴로워질 뿐이다. 아이는 교사와의 만남을 벗어나면 또다시 정글 같은 사회 속에

던져질 텐데, 1년간 무리 형성을 금지하는 것은 바람직한 친구 관계를 형성하는 교육법이 아니다.

일단 3월 한 달은 아이들의 친구 관계를 주의 깊게 관찰하는 게 좋다. 그러다 보면 아이들 특성도 대체로 파악된다. 보통 아이들이 자기 성향과 잘 맞는 친구를 찾아 자연스럽게 무리를 형성한다고 생각하기 쉬운데, 꼭 그렇지는 않다. 생각보다 아이들은 자기 성향과 잘 맞는 친구가 누군지 잘 모른다. 으레 재밌거나, 외모가 좋거나, 공부를 잘하거나, 친구들에게 인기가 많으면 좋은 친구라고 생각한다. 그래서 일단은 이런 친구들 옆으로 아이들이 모인다. 고학년일수록 이런 현상이 뚜렷해진다.

어른은 사회적 관계에 대한 경험이 많기에 아이들의 무리 형성 방법에 관해 어느 정도 감별할 수 있다. 아이들이 자기 성향에 맞게 무리를 형성한다면 아이들을 조금 더 매의 눈으로 예의 주시하면 된다. 그런데 피라미드 꼭대기에 있을 것 같은 친구를 찾아 무리를 형성한다면 친구 사귀는 방법-아이들이 흔히 생각하는 좋고 나쁜 친구의 개념을 나와 잘 맞고 잘 맞지 않는 친구 개념으로 바꾸는 것이다. 이때 나의 성향을 알아보고, 친구들과 서로 자신의 성향을 나눠보는 활동이 제격이다-을 가르쳐 주면서 바로 개입하자. 무리가 형성된 후에 개입해 봤자다. 학기 초 3월에 형성된 무리는 일 년 내내 유지하려는 속성이 강하기 때문이다. 무리가 쉽게 깨지지 않아 새로운 무리가 잘 형성되지 않고, 무리 밖의 친구들도 쉽게 끼워 주지 않아 모두가 고통스러울 뿐이다.

3월 말에서 4월 초 즈음 아이들이 무리 찾아 삼만리를 끝내면 무리 형성이 어느 정도는 끝났다고 볼 수 있다. 대체로 이후에는 새로운 무리가 잘 형성되지 않고 일 년 내내 이대로 무리를 유지한다. 여기서 어른의 안심은 금물이다. 원래 계급과 왕따는 무리 속에서 발현되기 때문이다. 무리 속에서 나타나는 학교 폭력 양상과 과정은 다음과 같다.

무리가 계급화되면서 나타나는 학교 폭력 양상

보통 계급화는 무리 안에서 먼저 일어난다. 여기서 진압하지 못하면 무리 안에서의 계급화가 학급 전체로 번진다. 그 과정은 대체로 다음과 같다.

1. 무리 안에서 계급화가 일어나는 과정
   귓속말하기 ➡ 뒷소리하기 ➡ 이간질하기 ➡ 계급 나누기 ➡ 표적을 정해 '은따'나 왕따 만들어 소외시키기 ➡ 무리 안에서 왕따 표적을 바꾸거나 기존의 왕따 표적을 무리에서 밖으로 쫓아내기 ➡ 무리에서 퇴출당한 표적은 어디에도 갈 곳이 없어짐

2. 학급 전체가 계급화되는 과정
   ➡ 무리 안에서의 계급화가 무리끼리의 계급화로 번짐 ➡ 무리끼리 계급 피라미드가 정해짐 ➡ 상위 계급에 해당하는 무리의 입김이 다른 무리에게 영향을 미침 ➡ 무리에서 퇴출당한 왕따가 반 모두의 왕따로 전락

4월부터는 학교 폭력 예방 차원에서도 바람직한 친구 관계 형성법을 교육해야 한다. 교육은 민주적 절차와 과정을 밟아야 학급이 계급화가 아닌 계층화를 이룩할 수 있다. 교육 내용과 방법은 대체로 이렇다. 먼저 교사가 위의 학급 폭력 양상이 잘 드러나도록 가상의 문제를 설정한다. 학급 회의로 문제의 원인과 해결책을 다 함께 찾아본다. 이후 논의된 해결책을 학급 규칙으로 설정하면 서로가 감시자이면서 우정을 나누는 친구가 된다. 계층 사회로의 진입이 시작되는 것이다.

예시

1. 교사가 위 학급 폭력 양상이 잘 드러나도록 가상의 문제를 설정한다.
2. 학급 회의로 문제의 원인과 해결책을 다 함께 찾아본다.
3. 논의한 해결책을 학급 규칙으로 설정한다.

문제

정수가 화장하고 학교에 왔다. 화장한 정수는 아이들이 보기에 마치 성숙한 어른 같았다. 그래서 다음날 정수와 친하게 지내는 친구들도 화장을 하고 학교에 왔다. 그런데 민정이만 화장을 하지 않았다. 아이들은 자신들과 똑같이 행동하지 않는 민정이를 은연중에 무리에서 소외시켰다. 민정이 앞에서 은근슬쩍 자기들끼리 귓속말을 했다. 민정이는 무리 속에서 소외되지 않기 위해 화장품을 사달라고 엄마한테 졸랐다.

해결책(학급 규칙)

1. 학교에서는 화장하지 않기
2. 친구들과 귓속말하지 않기
3. 친구 의견에 무조건 동조하지 않기
4. 친구를 소외시키지 않기

이로써 학급 모두는 서로의 감시자이면서 우정을 나누는 친구가 된다. 계층 사회로의 진입 시작이다. 그런데 요즘은 초등학교 고학년 때부터 화장하는 아이들이 있다. 인권을 언급하면서 아이들의 화장을 자율에 맡겨야 한다고 하지만, 인권에 앞서 고학년 아이들에게 화장이 갖는 상징적 의미는 계급화다. 화장만큼 친구 관계를 주류와 비주류로 나누기 쉬운 것도 없다. 계급화 자체가 인권 침해인데, 화장 금지와 자율을 두고 인권 침해를 논하는 게 무슨 의미가 있을까?

결국 화장이 허용되는 학급에서는 화장에 별 관심 없던 아이들까지도 화장하게 만든다. 비주류가 되어 무리에서 소외되지 않기 위해서는 어쩔 수 없다. 이럴 때 가장 난감한 건 갑자기 화장품을 사달라고 조르는 아이를 대하는 부모다. 어린아이가 벌써부터 무슨 화장이냐고 일갈해도 아이들은 어떻게 해서든 싸구려 화장품을 손에 넣어 어른 몰래 화장한다. 그래서 학기 초에 화장이 가져오는 계급화를 가상 문제로 설정하고, 화장 허용 여부를 학급 회의 안건으로 제시하는 교육 활동이 필요하다.

화장만큼 계급화의 일등 공신이 귓속말이다. 귓속말이 인정되는 순간 뒷소리와 이간질은 순식간에 전염병처럼 교실 곳곳에 퍼진다. 이때 아이들에게 단 한마디만 던지면 너도나도 귓속말 금지를 학급 규칙으로 정하자고 열을 올리게 된다.

"내게 귓속말로 다른 친구를 험담하는 친구가 과연 딴 친구에게 내 욕은 안 했을까요?"

교사가 나서서 아이들을 선동한다고 여길 수도 있다. 그러나 학교 폭력은 예방 교육이 되어야 한다. 터지고 나선 수습이 어렵고, 수습해 봤자 모두가 상처받은 뒤다. 학교 폭력이 예방되려면 행동화장, 귓속말 등이 어떤 결과를 가져올지 전망하고-단순 예측이나 예상이 아니라 여러 시나리오나 에피소드를 바탕으로 인과관계를 따져보면서 보다 실제적으로 미래를 상상해 보는 것-, 모두를 위한 합리적인 방법을 찾아야 한다. 물론 아이들 스스로 행동의 결과를 전망할 수 있다면 교사가 먼저 나설 필요가 없다. 그러나 현실적으로 삶에 대한 경험이 부족한 아이들이 먼저 나서서 행동이 가져올 부정적 결과를 전망하는 일은 희박하기에 인생의 선배로서 교사가 안내자 역할을 해야 한다. 마지막으로 모두를 위해 찾은 합리적인 방법들을 규칙으로 정해 모두가 자발적으로 지켜야 한다. 이러한 과정은 선동이 아니라 민주적 방법으로 대등한 친구 관계를 맺는 과정이다.

이런 과정을 통해 학기 초를 잘 다져놓으면 일 년간 아이들의 관계는 계층화된다. 즉 무리가 있지만, 모두가 대등한 친구 관계를 맺는 것이다. 여기에 덧붙여 친구가 다른 친구를 사귀어도 나와의 우정이 변한 건 아니라는 사실을 알려 주면 무리끼리의 배타성이 조금은 느슨해진다. 이후에 학급에서 발생하는 문제들은 갈등의 유형이나 상황, 아이의 특성 등에 맞게 교사가 개별적으로 도와주면 된다. 이때 요즘 학교 폭력의 대안으로 떠오르는 회복적 생활 교육을 활용하면 좋다.

회복적 생활 교육을 통해 공감과 책임의 교실을 만드는
9가지 학급 운영 솔루션

1. 대화와 소통: 갈등 해결을 위한 소통의 문화 만들기
2. 회복적 서클: 사안은 현장에서 즉시 다루기
3. 피해 복구: 행동에 책임지는 사람으로 키우기
4. 규정과 기대치: 명확하고 일관된 기대치 설정하기
5. 성장 마인드셋: 학생들에게 운전대를 돌려 주기
6. 마음 챙김: 자기 감정을 알고 조절하게 하기
7. 공감: 경청하고, 이해하고, 소통하게 하기
8. 회복적 지원: 작은 것에 집중하기
9. 행동 추적 및 관리: 행동 추적-코칭-재발 방지를 위해 데이터 활용하기

출처: 『오늘부터 시작하는 회복적 생활 교육』(우리학교, 2020)

회복적 생활 교육은 교육 목적부터 실천 방법까지 학교 폭력을 예방할 뿐만 아니라 갈등을 회복하고 건강한 공동체를 형성하는 데 아주 효과적이다. 그러나 실제 교육 현장에서는 회복적 생활 교육이 효과를 제대로

발휘하지 못하고 있다. 학교 폭력이 발생한 후에야 회복적 생활 교육을 적용하기 때문이다. 아니면 과거의 나처럼 아이들의 의사스스로 만들고 싶은 친구 무리를 완전히 무시한 채 회복적 생활 교육을 적용하기 때문이기도 하다.

위 회복적 생활 교육 방침은 예시 자료로, 학급 상황, 교사의 교육관, 학급 아이들의 특성 등에 맞는 방침을 찾아 활용하면 된다. 그러나 대부분 회복적 생활 교육 실현을 위한 첫 번째 조건을 '1번 갈등 해결을 위한 소통의 문화 만들기'로 꼽는다. 이는 오로지 무리의 대등화를 이룩한 학급만이 가능하다. 그래서 학기 초 학급 무리의 대등화는 회복적 생활 교육을 적용하기 이전에 필수 조건이자 최소한의 안전망이다. 아이들은 친구 관계가 진정으로 대등하다고 여겨야 비로소 친구의 눈치를 보지 않고 자기 개성을 한껏 표현할 수 있기 때문이다. 또 무리에서 벗어나도 별것 없다는 사실을 깨닫게 된다. 그러다 어느 순간 더는 친구 관계에 휘둘리지 않는 내면이 단단한 아이로 성장해 있을 것이다.

TIP_ 고학년 여자아이에 대한 친구 관계 지도법

- 아이들이 친구 관계를 맺는 방법이나 무리 형성 과정을 자세히 관찰하기
  - 자신의 성향과 잘 맞는 친구를 사귀면 매의 눈으로 더 지켜보기
  - 피라미드 꼭대기에 있을 것 같은 친구를 찾아 사귀면 즉시 개입해 바람직한 친구 관계 맺는 방법 알려 주기
- 민주적 절차 과정을 통해 대등한 친구 관계를 만들기 위한 학급 규칙 만들기
- 대등한 학급 문화를 만들고 회복적 생활 교육 활용하기

아이가 왜 그 친구랑 계속 다툴까요? - 고학년 남자아이편

사 례

너흰 왜 맨날 싸우니?

남희랑 광윤이 이야기

남희는 반에서 덩치가 제일 커서 좋은 점이 있다. 학년이 올라갈수록 덩치가 크다는 이유로 친구들이 남희를 리더로 인정하기 때문이다. 남희도 자신이 리더인 게 당연하다는 듯 행동한다.

한 번은 급식 시간에 커다란 덩치 때문에 무릎이 아팠던 남희는 옆에 앉은 광윤이에게 식판에 남은 음식을 버리고 정리해 달라고 부탁 아닌 부탁을 했다. 남희와 달리 반에서 가장 체격이 왜소한 광윤이는 말없이 남희의 식판을 정리해 주었고, 그것이 계기가 되어 매일같이 광윤이가 남희 식판을 처리해 주었다. 그러다 어느 날 "광윤이가 남희의 식판 셔틀 같다"는 여자아이들의 말을 듣고 놀란 담임선생님이 그제야 상황 조사에 나섰다. 그리고 이를 남희와 광윤이 부모님께 알렸다.

정호랑 상기 이야기

정호는 장난기가 넘치고 까불까불하다. 재치 있는 입담 덕에 친구들에게 인기가 많다. 사실 정호는 반에서 리더가 되고 싶다. 그래서 남자아이들 일이라면 일단 덤비고 본다. "이 일은 너가 잘못했네. 아니 네가 잘못했네. 이건 내가 도와줄게. 넌 이렇게 해" 등 남자친구들 일을 자기 일처럼 나서서 도와주고 해결사를 자청한다. 그런데 아이들은 자기 일도 아닌데 무턱대고 끼어드는 정호가 짜증스럽다. 무엇보다 정호가 재밌는 것은 알지만 가끔 도를 넘는 지나친 장난을 해서 기분 나쁠 때가 한두 번이 아니다. 그래서 반 아이들은 정호를 리더로 생각하지 않는다.

사실 반의 리더는 따로 있다. 바로 상기다. 상기는 정호처럼 재치 있지는 않다. 그러나 진중하고 책임감 있으며 믿음직스럽다. 도를 넘어선 장난은 절대 하지 않을뿐더러 무엇보다 정호처럼 남자아이들의 모든 일에 사사건건 개입하지 않는다. 그러나 자신이 개입해야 할 일은 귀신같이 찾아내 적절하게 개입한다. 상기의 처사는 늘 정당하고 공정하며 합리적이기에 아이들도 불만이 별로 없다. 그래서 남자아이들은 상기의 말을 마치 법인 것처럼 잘 따른다.

웅이와 태민이 이야기

"선생님! 웅이랑 태민이가 또 싸워요!"

김 교사는 아이들의 고함 소리가 들리는 곳으로 얼른 달려갔다. 그랬더니 웅이와 태민이가 서로 주먹질과 발길질을 하면서 싸우고 있는 게 아닌가? 김 교사는 얼른 둘을 떼어 놓았다. 그리고 둘의 얼굴과 몸 상태를 살펴봤다. 둘 다 꼴이 말이 아니었다. 웅이는 태민이에게 주먹으로 얼굴 쪽을 맞은 건지 뺨과 목 주변 언저리가 붉게 올라왔고, 태민이는 웅이에게 발로 배 쪽을 맞은 건지 배를 움켜쥐며 자리에 주저앉았다. 김 교사는 한숨을 내쉬며 말했다.

"너흰 왜 맨날 치고받으며 싸우니? 가만 보면 다른 애들하고 싸울 땐 폭력을 쓰지 않는데, 이상하게 너희 둘 싸움에서만 서로 폭력을 쓴단 말이야."

생각해 볼까요?

자기 역할 찾는 건 본능?

고학년 친구 관계 속 무리는 여자아이들에게만 해당하지 않는다. 남자아이들도 당연하다는 듯이 자기들끼리 무리를 만든다. 다른 점이 있다면 여자아이들은 여러 무리를 형성하는 것에 반해 남자아이들은 무리가 하나다. 물론 관심사가 비슷하고 유머 코드가 잘 맞는 아이들 여럿이 자주 뭉치기는 하지만, 여자아이들처럼 배타적이지 않다. 남자아이들의 친구 관계에서 핵심은 같은 반 전체가 전부 한 무리로 지내지만, 그 속에서 각자 자기만의 역할을 본능적으로 찾아 열심히 수행한다는 것이다.

문제는 정의롭지 않은 방식으로 자기 역할을 수행하는 몇몇 아이들이다. 이들로 인해 남자아이들의 관계는 순식간에 계급 사회로 돌변하게 된다. 이럴 때 가장 필요한 것은 아이들의 관계를 정확하게 파악하는 교사의 상황 판단력과 어떻게든 정의로움을 놓지 않으려는 교사의 의지다.

솔루션

모두가 정의롭게

리더 역할을 하는 아이

남자아이들의 관계가 계급화가 되지 않으려면 어떤 아이가 리더 역할을 하는지가 제일 중요하다. 생각보다 남자아이들은 힘의 논리에 의해 쉽게 좌우되기 때문이다. 그러므로 친구들에게 정당하고 정의롭게 '힘영향력'을 활용하는 아이가 리더가 되어야 한다.

문제는 교사와 남자아이들이 서로 생각하는 리더상에는 약간 차이가 있다는 점이다. 교사는 대체로 '정의로움'에 초점을 맞추지만, 아이들은 '힘'에 초점을 맞추는 경향이 강하기 때문이다. 그래서 서로가 절대 양보할 수 없는 조건들을 최소한의 기준으로 삼아 교사가 바라는 리더와 아이들이 암묵적으로 인정하는 리더가 반드시 일치해야 한다. 다년간의 경험을 바탕으로 리더 역할의 덕목을 정리하면 다음과 같다.

정의로움의 조건

- 친구들을 존중하고 배려하는 아이
- 친구들이 필요한 도움을 주는 아이
- 누구에게도 힘(영향력)으로 밀리지 않지만, 그 힘을 악용하지 않는 아이
- 부당함에 휩쓸리지 않고 원칙을 지킬 줄 아는 아이
- 낄 때와 빠질 때를 잘 아는 상황 판단력(눈치)이 좋은 아이
- 장난의 적정선을 아는 아이
- 리더를 서열 1위가 아니라 다양한 역할 중 하나로 인식하는 아이

교사의 역할은 3월 초에 이와 같은 덕목을 가진 아이가 누구인지 재빠르게 알아채는 것이다. 그런데 남자아이 대부분이 고만고만해서 3월 초 서로를 탐색하는 기간에 리더가 누구인지 쉽게 판별이 안 날 때가 있다. 이번 해에는 리더가 없을 거라고 생각하고 안심하면 안 된다. 시간이 지날수록 점차 학급에서 리더가 나오기 때문이다. 이때 정의롭지 않은 아이가 리더 역할을 장악할 수 있으므로 리더가 확실하게 정해질 때까지 방심은 금물이다.

또 교사가 '내가 너를 리더로 인정했기 때문에 리더야!'라는 분위기를 은연중에 연출한다면 리더를 선두로 반 모두가 교사의 권위 안에 일렬로 각자의 위치가 정해진다. 이때 전제 조건은 교사는 리더인 아이와 좋은 관계를 유지해야 한다는 것이다. 사례에서처럼 남자아이들은 자신들이 암묵적으로 인정한 리더의 말에 잘 따르기 때문이다. 그래서 리더가 교사를 잘 따르면 나머지 아이들도 자연스레 교사를 잘 따르므로, 교사는 1년간 남자아이들과 별 탈 없이 원만하게 지낼 수 있다. 이는 마치 초한지 의 한신과 유방의 대화처럼 "황제가 장군만 잘 다스리면 장군 밑에 있는 수많은 병사를 잘 다스리는 것과 같다"는 이치로, 학급 경영에서도 유리한 전략이다. 이로써 학급의 남자아이들의 관계는 계급화가 아닌 계층화가 되며, 학급에서 각자의 역할을 찾아 열심히 수행하게 된다.

그런데 교사와 남자아이들의 예상과 전혀 다른 아이가 리더가 되는 경우가 있다. 첫째, 정의롭지 않은 호랑이가 굴을 차지하려고 친구들을 물리적인 힘이나 폭력으로 제압하는 경우다. 여기서 물리적인 힘은 말 그대로 힘이 제일 센 아이, 덩치가 제일 큰 아이, 기가 센 아이, 운동을 잘하는 아이 등일 수 있다. 핵심은 누구와 어떤 경쟁을 해도 힘(영향력)에서 밀리지 않는 아이다. 물론 '물리적인 힘(영향력)을 가지고 있으면서 동시에 정의로운 아이'가 리더로 제격인 것은 맞다. 문제는 남희처럼 물리적인 힘을 가진 아이가 정의롭지 않을 때다. 아이들은 물리적인 힘에 압도되면 정의롭지 않다는 걸 본능적으로 느끼는 것과는 별개로 맥없이 그 아이를 리더로 맞아들인다. 이때는 교사가 즉시 개입해 정의를 따지며 판도를 뒤집어야 한다.

이 외에도 굴을 차지하고 싶은 호랑이가 여럿일 경우가 있다. 즉 다른 남자아이들에 비해 물리적인 힘이 우세한 아이가 여럿이지만, 서로 세력이 비슷해서 문제가 발생한다. 대체로 남자아이들에게 리더는 한 명이라 리더 역할을 할 후보가 두 명이면 결판이 날 때까지 그들만의 세력 싸움을 시작한다. 심각할 경우 서로 주먹질까지 오가며 어떻게든 승리자를 가려내려고 한다. 그러나 승리자는 절대 리더가 되어서는 안 된다. 폭력이 오가는 순간부터 둘 다 리더로서 자격 박탈이기 때문이다. 그렇지 않으면 폭력으로 리더 역할을 거머쥔 아이가 또다시 폭력으로 반 아이들을 휘두르려고 하게 된다. 이를 방치하면 순식간에 어디선가 『우리들의 일그러진 영웅』의 엄석대가 튀어나와 교실 전체를 장악하게 된다.

아이들도 어떠한 상황에서도 폭력은 금물이란 사실을 잘 안다. 이를 교사보다 더 목숨처럼 중요하게 여긴다. 그런데 폭력에 노출되는 순간 교사의 묵인이 더해지면 아이들은 '역시 리더는 싸움을 잘하고 힘이 센 아이가 되어야 하나 보다'라고 생각하며 불합리한 상황에 순응해 버린다. 이럴 때 교사가 폭력 절대 금지라는 원칙을 앞세우며 교사부터 리더로 인정하지 않으면 그 아이는 순식간에 반에서 영향력을 잃는다. 힘이 아무리 셀지라도 교사와 함께 똘똘 뭉친 반 전체를 한 명이 이기는 건 불가능하기 때문이다.

둘째, 호랑이가 없는 굴에 여우가 나서도 이를 그저 멀거니 지켜만 보는 경우다. 이는 리더인 아이가 뚜렷하지 않은 상황에서 '누군가는 분명 리더가 되겠지만, 우선 나는 리더가 아닐 테니 관심 없다'라는 태도로 구경꾼 노릇이나 하자는 분위기가 우세할 때 일어난다. 이때 두 번째 사례의 정호처럼 이런 분위기를 귀신같이 눈치챈 아이가 리더가 되려고 나선다. 사실 아이들도 정호가 리더감이 아닌 것을 본능적으로 알고 있지만, 어차피 자신이 리더가 될 일은 없으니 두 손 놓고 지켜보는 것이다. 이럴 경우, 어떤 아이가 리더가 되어야 하는지를 심도 있게 토론하는 시간을 가지면 아이들은 금세 정호가 아닌 상기 같은 아이를 본능적으로 찾아 서로 암묵적인 동의하에 리더로 인정하게 된다.

무엇보다 교사가 누구를 리더로 인정하느냐가 제일 관건이다. 교사 편의를 위해 정의로움을 조금이라도 포기하면 교실이 계급 사회가 되는 것은 시간문제다.

리더를 보좌하는 역할을 하는 아이

웅이와 태민이의 사례가 이에 해당한다. 정해진 리더를 보좌하는 역할을 서로 하려고 기 싸움을 하는 것이나. 즉 사기들끼리 2인자를 가리내려고 1년 내내 아웅다웅 싸워댄다. 사실 남자아이 둘이 1년 내내 주야장천 주먹다짐을 하는 것은 둘의 세력이 비슷해서다. 서로가 해 볼 만하니 덤비는 것이다. 그래서 확실히 판가름이 날 때까지 싸운다. 그런데 문제는 1년 안에 둘 중 누군가가 엄청나게 체격이 커지거나 싸움 기술이 확연하게 늘지 않는 이상 결판이 잘 나지 않는다.

이런 속사정을 이해하지 못하고 그저 둘을 물리적으로 떨어뜨려 놓기만 하면 해결이 안 된다. S극과 N극이 서로를 잡아당기듯 이들도 서로를 본능적으로 찾아다니며 결판이 날 때까지 다툰다. 정말이지 사이가 안 좋아서 저러는 건지, 아니면 사이가 좋아서 저러는 건지 지켜보는 교사와 부모도 둘 사이가 헷갈린다.

그러나 원칙은 리더인 아이와 같다. 폭력은 절대 금물이며 폭력을 쓰는 순간 둘 다 리더 보좌 역할에서 박탈이다. 이는 교사와 리더인 아이가 동시에 둘 모두를 인정하지 않는 분위기를 연출하면 된다. 그러나 이것만으로는 안 된다. 사실 두 아이가 계속 치고받으며 다투는 이유가 '같은 역할 리더를 보좌하는 역할'을 두고 다투는 것이므로 각각 다른 역할을 부여하면 된다. 그러면 더 이상의 폭력이 무의미하다는 것을 깨닫고 세력 다툼을 끝내게 된다.

꼭 리더 보좌 역할이 아니어도 남자아이들은 서로의 역할이 겹치면 그 역할의 진정한 주인을 가려낼 때까지 계속 다툰다. 그러니 만약 학급에서 유독 자주 다투는 남자아이들이 있다면 그 둘의 성향과는 별개로 학급에서의 포지션이 비슷한지 살펴볼 필요가 있다.

가장 만만한 아이

3월 초 리더인 아이를 찾는 것만큼 아이들에게 가장 만만한 할 것 같은 아이를 찾아 교사가 힘을 실어 주는 게 중요하다. 그렇지 않고 방심하면 광윤이와 같은 일이 교사 모르게 곳곳에서 벌어질 수 있다. 앞서 언급했듯 남자아이들에게 힘의 논리는 생각보다 중요하게 작용하기 때문이다.

그렇다면 아이들에게 가장 만만할 것 같은 아이는 누구일까? 바로 자신감이 없고 스스로 위축된 아이이다. 대체로 체격이 왜소한 아이, 기가 약한 아이, 스포츠나 운동을 잘 못하는 아이, 공부를 못하는 아이 등이다. 물론 못하는 것투성이라 해도 자존감이 높아 자신만만한 아이는 해당하지 않는다. 핵심은 자존감이 낮아 스스로 주눅이 든 아이로, 본능적으로 힘의 논리를 계산하는 아이들은 이런 아이를 손쉽게 알아챈다. 그전에 교사가 먼저 반 아이들을 면밀하게 관찰하면서 또래보다 의기소침한 아이를 찾아야 한다. 그 후 모두가 보는 앞에서 수시로 아이를 치켜세우며 교사의 권위로 아이의 존재를 인정해 준다면, 아이는 가장 만만한 아이가 아니라 모두가 건드려서는 안 되는 아이로 역할이 뒤바뀌게 된다. 그만큼 아이들에게 교사의 권위는 막강하다.

그 외 아이들

리더가 되고 싶은 마음이 없거나 애초에 자신은 리더가 되지 못할 것을 잘 아는 나머지 아이들은 사실 학급의 역학 관계에 별 관심이 없다. 그나마 누가 우리들의 리더가 될 것인가에 조금 관심을 가지는 정도다. 이것도 '이 아이가 우리들의 리더다'라고 공식적으로 정하지 않는다. 그저 남자아이들만의 본능적이고 암묵적인 합의에 가깝다. 그렇지만 학급 친구들 사이에서 자신만의 역할이 있기를 바란다. 재치있고 웃긴 아이, 공부를 잘해서 선생님의 인정을 받는 아이, 여자아이들의 귀여움을 독차지하는 아이 등 저마다 학급에서 무슨 역할을 맡아야 할지를 본능적으로 찾아나선다.

그러니 아이 저마다의 역할을 무시해선 안 된다. 남자아이들은 학급에서 자신이 맡는 '역할'로 자아정체성을 형성하기 때문이다. 여자아이들에게는 무리가 자기 자신 그 자체라면, 남자아이들에게는 학급 속 자신의 역할이 자기 자신 그 자체다. 만약 교사나 친구들이 아이의 역할을 무시하면 학급에서 가장 만만한 아이가 된다. 여기서 학교 폭력의 씨앗이 싹튼다. 그러므로 남자아이들의 친구 관계가 계급화가 될지, 계층화가 될지는 바로 자신의 역할을 정의롭게 수행하는 아이들, 서로의 역할을 존중하는 학급 문화, 정의로움을 포기하지 않는 교사의 노력에 달려 있다.

어른들은 어린 시절을 이미 지나왔기에 친구 관계로 인한 아이들의 고민이 사소할 수 있다. 그러나 아이는 아니다. 아이가 현재 겪고 있는 친구 문제는 아이 인생에서 처음 겪는 일이다. 사소하다는 건 어른의 편협한 생각일 뿐, 친구 문제로 밤잠까지 설치는 아이들에겐 고통의 시간이다. 그리고 그 고통은 어른이 돼서도 이어진다. 그러니 부디 아이들 속에 형성된 계급 사회를 별 것 아닌 일로 치부하지 않기를 바란다.

TIP_ 고학년 남자아이 친구 관계 지도법

- 대체로 학급 전체가 한 무리지만, 그 속에서 자기만의 역할이 있다.
  - 리더나 리더 보좌 역할인 아이: 친구들에게 선한 영향력을 주며 봉사 마인드가 강한 아이
  - 가장 만만한 아이: 자존감과 자신감을 세워 주기
  - 그 외 모든 아이들: 학급 속에서 당당히 설 수 있도록 아이 각자만의 역할을 존중하기

| 4장 |

부모들이 알고 싶은 학교

누구나 학교에 대한
상처 하나쯤은 있습니다

누구나 학교에 대한 상처 하나쯤은 있다. 상처는 아물었지만, 어른이 되어도 상처받은 기억은 쉽게 잊혀지지 않는다. 4학년 스승의 날 어머니가 촌지를 바치지 않아 선생님에게 미움을 받았던 것, 5학년 미술 시간에 공책을 책상 속에 넣지 않아 친구들 앞에서 선생님에게 뺨을 맞았던 것, 중학교 1학년 한자 시간에 ‘노래 가歌’를 쓰지 못해 비웃음을 당했던 것, 중학교 3학년 음악 시간에 친구들 앞에서 수치스러운 외모 비하를 당했던 것이었다.

감수성이 풍부했던 학창 시절에 나에게 상처를 준 사람은 대부분 선생님이었다. 가뭄에 단비처럼 어쩌다 한 번씩은 좋은 선생님을 만나기도 했지만 나쁜 기억들을 상쇄시키기에는 부족했다. 그랬던 내가 교사가 되어 학생들 앞에 섰다. 그리고 교사가 된 나는 여전히 학교에 상처 받고 있다.

사 례

담임선생은 자격이 없다, 다 파면당해라!

김 교사는 군 단위의 작은 학교에서 근무하고 있다. 지역 사회 특성상 주민들의 직업군은 대부분 비슷했으며, 한 마을에 일가친척이 함께 사는 상당히 폐쇄적인 곳이었다.

김 교사 반 형구와 옆 반 진희 사이의 갈등은 학년 초부터 시작되었다. 주로 김 교사 반의 형구가 옆 반 진희를 놀리거나 손으로 툭툭 건드리면 진희가 이따금 폭발하여 반격하는 식이었다. 아이들 사이의 갈등을 중재하기 위해 상담을 여러 번 실시했지만, 형구 부모님은 끊임없이 진희만 탓했다.

어느 날 전 교직원이 다 출근하기도 전에 아침 일찍부터 학교에서 난리가 났다. 형구의 먼 친척 삼촌이 도끼를 들고 진희를 찾아온 것이다.

"네가 내 조카를 건드렸어! 내가 다시는 이런 행동을 하지 못하게 만들어 주겠어!"

형구의 삼촌은 잔뜩 화를 내며 책상 위에 진희의 손을 올려 도끼로 찍을 듯이 위협했다. 진희와 이 상황을 지켜보던 아이들 모두 자지러지게 놀라 울었으며, 오줌을 지리는 아이도 있었다. 게다가 진희네 담임선생님은 형구의 삼촌을 말리다가 다치기까지 했다. 다행히 다른 교사들이 경찰에 신고해서 상황이 잘 정리되었고, 옆 반 선생님이 경미한 부상을 입은 것 외에는 아무도 다치지 않았다.

하지만 학교는 그 이후로 곤혹을 치러야 했다. 사건을 잘 마무리하기 위해 교육청 고위 간부들이 학교에 방문하는가 하면, 지역 방송사에서 이 소식을 듣고 학교에 몰래 들어와 아이들을 취재하기도 했다. 인터넷 메인

포털에 관련 기사가 우후죽순으로 올라왔으며, 지상파 뉴스에 보도되기 시작하면서 상황은 이상하게 진희와 학교를 비난하는 식으로 돌아갔다. 또한 "오죽 괴롭힘을 당했으면 어른이 보다 못해 그랬겠나? 학교에서는 이렇게 일이 생길 때까지 뭘 했느냐? 담임선생은 자격이 없다. 다 파면당해라"라는 식의 비난 댓글이 난무했다.

생각해 볼까요?

학교가 상처를 준다

학교는 예상치 못한 언론의 보도와 비난에 대해 어떻게 대응했을까? 놀랍게도 모두가 동상이몽이었다. 학교 관리자교장, 교감, 형구의 담임이었던 김 교사, 진희의 담임이었던 옆 반 교사, 그 외의 동료 교사들의 생각은 제각각 달랐다.

사건이 있은 지 며칠 후 학교 관리자는 김 교사를 불러 다짜고짜 형구의 상담 기록을 가지고 오라고 했다. 그 당시 김 교사는 발령받은 지 겨우 일 년도 안 된 신규 교사라 학교 업무 처리 방식에 대해 잘 몰랐다. 그래서 상담 기록이 필요한 이유를 물었다. 그러자 교감선생님은 "경찰에서 평소 선생님이 생활 지도를 꾸준히 했다는 것을 증명할 수 있는 자료를 요청합니다. 우리는 선생님 편이니 있으면 가져 오세요"고 말했다.

그런데 잠자코 앉아 있던 교장선생님이 대뜸 "아니오. 학교는 선생님 편이 아닙니다. 평소 이 아이 상담한 기록 있어요? 다 가져오세요"라며 교감선생님의 말을 잘랐다. 김 교사는 어리둥절한 채 교실로 돌아가 상담일지를 꺼내 교장실로 들고 갔다. 상담일지를 펼쳐본 교장과 교감선생님은 매우 당황했다. 상담일지는 스무 장이 넘었으며, 3월 초부터 형구에 관한 모든 내용이 시간과 분 단위로 촘촘히 기록되어 있었기 때문이다. 알고 보니 김 교사는 형구와 학부모에게 너무나 시달린 나머지 혹시 모를 상황을 대비해 모든 걸 기록해 놓은 것이다. 김 교사는 그전에 학교 관리자에게 교실에 힘든 아이가 있어 어려움을 호소한 적이 있지만, 별다른 도움을 받지 못했다.

그렇다면 교장, 교감선생님은 상담일지를 어떻게 했을까? 놀랍게도 그 어디에도 자료를 제출하지 않았다. 이 사실을 알게 된 김 교사는 학교로부터 또 한 번의 상처를 받았다. '학교에서 일이 생기면 누군가는 책임을 져야 하는데, 상담 기록이 없다면 그 책임은 내가 짊어졌어야 했던 걸까?'라는 생각에 학교에 대한 회의감을 느꼈다. 결국 김 교사는 근무 일 년 만에 학교를 떠났다.

솔루션

학교에서의 상처의 고리를 어떻게 끊어낼 것인가?

우리의 마음 한편에는 여전히 학창 시절의 상처가 남아 있다. 그리고 교사가 된 지금도 학교에서 상처를 받고 있으며, 분명 우리가 모르는 사이에 다시 가해자가 되어 아이들에게 많은 상처를 줬을지도 모른다. 학부모가 된 아이들도 그렇다. 어린 시절 겪었던 학교에 대한 상처를 내 아이에게서 똑같이 발견했을 때 이제는 달라졌다고 믿었던 학교가 하나도 변하지 않았다는 걸 알았을 때 느끼는 마음이 학교를 향한 불신과 분노로 터져 나오는 걸지도 모른다.

많은 세월이 지나고 학생 인권이 신장되었음에도 아직도 아이들은 학교에서 상처를 받는다. 친구들에게 괴롭힘을 당하기도 하고 선생님의 말

한마디에 울기도 한다. 이렇게 상처받은 아이들은 어른이 될 것이고 부모가 될 것이며, 어쩌면 교사가 될지도 모른다. 이 아이들이 훗날 학교에 대해 어떻게 기억할까?

아이들이 기억하게 될 학교는 지금 우리 어른들이 만들어 내는 것이다. 학교에 대한 상처가 반복되지 않으려면 어른으로서 상처의 고리를 먼저 끊어 내는 모습을 아이들에게 보여 주어야 한다. 그렇다면 누가 어떻게 이 상처의 고리를 끊고, 과거의 상처를 치유하면서 누구도 상처 받지 않는 따뜻한 교육 공동체를 만들 수 있을까? 부모와 교사가 서로 신뢰하는 모습을 보여주어야 한다. 그리고 학교 안에서도 교사 간의 신뢰와 보호가 적극적으로 이루어져야 한다. 그래야 아이는 어른들의 모습을 보고 학교에 대한 믿음을 배운다. 부디 미래의 아이들은 학교가 주는 상처로부터 벗어나길 바란다.

무서운 아이들, 두려운 어른들

사 례

무서운 아이들

3월 2주, 김 교사가 아이들을 보내고 다음 날 수업 준비를 하고 있을 때였다. 처음 보는 남학생이 갑자기 교실에 들어오더니 말했다.

"큰일났어요. 강당 뒤에 사람이 쓰러져 있어요."

당시 김 교사는 새 학교로 옮긴 지 얼마 되지 않아 학교 구조를 잘 몰랐는데, 사람이 쓰러졌단 말에 깜짝 놀라 남학생을 무작정 따라갔다. 아주 오래전에 지어진 학교는 부지가 굉장히 커서 강당까지 가려면 본관을 벗어나 뒷길로 쭉 걸어가야 했다. 열심히 달려 강당 뒤 대나무숲에 도착했는데, 쓰러진 사람은 보이지 않았다. 혹시 잘못 온 걸까?

"어디에 있는데? 안 보여."

그러자 그 남학생은 대나무 숲속을 가리키며, 저 안에 있었다고 대답했다. 대나무 숲은 꽤 울창해서 안이 잘 보이지 않았고, 비집고 들어가기도 쉽지 않았다. 김 교사는 혹시 사람이 보일까 싶어 자세히 들여다 보려는 순간, 갑자기 어떤 생각이 머릿속을 스쳐 지나갔다.

'그런데 저 학생은 누군데 담임선생님도 아닌 나한테 온 거지? 그리고 여기 사람이 쓰러졌다는 걸 어떻게 안 거지?'

순간 오싹한 기분이 든 김 교사는 남학생 쪽으로 고개를 돌렸다. 남학생은 무표정으로 김 교사를 바라보며 서 있었다.

"내가 구하긴 힘들 것 같고, 가서 사람 불러올게. 잠깐만 기다려."

김 교사는 황급히 말을 둘러대고 몸을 틀었다. 그리고 그 순간 남학생은 김 교사의 옷깃을 움켜쥐더니 목을 졸랐다. 벗어나려고 발버둥쳤지만 여자인 김 교사보다 키와 덩치가 더 큰 남학생에게 목이 졸리니 목소리가 나오지 않았다. 그 상태로 구석으로 밀려 옷깃을 잡아 뜯기고 있었는데, 멀리서 고함 소리가 들렸다. 곧이어 목을 조르던 손이 풀어지면서 김 교사는 바닥으로 넘어졌고, 남학생은 도망갔다. 그날 배움터 지킴이 선생님이 학교를 순찰하지 않았다면 김 교사는 어떻게 되었을까?

생각해 볼까요?

아이들이 두려운 선생님

믿기지 않겠지만, 당시 나의 동료 선생님이 겪었던 일이다. 사례 속 아이는 6학년 남학생으로 음란물 중독이었고, 자신의 환상을 실현할 대상을 찾다가 체구가 작은 여선생님을 목표물로 삼은 것이었다. 그 후 사건은 어떻게 마무리되었을까?

김 교사는 그날 이후 심각한 트라우마를 겪었다. 학교에 이 일이 알려진 후 교권보호위원회가 개최되었고, 가해 학생은 김 교사에게 사과하고 전문가의 상담을 주기적으로 받게 되었다. 그리고 교권보호위원회의 보호 조치 결과, 해당 선생님에게 일주일간 병가를 내주도록 했고 일주일 뒤에는 학교로 다시 돌아가야 했다. 과연 이게 김 교사를 위해 실질적인 도움이 되었을까?

김 교사가 학교에 돌아온 이후로도 복도를 오갈 때 가해 학생을 자주 마주쳤다. 가해 학생은 김 교사를 매섭게 노려보았다. 김 교사는 교사로서의 자괴감과 두려움에 떨었고, 결국 그 해가 지나자마자 스스로 다른 학교로 옮기는 방법을 택했다.

나는 동료 교사의 경험을 들으며 요즘 아이들이 참 무섭다는 생각이 들었다. 동시에 대학생 때 있었던 일이 떠올랐다. 교육 봉사를 갔던 어느 중학교 교실에서 아이들이 칠판에 선생님 욕을 쓰며 깔깔거리는 게 아닌가? 그리고 자신의 욕을 아무렇지도 않게 지우고 수업하는 나이 지긋하신 선생님을 보며 충격을 받았다. 나중에 그 선생님에게 혼내지 않았던 이유를 물어보니, 자신이 혼을 내면 학생들과 부딪히게 될 것이고 그 상황이 두려우니 그저 모른 척한다고 대답했다. 그러면서 자신은 학교를 어서 떠나는 게 소원이라고 했다.

솔루션

학생의 인권, 그리고 교사의 인권

요즘 초등학교에는 학교 폭력 전담 경찰관이 배정되어 있다. 하지만 일선 경찰서에 근무하며 학교에 사건이 생겼을 때 사안 처리를 보조해 주는 역할에 지나지 않는다. 나는 학교에 상시 근무하는 스쿨 폴리스school police가 있어야 한다고 생각한다. 아이들에게 벌을 주자는 게 아니다. 어른과 아이를 아우르는 피해자들이 구체적이고 실질적인 보호를 받고 싶다는 뜻이다. 그리고 가해 학생에게 별다른 조치 없이 은근슬쩍 넘기게 되면 오히려 제대로 된 반성과 사과의 기회를 주지 않는 '가해 학생에 대한 가해'가 될 것이다. '어라? 나쁜 행동을 해도 괜찮네? 별문제가 없네?'라는 생각을 가지게 된 아이들은 어른이 된다면 더 큰 문제를 일으킬지도 모른다.

특히나 부모는 이러한 일이 생겼을 때 아이가 사과하는 것으로 사건을 끝내서는 안 된다. 아이의 행동에 대한 원인을 인지했다면 음란물 중독과 같은 더 큰 문제가 생기지 않도록 관심을 가져야 한다. 부모의 지나친 억압과 질책은 옳지 않지만, 아이의 행동을 방임하는 것도 아이를 망치는 길이다. 아이에게 책임을 묻는 것이 아니라 문제를 해결하는 방향으로 나아가야 한다.

또한 사건이 발생했을 때 아이의 문제 행동을 해결하기 위해 진행되는 외부 상담에도 변화가 필요하다. 보통 학교 Wee 센터를 통해 상담이 이루어지지만, 아이가 몇 번의 상담으로 문제점이 정말 고쳐질까? 전문 상담사들도 결국 센터에서 일하는 사람들이다. 아이의 내면을 정말 변화시키고 싶어도 자신이 개입할 수 있는 권한이 한정되어 있어 이러한 상담 시스템이 안타깝기는 마찬가지다. '우리는 조치를 취했습니다' 하는 형식적이고 보여주기식 상담이 아니라 적극적으로 개입하여 아이의 문제를 해결할 수 있도록 시스템이 개선되어야 한다.

학생 인권이 보장받는 요즘, 교사의 인권은 어떤가? 학생들의 인권을 존중하고 보호하면서 정작 학생으로부터 보호받지 못하는 교사는 누구에게 존중받을 수 있을까? 아이들과 서로 존중하고 즐겁게 지내는 교사들이 한 아이로부터 너무나 큰 상처를 받고, 심지어 교직을 떠나는 모습을 접할 때가 있다. 마치 그동안 쌓아왔던 교사의 경험과 전문성이 한순간에 모두 물거품이 된 것처럼 말이다. 학생과 교사의 인권은 함께 성장해야 한다. 하지만 학생의 인권과 교권이 반비례로 움직이는 현실에 우리는 학교 현장에서, 혹은 학교와 아주 가까운 곳에서 언제든지 달려와 줄 사람이 필요하다. 아이들과 어른들에게도 안전 울타리는 필요하니까.

연락 없는 우리 반 선생님, 어떻게 생각하세요?

사 례

우리 애 선생님이랑 정말 비교 되네요

민성이 어머니는 인스타그램의 산딸기쌤 팬이다. 산딸기쌤은 소셜 미디어SNS에 교실의 일상을 자주 올리는데, 늘 예쁜 글씨로 칠판에 아이들을 위한 글과 그림을 담는다. 산딸기쌤이 아이들을 생각하는 마음을 가득 담은 장문의 글을 올릴 때면 '얼굴만 예쁜 게 아니라 마음도 예쁜 선생님이구나' 하고 감동할 때가 많다.

다른 사람들도 비슷하게 생각하는 것 같다. 산딸기쌤 게시물에는 "선생님이 우리 아이 담임선생님이면 좋겠어요. 산딸기쌤을 만난 아이들은 얼마나 행복할까요? 우리 애 선생님이랑 정말 비교되네요~" 같은 댓글이 많이 달려 있다. 민성이 엄마도 그렇게 생각한다. 아이의 담임선생님은 뭘 하는지 애들 활동이 담긴 사진 하나 전혀 보내 주지 않는 걸 보면 애들한테 관심이 별로 없는 것 같다. 게다가 학부모들이랑 소통할 생각도 없어 보인다. 사람들이 애들은 담임선생님 탄다고, 선생님 잘 만나야 한다고 하더니 진짜 맞는 것 같다.

생각해 볼까요?

교사들이 바쁜 이유를 학부모들은 모른다

교사들 중에도 '셀럽celebrity' 들이 있다. 자신의 특기를 살려 개인 채널을 운영하거나 교육 자료를 제작해 SNS에 게시하는 반 교사 반 연예인들이다. 개인의 능력을 어필하고 소통하는 문화를 형성해 가는 모습은 굉장히 바람직하다고 생각한다. 그러나 SNS에도 이면이 존재한다. SNS에서 참스승으로 보이는 어떤 교사는 사실 교실에서 아이들에게 항상 짜증을 낸다. 다양한 교육 자료를 제작하며 인정받는 어떤 교사는 외부 활동과 강연으로 부수입을 올리는 데 바빠서 정작 반 아이들에게는 전혀 관심이 없다. 개성 있는 스타일과 통통 튀는 매력을 가진 어떤 교사는 교실에서 항상 화장을 고치고 온라인 친구들과 소통하느라 정신이 없다. 육아 휴직 중인 어떤 교사는 학교와 연락 두절이면서 개인 강의는 빼놓지 않고 성실하게 다닌다.

이런 교사들은 교실에서는 물론이고 다른 교사들과의 관계에서도 문제가 많다. 함께 협력해야 하는 학년 업무를 출장을 핑계로 늘 빠지거나 수업을 자주 미루다가 학기 말에 교과 진도를 몰아치듯 나가느라 교육과정 운영에 피해를 주기도 한다. 그럼에도 겉으로 보이는 모습이 화려하기 때문에 대외적으로 멋지고 능력 있는 교사로 많이 인정받는다. 그리고 본인의 영달을 위해 소프트웨어나 예술 등 특정 교육에만 집착하듯이 아이들을 지도하면서 초등학생에게 꼭 필요한 보편적인 교육에는 소홀할 때가 많다. 물론 학급 운영에 충실하며 대외 활동까지 성실하게 해내는 사람들도 있기 때문에 일반화시킬 수는 없다.

이런 모습은 교사와 학부모의 관계에도 적용할 수 있다. 많은 학부모들이 교사들에게 갖는 불만 중 하나가 담임이 연락이 잘 안 된다, 우리 아이 사진을 한 번도 찍어 보내 준 적이 없다는 것이다. 당연한 말이지만, 아이들에게 정말 무관심한 교사들도 있다. 그런데 대부분은 학부모 입장으로만 판단하는 교사의 모습인 경우가 더 많다.

사실 교사들의 학급 운영은 옆 반 선생님도 제대로 알기 어렵다. 겉으로 보이는 교사의 화려함이 아니라 학생과 얼마나 라포 형성이 되어 있는지, 소외되는 학생을 얼마나 마음 쓰고 돕기 위해 노력하는지는 당사자가 아닌 이상 거의 모른다. 학부모에게 교육 활동 사진을 전혀 보내 주지 않는 교사는, 어쩌면 사진을 찍을 수 있는 순간까지 학생을 살피느라 시간이 없었을 수도 있다. 친절하게 학교생활을 안내하지 않는 교사는 이미 학생과의 소통으로도 충분히 끈끈한 유대 관계를 맺었을 수도 있다.

솔루션

교사마다 학급 운영 방식은 모두 다르다

그전에 내가 불필요한 요구를 하는 건 아닌지 생각해 볼 필요도 있다. 예전 1학년 담임 때 우리 반 여학생 하나는 학교에서 가정통신문이 나갈 때마다 예쁘게 비행기를 접어 밖으로 날렸다. 그래서 안내장을 제때 챙기지 못하게 되자 어머니가 어느 날 학부모 상담에서 1학년 아이들이 어떻게 종이를 다 챙기냐, 학교에서 안내장이 나올 때마다 선생님이 전부 사진으로 찍어서 카톡방에 올려달라고 말했다. 학교 알리미와 홈페이지에 가정통신문이 함께 업로드된다는 걸 알고 있었지만 말이다.

또는 교사에 따라 학생과의 소통만으로 학급을 운영해 나가는 스타일일 수도 있다. 교사가 판단했을 때 학생에게 안내하는 것만으로 학급 운영이 원활하다고 판단이 되면 사실 학부모와 따로 연락할 필요를 느끼지 못한다. 그런데 가끔 연락을 할 때도 있다. 아이와의 소통이 어렵다고 판단되거나, 학습 준비물이나 숙제 등을 잘 챙겨 오지 못하거나, 학교에서 문제가 생겼을 때이다. 이런 경우는 무소식이 희소식이라 할 수 있겠다. 결국 제일 중요한 건 교사의 겉모습과 연락 빈도가 아니라 우리 아이가 선생님에게서 무엇을 배우고 있는지, 우리 아이는 선생님의 어떤 모습을 사랑하고 있는지다.

모든 학생과 학부모가 다르듯 모든 교사도 각기 서로 다르다. 연락 없는 우리 반 선생님에게 서운할 수도 있겠지만 그만큼 교실에서 아이들과 잘 지내고 있구나 하고 믿어 주는 건 어떨까?

이게 어떻게 학교 폭력이죠? 우리 아이도 피해자입니다!

사 례

학교 폭력의 가해자와 피해자

성우와 두홍이 이야기

성우와 두홍이는 김 교사네 반 학생이다. 방과 후 빈 교실에서 친구와 알까기를 하던 성우가 바둑알을 정조준하려고 몸을 뒤로 뺐다. 그러다 뒤에서 도미노를 세우던 두홍이를 건드렸다. 다행히 도미노는 무너지지 않았다. 하지만 두홍이는 불같이 화를 내면서 대뜸 성우의 얼굴을 주먹으로 때렸다. 성우는 두홍이에게 얼굴을 맞고도 아무런 반격을 하지 못했다. 두홍이가 성우보다 덩치가 훨씬 컸기 때문이다.

성우는 자존심이 상해 펑펑 울었고, 아빠에게 학교에서 있었던 일을 말했다. 그날 저녁에 아버지는 성우가 두홍이에게 맞은 사건을 학교 폭력으로 신고했다. 다음날 상황을 알게 된 김 교사는 두홍이를 불러 사실을 확인했다. 화나고 속상한 마음에 김 교사는 큰소리로 두홍이를 나무랐다. 그 뒤 두홍이 부모님에게도 상황을 알렸다.

이후 절차에 따라 학교 폭력 사안 처리가 진행되었다. 학교 폭력 전담기구의 심의 전날 김 교사는 경찰로부터 연락을 받았다. 두홍이 부모님이 김 교사를 아동 학대로 신고했다는 내용이었다. 신고 사유는 '아이를 큰소리로 혼내 정서적으로 학대했다'였다. 김 교사는 두홍이 부모님의 신고에 심적으로 너무나 고통스러워했다. 그런 김 교사를 위로하던 한 선배 교사가 이렇게 말했다.

"선생님, 열심히 가르치지 마세요. 열정이 지나치면 탈이 나고 그 화살은 결국 선생님에게 돌아옵니다."

희아, 성미, 다영이 이야기

희아, 성미, 다영이는 같은 미술 학원을 다닌다. 미술 선생님이 다른 친구들을 지도하고 있을 때였다. 희아, 성미, 다영이는 미술 수업이 끝나 한쪽에서 뒷정리하고 있었다. 뒷정리를 먼저 끝낸 희아가 성미와 장난을 쳤다. 희아는 성미에게 태권도 학원에서 배운 기술을 시전했다. 성미는 희아의 태권도 기술에 발이 걸리고 목이 졸린 채로 바닥에 내동댕이를 당했다. 옆에서 그 장면을 본 다영이는 친구들에게 하지 말라고 말한 뒤 뒷정리를 마저 끝냈다.

다음 날 다영이 담임선생님인 정 교사는 교무실로부터 황당한 이야기를 전해 들었다. 다영이가 학교 폭력 가해자로 신고를 당했다는 내용이었다. 신고자는 성미 부모님이었고, 가해 학생은 희아와 다영이었다. 희아와 다영이는 나란히 학교 폭력 가해자로 신고되었지만, 신고 사유가 달랐다. 희아는 미술 학원에서 성미에게 신체적 폭력을 가했다는 것이고, 다영이는 옆에서 보고도 말리지 않았다는 것이다.

다행히 미술 학원에는 CCTV가 있었고, 다영이 부모님도 열람 신청 후 CCTV를 확인했다. CCTV에는 희아가 성미에게 태권도 기술을 거는 모습과 그 옆에서 조용히 자신의 짐을 정리하는 다영이의 모습이 고스란히 찍혀 있었다. 중간에 다영이가 희아와 성미를 바라보며 하지 말라고 얘기하는 듯한 장면도 있었다. 다영이 부모님은 이후 이의를 제기했지만, CCTV가 증거라는 이유로 결국 받아들여지지 않았고, 성미에게 사과하라는 처분이 내려졌다. 다영이 부모님은 억울하고 속상해 정 교사에게 하소연했다. 다영이 담임교사로서 정 교사도 억울하기는 마찬가지였다. 그러나 정 교사가 할 수 있는 일은 아무것도 없었다.

생각해 볼까요?

학교 폭력이 발생하는 순간, 각자도생이다

이제는 유명인이 학교 폭력에 연루만 되어도 사회적으로 빨간 줄이 그어지는 시대다. 학교 폭력이 모든 이들에게 민감한 만큼 학교에서 학교 폭력을 처리하는 사안이 매우 까다로워졌다. 그런데 처리 과정을 지켜보고 있노라면 학교가 아니라 마치 경찰청이나 검찰청인 것만 같다. 무엇보다 학교가 사법기관처럼 변해 갈수록 교사가 설 자리는 점점 사라진다.

실제로 학급에서 학교 폭력이 일어났을 때 학교 폭력 업무 담당자와 관리자한테 들었던 말이 "담임교사는 뒤로 빠져 있어라"였다. 이뿐만이 아니다. 정교사 1급 연수 과정에는 학교 폭력 교육이 있다. 내가 정교사 1급 연수를 받을 때 강사분은 현직 교감선생님이자 학교 폭력 전문 강사였다.

강사님은 성우와 두홍이의 사례처럼 수많은 선생님이 김 교사와 같은 일을 겪고 있다고 말씀하셨다. 그러자 누군가가 김 교사와 같은 일이 터지면 어떻게 대처해야 하냐고 질문했다. 눈빛을 반짝반짝 빛내며 강사님의 구체적인 해결책을 기대했다. 그러나 강사님의 입에선 뜬금없는 방법이 제시되었다.

"일단 이제는 전처럼 큰소리로 아이를 혼내면 안 됩니다. 그래도 학부모가 교사의 교육을 걸고넘어질 땐 학부모한테 눈물을 흘리며 한 번만 봐 달라고 호소하세요. 살면서 능글맞고 뻔뻔한 태도로 인정을 베풀어 달라고 요구하는 것도 필요해요."

더 큰 문제는 교사만 설 자리가 없어지고 있는 게 아니라는 것이다. 학생들이 설 자리 또한 없어지고 있다. 학교 폭력 처리 과정에서 주인공은 가해 학생이다. 온통 가해 학생의 처벌 방식에만 중점을 두고 있기 때문이다. 그러니 자식을 가해자로 만들지 않기 위해 가해 학생의 부모님은 별의별 노력을 다한다. 피해 학생을 가해자로 맞불을 놓든가, 아니면 담임교사를 학대로 신고하든가 하는 식이다. 이와 같은 일은 이제 비일비재하며, 교사라면 모두가 겪는 별것이 아닌 흔한 일이 되었다. 이런 과정을 겪으며, 가해 학생은 자연스레 양심과 도덕성, 반성을 배우지 못한 채 부모님 뒤에 쏙 숨어 있기만 한다.

피해 학생을 위한 조치 또한 자연스레 뒷전으로 밀려났다. 피해 학생의 상태를 정확하게 확인하고 상처를 치유하는 과정은 온전히 피해 학생 본인의 몫이다. 국가 전체를 뒤흔들 만큼 큰 사건이 아니라면, 또 피해 학생 부모님의 적극적인 노력이 없다면 피해 학생은 알아서 학교 폭력으로 상처받은 스스로를 돌봐야 한다. 무엇보다 현행 제도에서는 피해자와 가해자가 모호해졌다. 누가 무슨 증거를 얼마나 가지고 있느냐에 따라 가해지가 피해자가 될 수도 있고, 피해자가 가해자가 될 수 있다. 심지어 목격자도 가해자가 될 수 있다.

물론 학교 폭력의 방관자도 또 다른 가해자인 것은 맞다. 그러나 이는 어디까지나 도의적 차원으로서 교육적으로 접근하여 자발적인 사과와 용서, 그리고 화해라는 결말이 보장될 때나 해당하는 것이다. 희아, 성미, 다영이의 이야기에서처럼 아이들의 문제를 법으로 재단하면 차원이 다른 문제가 된다. 법적인 접근은 아이들의 신분을 피해자와 가해자로 확실하게 구분함으로써 구체적인 책임 정도를 묻기 때문이다. 그래서 목격한 자체만으로 아이를 가해자로 몰아붙이면서 책임을 지우는 건 억울할 수 있는 여지를 남긴다.

실제로 앞의 사례처럼 다영이는 하지 말라고 분명히 말했음에도 적극적으로 말리지 않았다는 이유만으로 성미에게 강제로 사과해야 하는 책임을 떠안았다. 적극적인 도움 정도를 어떻게 정확하게 측량하여 아이들에게 책임 여부를 물을 수 있다는 건지 도통 이해할 수가 없다. 이처럼 아이들의 행동을 정량화하여 책임 정도를 정확하게 측정하는 게 불가능하니 CCTV, 녹음, 동영상, 캡처 등과 같은 전자기기들이 학교 폭력 처리 사안 제도에서 떡하니 제왕 노릇을 하고 있는 것이다. 이러면 아이들에게 방관자도 또 다른 가해자이니 피해자에게 적극적으로 도움의 손길을 내밀어 달라고 도의적 차원으로 부탁하기가 망설여진다. 오히려 억울함을 줄이기 위해 차라리 학교 폭력을 목격하지 않았다고 우기라고 가르쳐야 -다영이에게 "저는 뒷정리하느라 희아와 성미를 보지 못했어요"라고 거짓 진술하라고 가르칠 순 없지 않은가?- 할 판이다. 어른으로서 이러한 비교육적 가르침을 도저히 못하겠다면 아이에게 억울해도 참으라고 가르쳐야 하나 싶다. 정말이지, 학교 폭력 처리 사안 제도 앞에서 교사는 아무런 힘이 없다.

이처럼 억울함을 최대한 막고자 시행된 제도가 또 다른 억울함을 양산하고 있다. 그렇다고 진정한 피해자의 억울함을 최소화하지도 못한다. 증거가 없는 피해자의 호소에는 힘이 없고, 아득바득 우기는 가해자의 우격다짐에는 힘이 있기 때문이다. 학교 폭력 사안 처리 제도가 유명무실해진 셈이다.

학교 폭력이 발생하는 그 순간, 각자도생이다.

솔루션

학교 폭력 앞에 교육이 없는 현실

학교 폭력 처리 사안 제도 앞에서 각자도생법은 이렇다. 먼저 교사는 학기 초에 학교 폭력 예방 교육을 한다. 그리고 무조건 그 증거를 남긴다. 적자생존이라는 말이 있다. 적는 자, 즉 기록이나 증거를 남긴 자가 살아남는다는 의미다. 교육했는데도 학교 폭력은 언제 어디서든 발생할 수 있다. 그러면 교사는 매뉴얼대로 행동하면 된다. 이제는 성우와 두홍이의 사례처럼 교육을 목적으로 아이를 혼내선 안 된다. 그냥 매뉴얼대로 중립만 지켜라. 이후 학교 폭력은 업무 담당자, 관리자, 교육청 소관이니 과거 내가 들었던 말대로 뒤로 빠져 있어도 된다. 만약 학교로부터 학부모에게 사건 전달을 부탁받으면 사실적 정보만 전달하고 가급적 전화로 이야기해서 모두 녹음해 둔다.

학생은 학교 폭력을 일으키지 않는 게 최고다. 타인과 함께하는 건 필연적으로 갈등을 일으키니 필요할 때만 친구랑 함께하고 웬만하면 혼자 지내는 게 좋다. 조심했는데도 피해자든 가해자든 학교 폭력에 연루되면 무조건 증거를 남긴다. 그러니 반대로 사전에 증거가 될 만한 일들은 남기지 말아야 현명하다.

학부모도 마찬가지로 가정에서 꾸준히 학교 폭력 예방 교육을 해야 한다. 무엇보다 학교 폭력이 발생했을 때를 대비해서 사전에 아이에게 위와 같은 행동 요령을 알려줘야 한다. 증거, 무조건 증거만이 살길이다. 그리고 학교 폭력과 관련된 일에서 담임교사에겐 아무런 권한이 없으니 담임교사를 들들 볶아 봤자 에너지 낭비고 불필요한 감정 소모일 뿐이다. 학교 폭력 처리 사안이 끝나고 나서도 여전히 담임교사에게 아이를 맡겨야 되는 상황이 이어질 텐데 괜한 감정 싸움은 아이, 부모, 교사 모두의 관계를 껄끄럽게 만들 뿐, 향후 아이 교육에 전혀 도움이 되지 않는다. 차라리 학교 폭력 업무 담당 교사와 장학사에게 호소하는 게 더 나은 대책이다.

이와 같은 각자도생법만 잘 지키면 현행 학교 폭력 처리 사안에서 살아남을 수 있다. 실제로도 교사, 학생, 학부모는 점점 이렇게 행동하고 있다. 심지어 증거조차 남기지 않는 학교 폭력은 날로 교묘하고 악랄하게 진화하고 있다. 결국 교육은 없다. 각자도생하고 교육을 포기하는 것이다. 이런 현실 속에서 우리는 대체 어떤 미래를 꿈꿀 수 있단 말인가?

누군가는 그럴 게다. 학교에서 교사들이 학교 폭력 예방 교육을 제대로만 해도 학교 폭력이 생기지 않을 것이라고 말이다. 교사의 교육 탓으로 해결될 일이면 백 번 천 번 인정하고도 남았다. 그러나 교사는 늘 학교 폭력 예방 교육을 해 왔고, 여전히 학교 폭력은 일어나고 있다. 교사로서 무기력을 느낄 때마다 머릿속에 나만의 유토피아를 건설했다.

오수민의 『어떻게 살아야할지 막막할 때 읽는 철학책』에 따르면, 플라톤의 이데아가 현시대엔 쓸모없는 철학 같아 보이지만, 실제로는 미래를 전망하는 데 유용한 철학 도구라고 한다. 즉 원하는 이상향을 구체적으로 설정하고 닮아가기 위해 노력하면 어느덧 현실이 이상향과 얼추 비슷해진다는 것이다. 솔깃한 주장이다. 그래서 학교 폭력이 없는 미래를 한 번 그려봤다.

일단 가해자 처벌 중심의 학교 폭력 처리 사안을 피해자 회복 중심으로 바꾼다. 그러려면 피해자가 받은 상처와 피해 사실을 낱낱이 확인해서 완전하게 회복될 때까지 갖은 지원을 아끼지 않아야 한다. 무엇보다 가해자가 피해자에게 진심으로 용서를 구해야 피해자의 상처에 새살이 하나씩 돋아날 테다. 그런데 가해자의 진정한 반성은 누가 강요한다고 생기지 않는다. 오직 가해자가 피해자의 상처에 깊이 공감할 때만 가능하다. 그래서 학교 폭력 처리 과정에 피해자 회복 중심과 더불어 가해자가 피해자의 상처에 공감하고 반성하는 구체적인 프로그램이나 커리큘럼이 개발되었으면 좋겠다. 또 피해 입힌 만큼 스스로 책임지는 제도도 마련되어야 한다. 그래야 학교 폭력이 재발하지 않고 그 수준과 빈도가 점차 줄어들지 않을까?

어쨌든 현 학교 폭력 사안 처리가 가해자 처벌 중심이 아닌 피해자 회복 중심으로 조금씩 변화할 수 있다는 생각만 해도 무기력이 조금은 사라지는 느낌이 든다. 피해자가 상처를 회복하고 가해자가 진정으로 반성하는 과정은 엄격한 법적 접근이 아니라 관용에 바탕을 두는 교육적 접근만이 가능하기 때문이다. 그리고 이러한 교육적 접근엔 교사로서 당당히 설 자리가 있게 된다. 이래서 다들 허무맹랑하고 실현 불가능하다는 사실을 잘 알면서도 유토피아를 꿈꾸나 보다.

아이에게 최고의 선생님은 누구일까요?

사 례

선호하는 선생님

우리 반 선생님은 하나도 안 해 줬다

현진이는 1학년 때부터 항상 여자 선생님이 담임이었는데, 스스로 여자 선생님이랑 안 맞는 것 같다고 느낀다. 남자 선생님 반 애들은 점심시간에 선생님이랑 축구도 하는데, 여자 선생님들은 축구하고 들어가면 항상 교실에서 땀 냄새가 난다고 싫어했다. 5학년 때는 반별로 발야구 경기를 했다. 다른 반 선생님들은 발야구 연습도 시켜 주고 같이 작전도 짰는데, 우리 반 선생님은 하나도 안 해 줬다. 내 생각엔 선생님이 발야구를 할 줄 몰랐던 것 같다.

여자 선생님은 우리 이야기를 잘 들어줬는데…

지금은 9월이다. 2학기가 시작되었다. 어떻게 3월에 처음 앉은 자리를 지금까지 그대로 앉을 수가 있지? 선생님은 우리에게 너무 무관심하다. 우리 이야기를 들어 주지도 않고 애들끼리 싸우면 선생님이 더 화를 내면서 무조건 서로 사과하라고 한다. 작년 여자 선생님은 우리 이야기를 잘 들어줬는데…. 남자 선생님은 나랑 안 맞는 것 같다.

젊은 여자 선생님

2학기 어느 날 교무실로부터 전화가 왔다.

"김 선생님, 전학생이 왔는데 선생님께서 와 보셔야 할 것 같아요."

"저희 반 차례가 아닌 걸로 알고 있는데요?"

"먼저 받으셔야 할 것 같아요."

의아했지만 어차피 순서는 돌아오게 되어 있으니 그러려니 하고 전학생을 맞이했다. 하지만 나중에 교무실에서 자초지종을 듣고는 굉장히 당황스러웠다.

"선생님, 제가 3반으로 가면 된다고 말씀드렸더니 젊으시냐고 묻더라고요. 아니라고 했더니 꼭 젊은 여자 선생님 반으로 배정해 달라고 몇 번이나 사정사정하셔서 어쩔 수 없이 4반으로 연락드렸어요. 죄송해요."

생각해 볼까요?

젊은 선생님이 좋다?

아이들은 어떤 선생님을 더 선호할까? 교직은 여성 비율이 압도적으로 높다. 그러다 보니 6년 내내 여자 선생님들만 만나는 아이들이 많고, 남자 선생님이 담임이라도 되면 아이들은 신기해하며 기대한다. 한동안 여자 선생님만 만나는 아이들이 여성화되어 간다, 남자의 역할을 제대로 배우지 못한다는 기사가 많았다. 나는 그 기사를 썼던 기자들에게 궁금한 게 있다. 개인적인 의견인가, 관찰한 사실인가? 기사에 나오는 여성화와 남자의 역할이 무슨 뜻인지도 모르겠다.

사례에 등장하는 여자 선생님과 남자 선생님은 성별이 거꾸로 되었어도 아마 비슷했을 거다. 전형적으로 아이들을 실망시키는 선생님이다. 스포츠에 열정적인 여자 선생님과 세심하고 다정한 남자 선생님이 얼마나 많은지 아는가? 내가 아는 원로 여자 선생님은 학년 체육대회라도 있으면 쉬는 시간을 쪼개서 아이들과 열심히 연습을 한다. 또 내가 아는 남자 선생님은 학생들을 세심히 관찰하고 성장일기를 매일매일 기록한다.

그런데 모든 학부모의 의견은 아니지만, 요즘은 확실히 이왕이면 나이 많은 선생님보다 젊은 선생님이었으면 좋겠다고 생각하는 것 같긴 하다. 동료 선생님에게 자녀의 담임선생님은 어떠했으면 좋겠냐고 물었더니 잠시 고민하더니 대답했다.

"난 별로 상관없어. 그런데 젊은 선생님을 선호하는 이유가 이해는 가. 요즘 애들도 대화가 잘 되고 젊은 사람들 좋아하잖아?"

젊은 선생님은 나이 많은 선생님보다 열정이 많다, 아이들과 대화가 잘 되고 이야기를 잘 들어 줄 것 같다, 옛날 강의식 수업이 아니라 요즘 흐름에 맞는 다양한 수업 방식을 적용한다 등의 이유일 것이다. 여러분 아이의 담임교사는 어떠한가? 담임교사의 교육관과 아이를 대하는 태도가 아쉽다면 그 원인 중에는 교사의 경력과 나이가 관련이 있다고 생각하는가?

솔루션

교사의 강점은 모두 다르다

교사의 강점은 모두 다르다. 그러나 교사의 성별은 학생들을 가르침에 있어 아무 상관이 없다. 그냥 개인의 성향 차이일 뿐이다. 아이들이 싸우는 게 싫다고 일 년 내내 한 줄로 앉혀 모둠 활동을 단 한 번도 시키지 않는 교사가 있었다. 그 사람은 놀랍게도 발령받은 지 3년도 안 된 젊은 남교사였다. 그러니 현진이가 6학년에도 또 여자 선생님을 만나더라도 실망하지 않으면 좋겠다.

다만 교사의 경력에 따라 각각의 장단점은 존재한다고 생각한다. 장단점이라기보다 매력이 다르다고 하는 게 더 적절하겠다. 아래의 내용은 현장에서 다양한 경력과 연령대의 교사들을 관찰하면서 개인적으로 느낀 점인데, 일반화할 수 없고 참고할 수는 있을 것 같다.

관찰한 바에 따르면 젊고 경력이 짧은 교사들은 확실히 학생에 대한 선입견이 없다. 몇 년 이상 학생들을 가르치다 보면 교사들은 자기도 모르게 아이의 말과 행동을 관찰해 분류하고 판단하게 된다. 일반적으로 기질이 비슷한 아이들은 행동 양상도 비슷하기 때문이다. 좋게 보면 아이의 성향을 금방 파악한다고 볼 수 있지만, 한편으로는 편견에 갇혀 아이를 제대로 바라보지 못할 수도 있다. 그러나 신규 교사들은 데이터가 없어서 아이의 현상황을 바탕으로 모든 걸 이해하려고 하기 때문에 오히려 경력 교사보다 정확하게 아이를 파악하기도 한다.

또한 학생의 장점을 새로운 시각에서 발견하는 능력이 좋다. 학생들과 연령차도 적고 세대가 비슷하기 때문에 부모가 발견하지 못한 아이의 좋은 점을 찾아내기도 한다. 수업도 새로운 방식을 추구하고 학생과의 의사

소통도 자유롭다. 그러나 대부분 학급에서 갈등 상황이 생겼을 때 해결하는 데 어려움을 겪고, 학생·학부모와의 관계를 유연하게 맺기 힘들어하는 모습을 보인다. 또 호기로운 마음에 다양한 교육 활동을 시도하느라 정작 초등학생에게 꼭 필요한 기본 교육을 놓치는 등 교육의 중심 잡기를 어려워하기도 한다.

반대로 수십 년의 경력을 지닌 교사들은 대부분 학부모보다 나이가 더 많다. 그러다 보니 가끔 학부모도 마치 학생처럼 대하는 경력 교사들을 목격한다. 또 아무래도 평소 아이들을 대하는 에너지가 좀 더 빨리 떨어지다 보니 아이의 모습과 교우 관계 속에서 사소한 부분을 놓쳐 괜한 오해와 갈등을 빚는 모습들을 관찰하기도 했다. 아마 그런 모습들이 학부모에게도 비추어져서 그럴까?

그런데 만약 내 자녀가 초등학교에 입학할 때 나에게 선택권이 있다면 나는 사실 경력 교사에게 아이를 맡기고 싶다. 그 이유는 나의 경험과 관련이 있다.

1학년을 맡았던 해에 동료 교사들은 대부분 교직 경력이 풍부한 40~50대 여자 선생님이었다. 상대적으로 나는 흔히 말하던 젊은 선생님이었다. 1학년에 유일한 젊은 여자 선생님이라서 그랬는지 옆 반 아이들에게도 많은 관심을 받았다. 별것 아닌 것에도 "선생님, 예뻐요. 친절해요. 상냥해요"라는 말을 종종 들었다. 말 그대로 인기가 많았다.

그러던 어느 날 우리 반 아이 한 명이 갑자기 쉬는 시간에 울먹이며 찾아왔다.

"선생님, 화장실 가다가 못 참고 바지에 쌌어요…."

울먹이는 아이를 달래면서 순간 머리에 온갖 생각이 스쳐 갔다. 장염이었는지 아이에게서 똥 냄새가 났지만 차분하게 아이를 달래서 이 상황을 해결해야 했으며, 동시에 다른 아이들이 알아채지 않도록 해야 했다. 하지만 저학년이 처음이었고 아이도 없는 나는 이 상황을 어떻게 해결해야 할지 난감했다. 그래서 무작정 아이를 데리고 옆 반 교실로 가서 선생님께 도움을 요청했다.

내 어머니뻘이셨던 50대 여자 선생님은 이 상황을 얼른 눈치채고 아이를 바로 화장실로 데리고 들어갔다. 그리고 아이에게 곧바로 다정하게 말했다.

"괜찮아, 누구나 급하면 실수할 수 있어. 다른 사람들이 보지 않게 이쪽으로 올까?"

아이의 상태를 아무렇지 않게 확인하면서 당황한 나까지 위로해 주던 동료 선생님은 아이 어머니에게 연락하여 상황을 이야기하고 바로 집에 데려가도록 일러 주었다. 저학년 아이들과 생활하다 보면 생각보다 자주 생기는 일이지만, 당시 나는 너무 당황하여 아무것도 하지 못했다. 그때 만약 내 옆에 경력 선생님이 없었더라면 나는 어떻게 대처했을까? 당황한 아이 눈에는 더 당황한 선생님이 보였을 것이고, 그게 아이에게는 얼마나 상처가 되었겠는가? 지금도 그때만 생각하면 아찔하다.

경력 교사들은 겉으로 보기에는 옛날 방식을 고집한다고 하지만, 실은 많은 경험과 넓은 마음으로 아이들을 품어 주기 때문에 아이들이 엄마처럼 믿고 따르며 학교생활에 잘 적응할 수 있다. 또한 생활 습관과 학습 습관을 노련하고 여유 있게 지도하면서 아이들이 바른 태도를 익힐 수 있도록 이끌어 준다. 물론 위의 내용은 전부 나의 경험과 관찰을 바탕으로 쓴 글이기 때문에 이 또한 개인 성향에 따른 차이가 있으며, 내 말이 정답이라고 말할 수는 없다.

부모가 선호하는 연령대의 교사가 있다면 아이들도 똑같을까? 사실 부모가 젊은 선생님을 원하는 이유는 아이가 기준이 아니라 부모인 내가 교사를 대하기 더 편해서가 아닐까? 아이들은 생각보다 선생님의 나이를 전혀 신경 쓰지 않는다. 우리 담임선생님이라는 그 자체로 좋아하는 반짝반짝한 마음을 지닌 아이들과 선생님이 1년 동안 만들어 나가는 학급은 저마다의 강점이 있기 마련이다.

학부모는 교사를 어떻게 판단할까요?

사 례

교사에 대한 믿음

항상 고학년만 담임했던 나는 새로운 학교에서 1학년 담임을 맡게 되면서 귀여운 아이들을 만날 생각에 너무나 설렜다. 그러나 1학년은 다 천사일 거라는 착각과는 달리 첫날부터 제멋대로 하려는 아이가 한 명 있었다. 그날부터 나와 승준이의 기 싸움이 시작되었다.

"승준아, 복도에서는 걸어 다녀야지!"

"몰랐어요~."

"선생님, 이거 풀기 싫은데 안 하면 안 돼요?"

"이건 다 하고 쉬어야 해."

"흥, 싫은데~. 안 할 거야!"

승준이의 "몰랐어요"와 "싫어요"가 계속되자 내 마음에도 슬슬 한계가 왔다. 그래서 승준이의 말 하나하나를 다 받아 주지 않기 시작했다.

그리고 벚꽃이 팝콘처럼 흩날리던 4월에 학급 단체 사진을 찍으러 교실 밖으로 나온 바로 문제의 그 날, 나는 담임을 맡은 지 한 달 만에 승준이를 잃어 버리고 말았다.

생각해 볼까요?

존중받는다는 것

그날도 승준이가 불평하면서 나에게 짜증을 내기 시작했고, 나는 아이들 사진을 찍느라 대꾸하지 않고 돌려보냈다. 아이들의 예쁜 모습을 카메라에 담고 교실로 들어가려는데 승준이가 보이지 않았다.

"애들아, 승준이는 어디 있니?"

"선생님, 승준이 혼자 어디로 걸어가는 거 봤어요."

아이의 모습이 보이지 않자 가슴이 쿵 하고 내려앉았다. 온 학교를 뒤지기 시작했다. 하지만 승준이는 보이지 않았다. 결국 부모님께 연락을 드리려던 그 순간, 저 멀리 학교 정문에서 승준이가 아빠와 손을 잡고 걸어오고 있었다.

"김승준, 선생님께 죄송하다고 사과드려. 선생님, 죄송합니다. 저희 애가 화가 났다고 선생님께 말도 없이 제 가게까지 걸어왔나 봅니다. 제가 잘 교육시켜 놨으니 너무 걱정하지 마세요."

승준이는 아버지가 선생님에게 공손하게 사과하는 모습을 한참을 말없이 쳐다보더니 나에게도 죄송하다고 말했다. 그리고 나는 승준이의 손을 잡고 교실로 돌아와 승준이와 단둘이 이야기를 나눴다. 아이들 앞에서 절대 눈물을 보여서는 안 된다는 생각과는 달리 처음으로 승준이 앞에서 눈물을 글썽였다.

"선생님, 진짜 제 걱정했어요?"

인생 8년 차 승준이는 내가 저를 걱정했다는 말이 안 믿긴다는 듯이 눈을 동그랗게 뜨고 물어보았다. 그동안 내가 승준이를 혼내던 모습에 선생님은 정말로 나를 싫어한다고 생각했었나 보다. 승준이와 나는 그렇게 오해를 풀었다. 선생님이 자기를 좋아한다는 진심을 알게 되어서였을까? 그날 이후 승준이의 행동은 눈에 띄게 좋아졌고, 나도 승준이를 칭찬하는 일이 늘면서 2학기에는 그 누구보다 선생님을 믿고 따르는 성실한 아이가 되었다.

몇 해가 지났지만 아직도 승준이 아버지의 행동이 종종 생각난다. 승준이 아버지는 참 당황스러웠을 것이다. 아무리 장난꾸러기 아들이라고 해도 대체 수업 시간에 무슨 어떤 일이 있었길래 아빠 가게로 뛰쳐나왔을지 교사에게 속상한 마음도 들었을 것이다. 하지만 그 상황에서 아이의 잘못을 객관적으로 바라보고 교사에 대한 믿음을 잘 전달해 준 점이 생각할수록 대단하고 감사했다. 승준이가 눈에 띄게 모범적으로 변한 이유를 생각해 보면 아버지가 아들이 보는 앞에서 교사에게 신뢰와 존중의 태도를 보여 주었던 점이 많은 영향을 주지 않았을까?

그와 동시에 당시 같은 반이었던 명진이라는 아이도 많이 생각난다. 하루는 옆 반 선생님이 호들갑스럽게 나에게 뛰어왔다.

"선생님 반 아이 아버지께서 교무실로 찾아오셨어요. 화나신 것 같던데? 빨리 가 봐요."

깜짝 놀라서 교무실에 가 보니 격앙되어 있는 명진이 아버지를 교감선생님이 차분하게 달래고 있었다. 아버지는 나를 보자마자 더 큰 소리로 화를 내며 말했다.

"선생님, 우리 아이가 어제 친구한테 돈을 뺏겼다는 데 알고 계셨습니까? 그것 때문에 오늘 아침에 전화를 두 번이나 했는데 안 받으시고, 그래서 왔습니다!"

오전 내내 수업하느라 전화가 온 줄도 몰랐다. 오후에 명진이를 불러 돈을 뺏긴 일에 대해 물어 보니 문구점에서 포켓몬 카드를 사는데 친구가 자기 것도 사달라고 해서 마지못해 사 주었다고 했다. 명진이와 상담을 마치고 명진이 아버지에게 연락해 자초지종을 설명하고 잘 해결했다. 지금은 웃으면서 말하지만, 그 당시에는 담임으로서 존중받지 못한 것 같아 억울하고 자존심도 상했다. 명진이를 볼 때마다 명진이 아버지에 대한 속상함이 울컥 올라오기도 했다. 솔직히 명진이를 다른 사심 없이 친구들과 똑같이 대하기가 쉽지 않았다.

솔루션

아이의 말만 듣고 판단하면 안 된다

한 해에 벌어졌던 승준이와 명진이의 해프닝, 그리고 비슷한 상황에서 전혀 다른 두 학부모의 반응에 조금 씁쓸하기도 하고 어떤 마음이었을지 돌이켜 생각해 보기도 한다. 매년 새 학기가 시작되면 모든 학부모는 좋은 담임선생님을 만났으면 하고 바란다. 너무나 당연한 거다. 반대로 교사도 마찬가지다. 좋은 학부모와 좋은 학생을 만나고 싶다. 그리고 좋은 관계는 결국 서로를 존중하는 마음에서부터 시작하며, 그러한 상호작용의 과정에서 아이는 고스란히 어른들의 관계를 보고 배운다.

그러므로 담임교사에게 불만이나 서운한 점이 있더라도 아이 앞에서는 말과 행동을 조심해야 한다. 아이는 부모님이 선생님을 대하는 태도를 그대로 보고 배우기 때문이다. 따라서 교사에게 서운한 점이나 오해가 있다면 아이가 통화 내용을 듣지 않는 곳에서 교사에게 따로 연락하여 해결하는 것을 권장한다. 그리고 자녀의 말만 듣고 학교를 판단해서는 안 된다. 분명 승준이는 아빠를 보자마자 자신이 속상한 마음부터 풀어 놓았을 것이다. 그때 만약 승준이 아버지가 아들의 말에 감정적으로 동요되었다면 어땠을까? 승준이는 선생님과 대화를 통해 오해를 풀고 아빠가 보여 준 멋진 모습을 보며 아빠를 닮기 위해 열심히 노력하고 성장하는 기회를 놓쳤을 것이다. 결국 내 자녀가 학교생활을 잘하기 바란다면 학부모가 교사를, 가정에서 학교를 바라보는 시선부터 바꿔야 한다. 아이들은 교사에 대한 부모의 신뢰를 누구보다 빨리 느끼기 때문이다.

TIP_ 학부모가 교사에 대해 판단하기 전에

- 자녀 앞에서는 교사에 대한 험담 지양하기
- 자녀의 말만 듣고 교사와 학교를 판단하지 않기

왜 돌봄 교실을 더 늘려 주지 않나요?

사례

돌봄 교실

학부모의 입장

장현이의 부모는 새 학기가 시작된 후 깊은 고민에 빠졌다. 부모는 맞벌이였는데, 장현이가 2학년이 되어 돌봄 교실을 신청했지만 떨어졌기 때문이다. 6시 퇴근 전까지 당장 장현이를 돌봐 줄 사람도 없을뿐더러 촉박한 시간에 학원을 알아보는 것도 막막했다.

장현이 어머니는 학교에 연락해 문의했으나 학교에 돌봄 교실 수와 한 교실당 받을 수 있는 학생 수가 정해져 있기 때문에 더 이상 받을 수 없어 죄송하다는 말뿐이었다. 답답한 마음에 주변 엄마들과 연락해 본 결과, 2학년 대부분이 탈락되었다는 사실을 알게 되었다. 화가 난 학부모들은 번갈아 가며 교육청에 민원을 넣었고, 결국 한 달이 지나 4월부터 학교 돌봄 교실이 1학급 추가되었다. 장현이는 다행히 돌봄 교실을 이용할 수 있게 되었다.

교사의 입장

김 교사는 새 학교로 전근을 오면서 돌봄 업무를 맡게 되었다. 대부분 선생님들이 기피하는 업무이기 때문에 새로 온 선생님에게 업무를 배정하는 일이 대부분이었다. 김 교사가 다니는 학교는 규모가 커서 돌봄 교실을 네 반이나 운영하고 있었다. 2월부터 새 학년 준비뿐만 아니라 돌봄 교실 운영 계획까지 세우느라 김 교사는 정신이 하나도 없었다. 특히나 3월 첫날부터 돌봄 교실이 바로 운영되어야 하기 때문에 새 학급 운영을 준비하는 데 어려움이 컸다.

새학기가 시작되자마자 돌봄 교실 신청서를 받았는데, 생각보다 신청 학생이 너무 많아 2학년 대부분 학생들이 떨어지게 되는 안타까운 상황이 생긴 것이다. 돌봄 교실 운영 지침상 1학년을 먼저 배정하고, 2학년은 추첨을 해서 20명 정도의 학생들이 돌봄을 이용하지 못하게 되었다.

김 교사는 돌봄 교실 업무 중 이제 겨우 큰 산을 하나 넘겼다며 안도의 한숨을 돌린 지 일주일이 채 되지 않아 교육청으로부터 청천벽력과 같은 소식을 듣게 되었다. 학부모들의 강력한 요구로 당장 4월부터 돌봄 교실을 한 학급 더 추가 배정하겠다는 소식이다. 김 교사는 너무나 당황스러웠다. 학급 운영에 집중해야 할 시기에 2주도 남지 않은 기간 동안 돌봄 전담사 채용 계획부터 돌봄 교실 정비까지 해야 한다니 시쳇말로 '멘붕'이었다.

김 교사는 쏟아지는 업무에 학교에 출근하는 게 두려워졌다.

생각해 볼까요?

돌봄 교실은 어떻게 운영될까?

이런 상황을 과연 누구의 잘못이라고 말할 수 있을까? 학부모의 입장도, 그리고 김 교사의 입장도 모두 안타깝기만 하다. 그렇다면 학교 속 돌봄 교실은 어떻게 운영될까? 현재 돌봄 교실은 초등 1~2학년 학생들의 정규 교육과정이 끝나는 시간에 맞추어 시작한다. 학교의 빈 공간을 활용해 돌봄 교실을 운영하는 경우가 대부분이나 큰 학교는 여유 교실이 부족하여 1~2학년 교실 중 일부를 일반 교실과 돌봄 교실로 함께 사용하기도 한다. 예를 들어, 1시에 정규 수업이 끝나면 담임교사와 학생은 서둘러 교실을 정리해 주고, 돌봄 전담사와 돌봄 이용 학생들이 들어오는 방식이다. 교실 공간을 함께 사용하기 때문에 담임교사와 돌봄 전담사 간의 배려가 많이 필요하고 학생들의 분실물도 많은 편이다.

아이들은 돌봄 교실에 오면 주로 무엇을 할까?

시간	월	화	수	목	금
13:30~14:00	인사, 출석 확인, 개별 과제 활동				
14:00~14:30	간식 시간 및 휴식				
14:30~15:30	독서 통합 활동	창의적 활동	미술 활동	과학 실험	신체 활동
15:30~16:00	글씨 연습	미술 활동	종이 및 공예	안전 교육	요리 활동
16:00~17:00	개인별 활동(독서), 귀가 준비 및 귀가				

OO초등학교 돌봄 교실 시간표 예시

초등학교에서는 이러한 시간표와 비슷한 활동으로 이루어진다. 수업이 끝나고 돌봄 교실에 도착하면 독서 활동이나 숙제를 한 이후 간식을 먹는다. 그리고 방과 후 수업에 가거나 가지 않는 아이들은 돌봄 교실에서 운영하는 특별프로그램에 참여한다. 학교마다 운영 방법은 조금씩 다르지만 전문 강사를 채용하여 주로 수학, 미술, 전래놀이 등의 프로그램이 운영된다. 특별프로그램이 없는 날은 친구들과 놀거나 창의 활동과 만들기 등 개인 놀이 활동을 한다.

돌봄은 기본적으로 교육이 아닌 '보육'을 목적으로 한다. 그러므로 학교 안에 물리적 · 행정적으로 속해 있긴 하지만, 사실상 학교 교육과는 성격이 다르다. 초등 돌봄 교실은 맞벌이 가정이나 경제 활동을 하는 한부모 가정처럼 방과 후 돌봐 줄 어른이 없는 초등학생들을 위해 국가적인 차원으로 시작했다. 초등학생 전 학년이 대상이긴 하지만 상대적으로 어린 저학년을 우선으로 하기 때문에 큰 학교에서는 1~2학년 대상으로만 운영된다. 2학년도 모두 참여하지 못하는 경우도 대다수다.

최근 돌봄 교실을 지자체로 이관하는 것과 돌봄 전담사 종일 근무제를 두고 여러 입장이 엇갈린다. 돌봄 전담사가 학생들을 가르치면 되는 거 아니냐 하면서 8시간 근무를 주장하는 의견도 있다. 학교에서 근무하는 선생님들은 돌봄 교실을 어떻게 바라볼까?

돌봄은 기본적으로 학생이 돌봄 교실에 와서 집으로 돌아갈 때까지 '안전하게 돌본다'가 기본 지침이다. 여러 학습 활동을 교육한다고 주장하지만, 오히려 개별적인 학습 지도가 더 어렵다. 5~10분 단위로 아이들의 하교 지도를 해야 할 뿐 아니라 아이들 출석도 매일 불규칙하기 때문이다.

양질의 돌봄 운영을 위하여 강사를 채용하고 특별 프로그램을 도입하기는 하지만, 충분하지 않다. 아이들의 하교가 매일 들쭉날쭉하기 때문에 정작 프로그램에 참여하는 아이들을 몇 명 없고, 하루 동안 아이들을 데리고 놀아 주는 정도에 그친다. 그래서 이걸 잘 아는 몇몇 학부모들은 돌봄 교실을 집에 가기 전까지 학원과 학원 사이에서 왔다 갔다 하는 정거장 정도로 생각하기도 한다.

솔루션

더 나은 돌봄 교실이 되려면

학교에서 선생님들은 아이들을 보낸 이후 학교의 여러 업무를 처리한다. 그중 선생님들이 가장 기피하는 것이 바로 돌봄 교실 업무다. 어째서일까? 우선 학교 교육이라는 경계선 밖이기 때문이다. 현재 학교의 현실은 돌봄 담당 교사가 돌봄 전담사의 급여부터 간식비, 재료비 등의 예산을 직접 계획하고 관리한다. 그리고 초등 돌봄 교실은 운영 계획에 의거하더라도 학교마다 운영 방법이 조금씩 다르다. 학교마다 학교의 상황이나 학부모의 의견이 다르고 이를 고려해야 하기 때문이다. 이를 돌봄 담당 교사가 오롯이 책임지고 돌봄 전담사, 학부모, 학교 간의 이견을 조율하기에는 어려움이 많다.

만약 돌봄 교실을 지자체로 이관하게 되면 무슨 일이 생길까? 먼저 각 학교로 쪼개져 내려가던 돌봄 예산을 한 군데로 모을 수 있기 때문에 보다 효율적으로 예산을 운영할 수 있다. 학생 1인당 간식비와 재료비가 책정되어 각 학교로 예산이 지원되는데, 학교에서 1년간 돌봄 교실을 운영하여 예산을 쓰다 보면 불가피하게 남는 예산들이 생긴다. 이를 2월 말에 다시 교육청으로 반환하고, 교육청에서는 반환된 예산을 다음 학년도 예산으로 바꿔야 한다. 여러 단계를 거치는 비효율적인 절차로 교육청과 학교에서도 예산 사용에 어려움이 많다. 그리고 이러한 비효율적인 문제는 결국 아이들의 보육의 질로 연결될 수밖에 없다. 단위로 쪼개지는 예산을 지자체에서 합쳐 운영하면 보육의 질이 더 높아질 수 있다.

또한 교실 하나를 빌려 사용하는 돌봄 교실에서 벗어나 더 넓은 공간에서 자유롭게 아이들이 활동하고, 기타 여러 가지 체험 활동도 가능해진다. 여러 학교에서 모인 돌봄 이용 학생들의 특성에 맞춰 여러 명의 돌봄 전담사들이 맞춤 지원을 해 줄 수도 있다. 그러면 학부모들이 돌봄 교실을 두고 애써 학원으로 아이들을 뺑뺑이 돌리면서 사교육비를 지출할 일도 줄어들게 된다.

그리고 돌봄 교실이 떠난 학교는 남는 교실을 아이들에게 정말로 필요한 공간으로 제공할 수 있다. 방과 후 수업을 1~2학년 교실과 함께 사용하는 큰 학교의 경우 방과 후 교실을 운영하여 방과 후 수업에 대한 질을 높일 수 있다. 그 외에도 전용 상담실, 학생 쉼터, VR 체험실 등 아이들을 위한 공간으로 운영할 수 있다.

선생님들도 아이 돌봄 서비스는 현대 사회에 꼭 필요하고 존재해야 한다고 생각한다. 그리고 돌봄이 꼭 필요한 아이들이 2학년이라는 이유로 돌봄 교실을 이용하지 못하는 상황이 안타깝기도 하다. 돌봄은 더 이상 학교에서 해결해야 할 일이 아니며, 양질의 돌봄 운영을 위해서는 국가적 차원의 해결이 필요하다. 때문에 많은 교사들은 돌봄 교실의 지자체 이관을 적극 지지한다. 그리고 돌봄 교실이 지자체로 간다면 그때는 비로소 돌봄 전담사들도 전문적인 보육 프로그램을 운영하고 알맞은 행정 업무도 직접 처리하는 전일제 근무가 가능하지 않을까?

마을학교란 무엇이고, 왜 필요한까요?

사 례

마을학교

아이가 어른으로 성장하기까지는 사회 전체의 손길이 필요하다. 가정에서 보살핌을 받고 학교를 거치면서 아이들은 여러 테두리 속에서 자란다. 과거에는 이 테두리가 집과 학교에 국한되어 있었지만, 이제는 교육의 물리적·정서적 공간이 넓어지고 있다. 그리고 교육은 궁극적으로 사회와 긴밀하게 연결되어 아이들이 삶 속에서 배움을 얻을 수 있는 형태를 추구한다.

그래서 마을학교가 생겼다. 마을학교는 학교와 마을이 아이를 함께 길러낸다는 뜻이다. 즉 학교와 마을의 상생을 추구한다. 아이들은 마을에서 다양한 공부를 하고, 여러 체험을 하고, 많은 사람과 공동체 속에서 어울려 살아간다.

우리 학교에서도 마을학교를 통해 아이들이 다양한 농작물을 재배하고, 재미난 역사 이야기를 듣고, 요리 수업과 독서 수업 등 다양한 프로그램을 경험한다. 학교 입장에서는 마을학교와 함께 아이들의 교육을 책임지고 체험과 놀이를 다양하게 제공할 수 있어 좋다. 또 가정 입장에서는 지역 사회의 지원을 더 풍부하게 누릴 수 있으니 마을학교가 참 좋은 것 같다.

생각해 볼까요?

마을학교에 대한 호불호

그런데 분명히 개선할 점이 있다. 보통 마을학교는 운영을 희망하는 사업자가 교육청으로부터 여러 심사를 받고 최종 승인을 통해 운영하는 방식이다. 당연히 일자리를 창출하고 경제적 이익을 수반한다. 그러다 보니 갑자기 마을학교를 받아들여야 하는 학교와는 교육을 보는 시선이 조금이라도 다를 수밖에 없다.

결국 이런 이유로 자꾸 잡음이 생긴다. 마을학교 입장에서는 성과가 화려할수록 당연히 좋다. 그래서 예정에 없던 체험 학습을 가기도 하고 갑자기 프로그램 운영을 하기도 한다. 학교에서는 마을학교가 자꾸 교육과정 운영 중에 툭 튀어나와 시간을 뺏고 교육과정을 침해하는 것처럼 느껴진다. 또 마을학교를 운영하는 사람들의 교육과 학생에 대한 이해가 아쉽다. 학생들을 지도할 때는 기본적으로 학년에 따른 발달 특성과 학년군별 성취 기준을 파악하는 게 우선이다. 그 후 어떤 내용을 어떻게 지도할 것인지, 어떤 수준의 단어를 사용해야 하는지를 꼼꼼하게 살핀다.

그런데 어떤 마을 학교는 1~2학년 아이들을 대상으로 자기장을 가르치고, 4학년 아이들을 대상으로 염색 체험을 하면서 PH 농도에 따른 산과 염기산과 염기는 5~6학년 정규 교육과정이며, PH는 초등 과정에서 배우지 않는다를 가르친다.

또 3학년 아이들을 세워 놓고 선사시대의 역사를 50분 동안 어른도 이해하지 못할 수준 높은 내용으로 설명한다. 또 사진과 영상을 남기기 위해 학생들을 인솔해 온 교사에게 한 시간 동안 촬영을 해 달라고 요구하기도 한다.

그래서 교사들 사이에서는 마을학교에 부정적인 사람들도 많다. 교육과정에 딱히 도움이 되는 것 같지도 않고, 수업과 관련된 걸 체험하겠다고 해서 기껏 데려갔더니 막상 아이들은 하나도 배워 온 게 없다. 시간 쓰고, 에너지 쓰고, 교실에서 다시 가르쳐야 하니 무슨 시간 낭비인가 싶다. 당연한 반응이다. 교육을 이해하지 못하는 마을학교가 도대체 무슨 의미가 있을까? 많은 시도와 노력 끝에 성공한 몇몇 마을학교 사례를 보고 우후죽순으로 마을학교를 찍어 내듯 만들어 내니 그러는 걸까? 그렇게 교육과정 침해만 할 거라면 사실은 있으나마나 못하다.

솔루션

나와 공동체를 사랑하는 법을 배우는 마을학교

그래도 마을학교는 필요하다고 생각한다.

결국 아이들의 삶은 마을로부터 시작하고 지금도 아이들은 마을 안에서 살아가고 있기 때문이다. 그리고 어른이 되어 학교를 떠난 아이들은 언젠가 다시 마을로 돌아갈 것이다. 우리는 아이들이 학교와 학교를 넘어 배움의 터전을 삶의 발자취까지 넓혀가도록 해야 한다. 마을 안에서 돌봄을 받고, 직접 경험해 보는 배움을 얻으며, 다양한 사람들과 조화롭게 살아가는 방법을 배울 수 있도록 말이다.

이렇게 행복한 마을 교육 공동체를 잘 이루기 위해서는 내실 있는 마을

학교 운영이 선행되어야 한다. 그렇다면 내실 있는 마을학교 운영은 어떻게 이루어질 수 있을까? 가장 중요한 건 마을학교 운영자들이 교육을 이해하는 사람들이어야 한다. 처음부터 교육청에서 학생과 교육에 대한 전문성이 검증된 사람을 선정하면 가장 좋을 것 같다. 그리고 필요한 경우 교육청과의 협력을 통해 연수 등을 이수하여 학생들에게 도움이 되는 프로그램을 구성하고 운영할 수 있는 눈을 길러 주어야 한다. 또 마을학교가 어떤 역할을 하고, 또 해 나갈 것인지에 대한 고민이 필요하다. 마을학교는 궁극적으로 학교와 마을이 '상생'하는 교육 협력을 목표로 한다. 그런데 마을학교는 아직까지 기존 학교의 보조 역할에 머물러 있는 경우가 많다. 그러므로 아이들을 함께 잘 길러내기 위해 마을에서는 어떤 역할을 해야 하는지, 그리고 학교 밖 아이의 삶을 돌보기 위해 마을학교는 어떤 일을 해 나가야 하는지 깊이 있는 논의가 필요하다.

마지막으로 학교에서도 마을학교가 제대로 자리 잡도록 협력하는 모습이 필요하다. 아직은 삐걱거리고 있지만 학교와 마을의 진정한 상생을 통해 우리 아이들은 내가 사는 곳을 배우고 사랑하며, 더 나아가 나와 공동체를 사랑하는 법을 배울 수 있을 것이다. 그렇다면 그것만큼 가치 있는 배움이 과연 얼마나 있을까?

민주적인 학교 문화,
어떻게 시작할까요?

사 례

주차장 자리가 정해져 있다고요?

학교 주차장 공사로 주차 자리가 절반으로 줄어든 탓에 아침마다 출근길이 전쟁이었다. 다행히 바로 옆 중학교에서 주차장 이용을 허락해 주었고, 중학교 주차장을 함께 이용할 수 있었다. 그래서 출근이 이른 날에는 초등학교 주차장에, 조금 늦은 날에는 중학교 주차장에 차를 주차하고 출근했다. 그런데 이상한 점이 눈에 띄었다. 중학교 정문 바로 옆, 가장 널찍한 공간이 늘 비어 있는 게 아닌가? 나라면 정문에서 가장 가까운 데다가 넓어서 주차하기 쉬운 저곳에 주차할 텐데…. 이 생각이 들자마자 곧바로 그곳에 주차하고 교실로 향했다.

11시쯤 교실로 전화가 왔다. 처음엔 받지 않았다. 수업 중에 전화를 받는 건 수업권·학습권 침해에 해당한다. 그러나 전화는 끊임없이 울렸고, 마침내 전화벨 소리가 아이들의 관심과 집중을 앗아갔다는 걸 깨달은 나는 결국 전화를 받았다. 11시면 수업 중이라는 걸 알 텐데, 받을 때까지 전화하는 것을 보니 분명 큰일이 났나 싶었다.

"여보세요? 5학년 2반입니다. 말씀하세요."

"선생님 차 번호가 '00차 0000' 맞죠? 지금 중학교에서 차 빼 달라고 난리에요. 선생님이 주차한 곳이 원래 교장선생님 주차 자리래요. 지금 얼른 차 빼 주세요."

"저 지금 수업 중인데요?"

"중학교 교장선생님 자리에 주차하셨다니까요? 지금 당장 차 빼 달라고 하니 얼른 차 빼 주세요."

할 수 없이 아이들에게 양해를 구한 뒤 서둘러 차를 빼러 갔다. 하지만 어디에도 '교장 주차 자리'라는 말은 쓰여 있지 않았다. 아무리 생각해도 저 공간이 어째서 교장선생님 주차 자리라고 당당하게 말할 수 있는지 납득이 가질 않았다. 결국 학교장의 주차 자리를 떡하니 차지한 눈치 없는 나를 탓할 수밖에 없었다. 주차 공간 하나만으로도 중학교의 권위적인 학교 문화가 드러나는 듯했고, 적어도 초등학교에는 교장선생님 주차 자리가 없으니 중학교보다 낫다고 스스로 위안했다.

이후 일부러 더 일찍 출근해서 초등학교에 주차했다. 그런데 어느 날부턴가 초등학교 정문에서 가장 가까우면서 널찍한 주차 공간에 빨간색 주차 금지 콘이 세워져 있었다. 그리고 교직원 전체 회의 도중 교감선생님이 말했다.

"지금 학교 주차장이 공사 중입니다. 그래서 선생님들이 불편하신 것도 잘 압니다. 그래서 정문 쪽 주차 공간에 주차 금지 콘을 왜 뒀냐는 말을 하셨을 거라 생각합니다. 잘못 놔둔 거 아니고 맞게 놔둔 겁니다. 왜 그런지는 말 안 해도 다들 아시죠? 그럼 더 이상 언급하지 않는 것으로 믿겠습니다."

이게 대체 뭔 소리인가? 아무리 생각해도 교감선생님의 말씀을 이해할 수 없어서 옆에 앉은 선배 교사에게 물었다.

"저게 지금 무슨 말인가요?"

"무슨 말이긴, 교장선생님 주차 공간이니 주차하지 말라는 소리지."

낫기는 개뿔, 중학교나 초등학교나 도긴개긴이었다.

생각해 볼까요?

학교의 주인은 대체 누구일까?

학교장이 주차 공간 하나쯤 차지할 수 있지 않냐고 생각할 수 있다. 그런데 이런 생각이 바로 권위주의적 발상이다. 학교의 주인은 아이들이고, 아이들을 위해 학교가 존재한다는 생각에서 출발하면 특정인만을 위해 주차 자리를 지정하는 건 '좀 그런 일'이다.

주차 자리를 지정하는 것과 학생들이 학교의 주인이라는 게 무슨 상관이길래 그렇게 비약을 하느냐고 생각할 수도 있지만, 사소한 행동들이 하나둘 모여 집단의 문화를 형성한다. 아이들이 직접 가꾼 화분이 마음에 들지 않아 교사들에게 다시 심으라고 지시하거나 담임교사의 나이가 어리다는 이유로 각종 궂은일에 그 학급 아이들을 대동하는 것, 혹은 학부모 민원을 이유로 교사들의 출근 시간을 아이들에게 점검하게 하는 것처럼 어른들의 사소하지만 불합리한 행동들이 만연한 학교에서는 절대로 민주 시민 교육이 꽃피울 수 없다.

그리고 그렇게 형성된 학교 문화는 공간에 그대로 투영된다. 즉 공간만 주의 깊게 살펴봐도 그곳을 이용하는 사람들의 문화가 권위주의적인지,

민주적인지 알 수 있다. 마치 우연처럼 배치한 교실들과 특정인을 위한 주차장 자리는 구성원의 무의식을 반영하고 있다. 그래서 공간은 집단의 성격을 진단하는 중요한 기준이 된다. 실제로 주차장 사건 당시 근무했던 학교의 학생회실은 학교 가장 깊숙하고 외진 곳에 있었다. 학생이 학교의 주인으로서 학생 자치와 민주 시민 역량을 마음껏 펼쳐야 할 공간이었는데도 말이다.

권위주의적 문화가 사라지지 않는 이유는 여러 가지다. 권위주의를 선호하는 개인적 특성, 학교 공동체 구성원에 대한 불신, 쉬운 문제 해결법이라는 오산, 민주적 절차와 과정의 지지부진함에서 오는 피로감, 권위적 행태를 용인하는 조직의 문화에 길들여진 구성원들 등 이유는 다양하다.

민주적이고 수평적인 학교 문화를 만들기 위해 용기를 가지고 목소리 내는 사람들도 있다. 그러나 종종 '또라이'로 분류되고, 예민하고 별난 인간이라는 따가운 시선이 되돌아오는 현실 속에서 권위주의에 맞설 의지마저 금방 꺾여 버린다. 그러다가 눈 한 번 질끈 감으면 모두가 평화롭다는 합리화로 현실과 타협하기 시작한다. 결국 나도 모르게 민주적인 학교에 대한 꿈을 잃어 버리고 점점 권위주의에 스며든다. 이렇게 살아남은 권위주의는 관리자에게서 교사로, 교사에서 아이들로, 이 아이들이 커서 다음 세대의 아이들에게 계속 대물림된다.

교육의 공론장이 되어야 할 교직원 전체 회의는 관리자와 교무부장의 전달식으로 끝이 나고, 학교와 학급의 공론장이 되어야 할 학급 회의는 형식적인 회의와 교사의 훈계로 끝이 난다. 그곳에서 한 시간을 넘게 듣고만 있어야 하는 교사와 학생들은 말하는 법을 잊어 버린다. 그리고 의문이 생긴다.

'이럴 거면 회의를 뭣하러 하는 거야?'

어쨌든 분명한 것은, 소수의 말에 의해 학교의 상황이 좌지우지되는 권위주의적 문화 속에서는 민주 시민 교육이 꽃피울 수 없다. 당연히 아이들은 학교의 주인공이자 주인이 될 수 없다. 그렇게 실천은 없고 오로지 형식으로만 행해진 민주적 절차와 과정을 사진과 보고서에 화려하게 담으면서 '우리 학교는 민주 시민 교육을 실천하는 학교입니다'라고 홍보하기 바쁘다. 참 웃긴 일이다. 민주 시민 교육을 실현하고 학생 자치를 활성화시켜야 한다고 강조하는 사람들이 가장 민주적이지 못하다.

솔루션

아이들이 학교의 진짜 주인이 되려면

아이들이 학교의 진짜 주인이 되려면, 즉 대화와 토론을 통해 함께 결정하고 실천하는 민주 시민이 되려면 우리는 무엇부터 시작해야 할까?

제도와 시스템도 물론 중요하다. 하지만 현실적으로 가장 중요한 건 구성원, 그중에서도 관리자의 민주주의 의식이 아닐까? 내가 이런 생각을 갖게 된 이유는 지금 근무하는 학교의 교장선생님을 관찰하고 나서다.

학예회 전날이었다. 학예회 담당 선생님이 교직원 전체 대화방에 학생들 작품 전시를 도와달라는 메시지를 올렸길래 강당으로 향했다. 강당에 도착해서 보니 교장선생님이 가장 먼저 와서 열심히 우드록 판지에 풀칠을 하고 있었다. 중간에 풀이 떨어지자 교장선생님은 직접 유치원에 가서 풀을 빌려왔고, 작품 전시 준비를 무사히 마무리할 수 있었다. 대부분 관리자는 설치가 완료된 후에 와서 전시 작품을 그저 둘러보는 게 일반적이다. 그게 불만인 건 아니지만, 사소하지만 사소하지 않은 학교 일에 교장선생님이 발 벗고 나서는 모습은 꽤 신선했다.

우리 학교에는 혼자서 결정하는 사람이 없다. 교육 활동이나 현안 사업을 논의할 때 모든 교직원이 자유롭게 자기 의견을 꺼낸다. 서로의 입장과 생각을 밝히고 대화와 토론을 통해 가장 좋은 해결책을 찾아가는 시간을 꼭 갖는다. 물론 그 과정에서 마음이 상할 때도 있고, 서로의 이익이 충돌할 때도 있다. 그렇지만 그게 조직 문화를 해치는 건 아니다. 오히려 일시적인 갈등을 겪으면서 서로의 고충을 더 이해하고 상대를 배려하는 학교 문화를 형성해 가고 있다.

그리고 이렇게 민주적인 학교 문화의 일등공신은 단연 교장선생님이다. 교장선생님은 작은 일에도 항상 직원들의 의견을 묻는다. 그리고 타인의 이야기를 잘 경청하면서 상대가 무슨 생각을 가지고 있는지 열심히 파악하려고 애쓴다. 권위주의에 익숙해져 있던 나에게 교장선생님이 추구하는 수평적인 조직 문화는 처음엔 꽤 낯설었다. 늘 결정된 사항을 통보받던 내가 의견을 내고, 또 나의 의견이 교육과정에 반영되는 경험은 어색했다. 하지만 내가 학교의 주체가 된 듯한 기분은 나를 교사로서 더 열심히 살아가게 하는 원동력이 되었고, 나는 비로소 경험하고 매료된 민주적인 학교 문화를 교실에 투영시킬 수 있었다.

현재 3학년인 우리 반 아이들은 서로 많이 친하게 지내면서 놀리고, 싸우고, 울고, 화해하고 다시 논다. 그래서 마냥 어린아이들 같지만, 자세히 들여다 보면 그렇지 않다. 교실에서 함께 의논해야 할 문제가 생기면 아이들이 먼저 학급 회의를 요청한다. 그러면 나는 시간표를 조정해 한 시간만 빼 주면 된다. 그날 학급 회의는 회의를 요청한 사람이 진행한다. 점심을 먹고 양치를 안 하는 친구들을 어떻게 하면 독려할 수 있을지, 복도에서 너무 많이 뛰는 친구들의 문제를 어떻게 해결하면 좋을지 아이들은 꽤나 진지하게 토론한다. 가끔은 내가 학급 회의 안건을 올리기도 한다.

'방과 후 수업 시간에 수업을 방해하는 친구들의 문제를 어떻게 해결하면 좋을까요?' 그러면 아이들은 또 열심히 이야기한다.

해결책이 어설퍼도 괜찮다. 아이들은 학급의 일과 학교의 일을 스스로 결정하고 실행하는 경험을 통해 비로소 학교의 주인 됨을 느끼고 주체적인 학생이자 민주 시민으로 성장하게 된다. 그리고 이 모든 과정의 첫걸음은 어른들이 경험하고 실천하는 민주적인 사회에 있다고 믿는다.

| 에필로그 |

선생님은 학교가 변할 거라고 믿으세요?

교사의 작은 행동에도 아이는 상처받는다

막 교사가 되었을 때 겪은 일이다. 행정실 주무관에게서 우리 반 학생들의 인적 사항 중 해리 아버지의 칸만 비어 있으니 채워서 보내라는 독촉 전화를 받았다. 해리 아버지에 대한 정보가 없다고 했지만 무조건 채워야 한다고 했다. 고민 끝에 해리를 조용히 불렀다. 그리고 아동 기초 조사서 속 비어 있는 아버지 칸을 슬쩍 보여 주며 이게 맞는지 물었고, 해리는 고개를 살며시 끄덕였다.

그날 밤늦게 해리 어머니에게 전화가 왔다.

"선생님, 늦은 시간에 연락드려 죄송해요. 다름이 아니라 집에 오니 해리가 울면서 학교에서 있었던 일을 말했습니다. 그러면서 이제 선생님 얼굴을 어떻게 보냐고, 얼른 선생님께 전화해서 우리 가족이 이상하지 않다고 얘기하라면서 울고불고 떼를 써서 연락드렸어요. 선생님, 낮에 눈치채셨겠지만, 저희 이혼했습니다. 지금은 저 혼자 아이들을 키우고 있고요.

이혼해서 여자 혼자 아이들 키운다며 사람들이 무시하고 아무렇지 않게 성희롱까지 하더라고요. 저희 아이들만큼은 이런 일을 안 당했으면 해서 지금까지 선생님들께 이혼 사실을 숨겼습니다. 그래서 가족 정보 적는 곳에 남편에 대해서는 아예 적지 않았고요."

담담한 목소리로 차분하게 말하는 해리 어머니에게 나는 "힘드셨겠어요. 이혼했다고 이상하게 보지 않습니다. 낮에 좀 더 주의를 기울였어야 했는데, 해리가 상처 받았겠네요"라고 변명할 뿐이었다. 해리 어머니는 어쩔 줄 몰라 횡설수설 변명만 늘어놓는 나를 도리어 위로해 주었다.

"저도 선생님께서 이런 일로 해리를 차별하실 거라고 생각하지 않습니다. 다만 우는 해리를 안심시키고 선생님께 우리 해리 좀 잘 봐 달라고 부탁도 드릴 겸해서 가정사를 솔직하게 말씀드려요. 선생님께 전부 다 말씀드리니까 저는 오히려 속이 시원하네요."

선생님은 학교가 변할 거라고 믿으세요?

사실 해리의 아동 기초 조사서를 보자마자 부모님의 이혼을 짐작했다. 그래서 해리 어머니에게는 연락할 자신이 없어서 대신 해리에게 아동 기초 조사서를 보여 주며 맞는지 확인했다. 무엇보다 아직 어린 해리는 내 행동이 무엇을 의미하는지 모를 거라고 생각했다. 그러나 해리는 정확하게 알고 있었고, 결국엔 부주의한 나로 인해 마음에 생채기를 입었다.

다음날 학교로 출근하자마자 해리를 상담실로 불렀다. 해리는 상담실 의자에 나와 마주 앉기만 했을 뿐 고개를 푹 숙이고 내 눈을 피했다. 그 모습에서 아이의 상처가 고스란히 느껴져 나도 모르게 눈물이 나왔다. 우는 내 모습에 당황한 해리는 고개를 들어 그제야 나를 바라봤다. 어떠한 변명도 없이 해리에게 그저 미안하다는 사과 한 마디만 건넸다.

"선생님이 어제 너에게 했던 행동은 어른답지 못했어. 해리야, 정말 미안해."

해리에게 미안한 마음과 함께 이런 상황을 만든 행정실 주무관이 너무 미웠고, 학부모 개인 정보 조사까지 하는 학교도 원망스러웠다. 어릴 적 부모님의 생년월일, 직업, 학력, 아파트 자가 여부 등을 묻던 학교는 교사가 되어 돌아왔지만 변한 게 없어 보였다. 이때 처음으로 학교는 과연 변할까 하는 의문이 들었다. 그래도 아직은 새내기 교사였기에 결국 언젠가는 학교가 변할 것이라고 믿었다. 그런데 연차가 쌓일수록 내 믿음은 점점 희미해졌다. 나만 그런 게 아니었는지, 평소 멘토로 여길만큼 존경하는 선배 교사가 한번은 내게 대뜸 질문했다.

"선생님은 학교가 변할 거라고 믿으세요?"

갑작스러운 질문에 당황해 대답을 못 했다. 무엇보다 자신 있게 그렇다고 대답을 할 수가 없었다. 애초에 내 생각은 궁금하지도 않았는지 그 선배 교사는 바로 고개를 절레절레 젓고는 말했다.

"아니, 학교는 절대로 안 변해요."

선배 교사의 자조 섞인 읊조림에서 체념과 포기를 읽을 수 있었다. 그뿐만이 아니라 배움에 대한 의지가 남달랐던 또 다른 선배 교사는 이렇게 말했다.

"이제 학교는 필요 없다. 학교가 제 역할을 못 하니 없어져야 한다."

나는 누구보다 열심히 노력했던 선배들이 변화에 대한 믿음을 저버릴 만큼 학교의 미래가 희망적이지 않다는 생각에 힘이 빠졌다. 무엇보다 어른들의 부조리와 불합리에 교육이 흔들리고 아이들이 뒷전으로 밀려나는 모습을 반복적으로 마주하자 언젠가부터는 나도 선배 교사들처럼 학교의 변화에 대한 믿음을 서서히 잃어갔다.

그러나 몇 년 후 멘토로 삼을 만큼 존경했던 그 선배 교사가 반복적인 아동 학대를 저지르다 발각되었다는 이야기를 들었다. 또 학교가 없어져야 한다고 주장하던 선배 교사는 아이들을 위해 사용하는 학급운영비 50만 원을 몇 년간 단 한 푼도 안 써서 교장선생님이 직접 아이들에게 조금만 더 신경 써달라고 간곡히 부탁하는 것을 보았다.

학교의 변화와 역할을 운운하던 선배 교사들의 이면을 마주하자 나는 정신이 번쩍 들었다. 학교는 변하지 않는다던 선배 교사는 스스로 변질되었고, 학교가 필요 없다던 선배 교사는 본인이 학교에 필요하지 않은 사람이었던 것이다.

학교는 변하지 않는다고? 그래도 나는 실천할 것이다

생각해 보면 학교는 느리지만 그래도 조금씩 변화해 왔다. 이제는 개인정보 보호 강화로 교육과 관련 없는 학부모 신상 정보는 조사할 수 없다. 세상의 속도에 맞출 순 없지만, 학교는 한 걸음 한 걸음 나아가고 있다. 그러나 변화를 믿는다고 문제가 없는 건 아니었다. 새로 옮긴 시골의 작은 학교에는 그전에 근무한 도시의 큰 학교보다 기초적인 도움이 필요한 아이들이 훨씬 더 많았다. 그런데 아동 기초 조사서에는 아이에 대한 정보가 턱없이 부족했다. 그래서 담임교사인 내가 아이의 가정 상황을 제일 몰라 학교에 더 오래 있었던 다른 선생님에게 일일이 물어보아야 했다. 나는 변해야 한다고 굳게 믿었던 것들이 과연 바람직한 방향이 맞는지 의문이 들었다. 내가 바랐던 변화들로 인해 오히려 학교가 제 기능을 못하거나 무관심 속에 아이들이 방치되는 것은 아닌지, 그래서 변화가 마냥 긍정적인 방향은 아닐 수도 있겠다는 생각에 불안했다.

그런데 주변 선생님들 그 누구도 불만을 늘어놓지 않았다. 심지어 나와 함께 전근해 온 옆 반 선생님은 마치 이 학교에 오래 근무한 것처럼 아이와 아이의 가정 상황에 대해 너무나도 잘 알고 있었다. 어떻게 저럴 수 있나 싶은 마음에 그 선생님을 며칠간 남몰래 관찰했다. 해답은 그 선생님이 늘 품에 지니고 다니면서 아이들을 관찰한 내용을 기록하는 교사 일지였다.

바로 소통이었다. 학기 초에 종이 한 장 건네며 적으라고 할 것이 아니라 아이, 부모, 교사가 얼굴을 마주 보고 대화로 소통하며 교사인 내가 직접 종이를 채워 가야 했던 것이다. 교사로서 진짜 필요한 능력은 바로 마음을 열고 소통하려는 자세이며, 이는 그저 변화를 기다리는 게 아니라 변화를 불러오는 행동임을 실감했다. 그리고 '**학교는 절대 변하지 않을 것이란 생각으로 타성에 젖기보다 지금 학교에 있는 내가 무엇을 믿고 실천하느냐가 더 중요하다는 걸 비로소 깨달았다**.'

'한 아이를 키우려면 온 마을이 필요하다'라는 아프리카 속담이 있다. 나는 이 말이 마음에 참 와닿는다. 그래서 우리에게도 모든 아이를 위한 온 마을이 있으면 좋겠다. 그리고 이 마을 공동체, 범위를 넓혀 국가 공동체가 아이들의 지금을 더 행복하고 긍정적으로 바꿀 수 있다는 믿음을 가지면 좋겠다. 이 믿음을 바탕으로 변화를 실현하기 위해 공동체 모두가 대화로 소통하고, 때로는 서로를 감시하고 때로는 지지함으로써 서로가 서로에게 큰 힘이 되어 주면 좋겠다. 그래서 소통의 과정에서 아이와 어른 모두가 마을 공동체의 주인이 되며, 단 한 사람도 소외되지 않았으면 좋겠다.

이 책이 그런 마을을 만드는 데 조금이나마 도움과 보탬이 되기를 진심으로 바란다.

누구도 상처받지 않는 따뜻한 교육 공동체를 위하여

무엇보다도 아이들이 행복하면 좋겠다. 그리고 행복한 아이로 기르기 위해 먼저 어른들이 행복하면 좋겠다. 그러기 위해 우리는 학교와 학생이, 가정과 학생이, 학교와 가정이 서로 주고받는 상처의 악순환을 끊어 내야 하며, 그 시작은 상대에 대한 신뢰, 용서, 존중, 사랑으로부터 나온다.

부모는 아이를 올바른 방법으로 사랑하고, 실수해도 용서해 주는 것
아이는 부모에게 상처 받지 않고 의지하는 것
교사는 아이를 있는 그대로 인정하고 존중해 주는 것
아이는 교사를 신뢰하고 존경하는 것
가정과 학교는 서로 신뢰하며 협력하는 것

이런 정화 과정을 통해 우리는 우리 안에 있는 상처를 치유하고 따뜻한 교육 공동체를 만드는 시작점에 설 수 있다.

예전에 교사로서 나는, 나의 노력으로 충분히 아이들이 행복할 수 있고 변화될 수 있다고 생각했다. 그런데 아무리 노력해도 아이는 변하지 않고 부모는 나를 믿지 않았으며, 학교는 나의 손을 들어 주지 않았다. 상처 받고 울기도 했다. 하지만 매년 아이들을 가르치며 아이들에게 받은 상처가 신기하게도 아이들로 인해 아물고 단단해졌다. 상처가 아물며 깨달은 것은 결국 우리는 함께 노력해야 한다는 점이었다. 아이가 행복하길 누구보

다 바라는 것은 아이의 부모이고, 부모도 아이를 기르며 울고 웃고 상처 받는 일이 많다는 것을 깨달았다. 그때부터 나는 부모에게 위로의 말을 건네게 되었고, 부모는 교사로서의 나의 진심을 이해하게 되었다. 또한 교실 속에서의 아이를 가르치는 것을 넘어 아이의 삶을 바라보며 가르치게 되었다.

우리가 학교 전체를 바꿀 순 없다. 다만 꾸준히 할 수 있는 일은 아이들을 그날그날 잘 길러내는 것뿐이다.

말 한마디 더 건네려고 노력하는 것.
눈 마주치고 웃어 주는 것.
함께 풀꽃을 들여다보는 것.
필요할 땐 도와달라고 하는 것.
도움을 요청하면 적극적으로 나서 주는 것.
고맙다고 자주 표현하는 것.
무엇보다 열심히 소통하는 것.

이런 순간들이 쌓이고 쌓이면 언젠가 눈덩이처럼 불어난 커다란 행복덩어리가 교육 공동체를 뒤덮는 순간이 오지 않을까? 나는 그때를 기다리며 오늘도 교실에서 아이들을 사랑하는 교사가 되겠다고 결심해 본다.

이 책을 읽어 주신 모든 분들에게 감사드리며, 아주 작게나마 위로가 되길 바란다.

김여울, 문한솔, 손주연 드림

일러두기 : 본문에 등장하는 어린이들의 이름은 모두 가명으로 집필되었습니다.

부모가 묻고 교사가 답하는 초등 교육 50

초판 1쇄 인쇄 2021년 12월 19일
초판 1쇄 발행 2021년 12월 30일

지은이 김여울·문한솔·손주연
펴낸이 임태순
펴낸곳 도서출판 행북
출판등록 2018년 5월 17일 제2018-000087호
주소 경기도 고양시 일산서구 탄현로 136
전자우편 hang-book@naver.com
블로그 blog.naver.com/hang-book
전화 031-979-2826
팩스 0303-3442-2826

값 19,800원

ISBN 979-11-964346-7-0 03370